# 少年犯罪心理學

## 張 華 葆 著

學歷：國立臺灣大學歷史學士
　　　美國奧勒岡州立大學社會學碩士
　　　美國德州大學社會學博士
經歷：香港中文大學講師
　　　肯塔基州立大學副教授
　　　緬茵州大學教授
現職：東海大學社會學研究所教授

三民書局印行

國家圖書館出版品預行編目資料

少年犯罪心理學／張華葆著.--四版.--
臺北市：三民，民88
　　　面；　　　公分
參考書目：面337-368
附錄：中英名詞對照
ISBN 957-14-0319-9（平裝）

1.少年犯罪　I.張華葆著

548.58/8768

網際網路位址　http://www.sanmin.com.tw

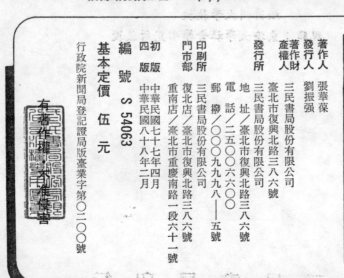

© 少年犯罪心理學

著作人　張華葆
發行人　劉振強
著作財產權人　三民書局股份有限公司
發行所　三民書局股份有限公司
　　　　地址／臺北市復興北路三八六號
　　　　電話／二五〇〇六六〇〇
　　　　郵撥／〇〇〇九九九八——五號
印刷所　三民書局股份有限公司
門市部　復北店／臺北市復興北路三八六號
　　　　重南店／臺北市重慶南路一段六十一號
初版　中華民國七十七年四月
四版　中華民國八十八年二月
編號　S 54063
基本定價　伍元
行政院新聞局登記證局版臺業字第〇二〇〇號

ISBN 957-14-0319-9（平裝）

# 自　　序

　　少年犯罪不僅是世界各國的嚴重社會問題，也是每一位成年人，每一位問題少年的父母親心目中的一項疑問：“為什麼一位少年會走上迷途，從事犯罪偏差行為？”筆者在少年的時候，也曾經有一段時期迷失了方向；由於這一段迷失的往事，勾引起筆者對於少年犯罪研究的興趣。

　　研究少年犯罪的管道甚多，大致上可以劃分為四種不同徑道：第一是社會學，第二是心理學，第三是生物學，第四是精神醫學。社會學理論強調少年犯罪的社會背景，家庭因素，及成長過程。心理學理論強調少年犯罪的人格特質，心理動力及心理過程。生物學理論強調少年犯罪先天遺傳因素及其他生理因素。然而由於目前少年犯罪生物學的領域較為狹窄，研究不多，所以有關少年犯罪生物學及生理學的理論，都歸併在少年犯罪心理學的領域中討論。少年犯罪精神醫學着重潛意識因素及童年生活經驗。然而許多精神醫學專家在從事少年犯罪研究時，無法擺脫傳統佛洛依德理論的限制，慣於以接近形而上學的概念及理論，解釋少年犯罪現象，常導致讀者一頭霧水的感覺，即使是研究少年犯罪的學者專家們，也開始對傳統精神醫學的解釋感到不耐煩。最近發展的社會精神醫學理論，結合新佛洛依德理論，心理學及社會心理學為一體，對於少年犯罪的解釋，頗有獨到之處，而且解釋的範圍廣濶，所以頗受當代少年犯罪研究人士之注目。

　　在少年犯罪問題之中，最扣人心弦，最難以了解的仍舊是少年犯罪的心理動力現象及心理過程。研究少年犯罪的社會學家，慣以平鋪直述的方式，解析少年犯罪的社會文化因素及家庭環境背景，然而如何從惡劣的家庭環境，導致少年犯罪的心路歷程，社會學家却從來無法打開這

個結，而這個結最終必須透過心理學分析乃能打開，乃能得到合理、圓滿的解答。解決少年犯罪問題，也必須自少年罪犯的心理開始着手。

筆者自一九六五年，執教香港中文大學時，開始着手少年犯罪研究。在二十餘年任教的時光中，不斷的探討少年犯罪的學理，也不斷的從事實地調查，訪問，收集少年犯罪的各種資料。日積月累，最近幾年才開始感到有所收穫，對於少年犯罪的成因及心路歷程，逐漸感到明朗化，而對於少年犯罪的防治，也開始有若干頭緒。在這種心情之下，乃決定從事撰寫有關少年犯罪的書籍。

民國七十六年，筆者更受臺灣省政府之命，從事少年犯罪防治研究計劃，提供各有關機構實際可行的青少年犯罪防治策略及方法。筆者對這一份職責感到非常興奮，希望能以一己多年之研究，對國家社會提供少許貢獻。

這本少年犯罪心理學祇是少年犯罪著作開場白，在這本書中，我希望向讀者介紹少年犯罪的基本心理學、生理學概念及理論，並介紹少年犯罪研究在這一方面最新的發展。這本書的主要對象是大專學生，作為大專學生及實務人員從事少年犯罪研究的基本讀物及基礎。筆者次一步工作是介紹防治少年犯罪的方法及策略。

在撰寫這部書的過程中，許多東海大學社會學系的學生都提供人力支援，使得這本書得以迅速完成。筆者對於這些同學們非常感謝。筆者也同時感謝三民書局編輯部的工作人員，由於他們認真工作及幫助，才使得這本書可以完整的面目出現。

由於筆者學識疏薄，書中如有錯誤、遺漏之處，尚請讀者、學者專家們多多指正，多多原諒。

張華葆 謹識於臺中大度山東海大學

民國七十六年冬

# 少年犯罪心理學

# 目　次

魏　序

自　序

## 第一章　導　論

## 第二章　少年犯罪社會學理論

## 第三章　犯罪生物學，心理學理論

# 第十二章　少年犯罪預防及矯治

# 第一章　導　論

## 第一節　國內犯罪現況及趨勢

自民國五十年以來，我國經濟迅速成長，物質文明以及生活水準迅速躍升。然而不幸的是，當我國社會歷經迅速變型時，舊有傳統道德文化、社區組織、家庭制度等等，都逐漸消沈、敗壞，喪失維護社會安寧的功能。在急速變遷的過程中，臺灣的犯罪問題日益嚴重。以民國七十五年的犯罪情況而論，當時我國人口約為一千九百五十萬人，犯罪人口總數為二十萬左右，其中70％為票據犯。如果不計票據犯罪，僅只計算一般犯罪行為，則七十五年內全國刑事犯罪總數約為七萬一仟餘件，犯罪率為全人口之 36.6/10,000。自民國六十五年至七十五年之間，我國犯罪率由 26.1/10,000 增加為 36.6/10,000，十年之內犯罪率增加了 10.5/10,000，這項數字尚不包括經濟犯罪（票據犯罪）在內。在同一時期之內，票據犯罪增加更為迅速。（見表一）

最近兩年內（民七四年至七六年），國內犯罪情況更形惡化，由最近新聞媒體的兩篇簡報，顯示國內犯罪情況惡化之嚴重。第一篇是聯合報七十六年三月二十日的新聞：

**表一：** 臺灣犯罪人數及趨勢（民國65~75年）

| 年別 | 人　　　口 | | 判決確定有罪人數（含票據犯） | | | 判決確定有罪人數（不含票據犯） | | |
|---|---|---|---|---|---|---|---|---|
| | 人　　　數 | 指數 | 人　　　數 | 指數 | 犯罪人口率(0/000) | 人　　　數 | 指數 | 犯罪人口率(0/000) |
| 65 | 16, 508, 190 | 100 | 126, 014 | 100 | 76. 33 | 43, 088 | 100 | 26. 10 |
| 66 | 16, 813, 127 | 102 | 147, 906 | 117 | 87. 97 | 46, 957 | 109 | 27. 93 |
| 67 | 17, 135, 714 | 104 | 133, 567 | 106 | 77. 95 | 44, 949 | 104 | 26. 23 |
| 68 | 17, 479, 314 | 106 | 100, 573 | 80 | 57. 54 | 43, 469 | 101 | 24. 87 |
| 69 | 17, 805, 067 | 108 | 137, 459 | 109 | 77. 20 | 48, 690 | 113 | 27. 35 |
| 70 | 18, 135, 508 | 110 | 134, 294 | 107 | 74. 05 | 52, 357 | 122 | 28. 87 |
| 71 | 18, 457, 923 | 112 | 166, 405 | 132 | 90. 15 | 55, 465 | 129 | 30. 05 |
| 72 | 18, 732, 938 | 113 | 200, 387 | 159 | 106. 97 | 56, 268 | 131 | 30. 04 |
| 73 | 19, 012, 512 | 115 | 215, 444 | 171 | 113. 32 | 63, 447 | 147 | 33. 37 |
| 74 | 19, 258, 053 | 117 | 220, 109 | 175 | 114. 29 | 64, 835 | 150 | 33. 67 |
| 75 | 19, 454, 600 | 117 | 204, 553* | 162 | 105. 14 | 71, 217 | 165 | 36. 61 |

資料來源：法務部、76年、犯罪狀況分析　　＊75年犯罪人數降低，與修改票據法有關。

# 經濟繁榮・憂喜參半　失業人少・犯罪率高

　　行政院主計處昨天發表重要社會指標月標，由於去年景氣繁榮，國內就業狀況良好，失業率降至百分之一點九二，為民國七十年以來的最低紀錄。但犯罪率卻大為提高，公共安全似有惡化傾向。

　　根據主計處的統計，去年底失業率已降至百分之一點八九，今年一月更降至百分之一點九二，失業人數為十五萬八千人，較去年同期減少百分之二十一，

顯示就業市場需求相當殷切。

但在社會公共安全方面，刑案發生的比率卻由前年的每萬人三十一件，驟升爲去年的每萬人四十八件，增加了百分之五十三；與前年比較則增加了百分之七十七以上。

以犯罪人口計算，每萬人中的犯罪人口由前年的三十人增加爲去年的四十一人，增加百分之三十九。

但同期間刑案破獲率卻見降低，由前年的破獲率百分之七十九點一降爲去年的百分之七十七點六，今年一月更降爲百分之七十四點一。

第二篇是聯合報七十六年十月一日的新聞：

# 七五年刑案　將近十萬件

## 青少年人數最多　槍擊案比例偏高

刑事警察局指出，七十五年度臺灣地區刑案發生數高達九萬三千一百八十一件，比七十四年增加三萬二千多件，其中最值得重視的，是十四歲至十九歲的青少年犯罪，在犯罪年齡中比例最高，同時犯罪情形有集團化、惡質化的趨勢，尤其涉及槍械案件佔很高比例，顯見槍枝氾濫仍然嚴重。

據刑事警察局統計，七十五年全年臺灣地區犯罪案件總計發生九萬三千一百八十一件，破獲七萬二千零八十件，在所有發生刑案統計中，以竊盜案發生四萬八千五百十件高居首位，賭博案次之，佔百分之八點六五，擄人勒贖案佔百分之零點零八最低。

最值得重視的是暴力犯罪案件雖然在所有犯罪案件中所佔比例不高，但較上年度發生數增加了六百四十七件，其中計程車司機被搶劫案發生二百廿六件最多，槍擊殺人案發生九十九件次之，強盜殺人案卅二件居第三。

在犯罪年齡方面，以十四歲到十九歲之青少年佔最大比例，其中十四歲少年犯罪率最高，達百分之三點八六，值得警政單位注意，在教育程度方面，以

國校畢業最多，在職業方面，以工人所佔比例最高。

　　對於未來犯罪趨勢的預測，自從七十一年以來，刑案發生率與犯罪人口率均在逐年增加中，在量的方面明確顯示有日趨嚴重的趨勢，在質的方面更有低齡化、集團化及惡質化的走向。同時由於人口往都市集中，已形成若干都會區型態，在都會區中因經濟活動、價值差異、流動及親情疏離等特性增高，都使發生率及犯罪人口相對提高。

　　同時槍擊案件的發生率偏高，且非法製造、販賣、持有械彈案件亦時有發生，顯見槍枝氾濫仍嚴重，可以預測日後黑社會分子擁槍自重或持槍做案將會繼續發生。

　　如果我們將國內犯罪統計數字劃分為「財物犯罪」及「暴力犯罪」兩大類型。在財物犯罪中（見表二），竊盜犯罪由民國七十四年之29,671件增加為民國七十五年 48,510 件，一年之內，竊盜犯罪增加了 64%。其他財物犯罪之增長亦極為迅速。 在暴力犯罪方面（見表三）， 以傷害罪增加最為迅速， 由民國七十四年之 3,235 件增加為民國七十五年之5,732件， 一年之內增加了77%。其次，「故意殺人」、「強盜」、「搶奪」在七十四年之間也增加了許多。從最近新聞報導中所見到的群衆暴力事件， 不僅次數頻繁， 而且事態嚴重。據行政院俞國華院長報導，民國七十六年之中，國內發生街頭群衆暴力事件，達一仟八百餘次之多。以民國七十六年八月發生的幾次飆車事件為例，警察在勸阻飆車時， 竟然遭受暴徒的攻擊，暴徒更進而焚毀警車及警局。這種公然向治安人員、機構攻擊、破壞的事件，是法治國家很少見到的現象，如果我國政府不採取明確、嚴厲的政策對付不法暴力份子， 則後果堪慮。

　　其次，我們再比較臺灣與美國犯罪情況（見表四）。

　　從表四中可見我國嚴重罪行之中，除了謀殺罪外，其餘各種犯罪率遠較美國為低。然而近幾年來，國內犯罪情況有日益惡化嚴重之傾向

表二: 臺灣財物犯罪統計 (民國66~75年)

| 年　別 | 竊　盜 | | 贓　物 | | 詐　欺 | | 侵　占 | |
|---|---|---|---|---|---|---|---|---|
| | 件　數 | 發生率 | 件　數 | 發生率 | 件　數 | 發生率 | 件　數 | 發生率 |
| (1977)66 | 19,898 | 11.94 | 1,382 | 0.83 | 2,056 | 1.23 | 700 | 0.42 |
| (1978)67 | 22,354 | 13.17 | 1,378 | 0.81 | 1,781 | 1.05 | 720 | 0.42 |
| (1979)68 | 24,023 | 13.88 | 1,510 | 0.87 | 2,073 | 1.20 | 685 | 0.40 |
| (1980)69 | 26,650 | 15.10 | 1,468 | 0.83 | 1,430 | 0.81 | 603 | 0.34 |
| (1981)70 | 28,918 | 16.10 | 2,242 | 1.25 | 1,201 | 0.67 | 456 | 0.25 |
| (1982)71 | 25,238 | 13.79 | 1,553 | 0.85 | 966 | 0.53 | 296 | 0.16 |
| (1983)72 | 28,870 | 15.52 | 1,743 | 0.94 | 951 | 0.51 | 540 | 0.18 |
| (1984)73 | 27,969 | 14.82 | 1,726 | 0.91 | 803 | 0.43 | 331 | 0.18 |
| (1985)74 | 29,671 | 15.51 | 1,701 | 0.89 | 1,345 | 0.70 | 494 | 0.26 |
| (1986)75 | 48,510 | 25.06 | 2,419 | 1.25 | 1,902 | 0.98 | 772 | 0.40 |

資料來源: 法務部, 民76年, 犯罪狀況及其分析, p.14

(法務部、民國七十六年)。 表四中所展示者僅嚴重罪行之一部份, 包括美國聯邦調查局所制定的七項指標犯罪 (Index crime)。除了暴力及財物犯罪之外, 我國經濟犯罪甚爲嚴重。自民國六十二年訂立票據法案以來, 雖以刑事法處置經濟犯罪, 然而違反票據法罪行數字卻直線上升, 由民國六十四年之四萬九千件增加至民國七十三年之十五萬二千餘件, 十年之間, 票據案犯罪增加了百分之二百有餘。

在民國七十四年所有犯罪案件中, 能夠清楚分類之罪行共佔全部犯罪 67.4%, 而無法分類者佔 32.6%。 如果我們撇除無法分類的犯罪項

表三： 國內暴力犯罪類型，次數及犯罪率（民國年66～75年）

| 年　別 | 故意殺人 | | 傷　害 | | 强盜、搶奪 | | 恐　嚇 | | 擄人勒贖 | | 强姦、輪姦 | |
|---|---|---|---|---|---|---|---|---|---|---|---|---|
| | 件數 | 發生率 | 件數 | 發生率 | 件數 | 發生率 | 件數 | 發生率 | 件數 | 發生率 | 件數 | 發生率 |
| (1977)66 | 1,321 | 0.79 | 4,038 | 2.42 | 593 | 0.36 | 1,014 | 0.61 | 17 | 0.01 | 479 | 0.29 |
| (1978)67 | 1,316 | 0.78 | 4,175 | 2.46 | 659 | 0.39 | 953 | 0.56 | 52 | 0.01 | 445 | 0.26 |
| (1979)68 | 1,299 | 0.75 | 4,166 | 2.41 | 763 | 0.44 | 1,038 | 0.60 | 21 | 0.01 | 511 | 0.29 |
| (1980)69 | 1,411 | 0.80 | 3,634 | 2.06 | 1,229 | 0.69 | 1,154 | 0.65 | 51 | 0.03 | 503 | 0.29 |
| (1981)70 | 1,201 | 0.67 | 2,718 | 1.51 | 1,274 | 0.80 | 1,048 | 0.55 | 32 | 0.02 | 477 | 0.27 |
| (1982)71 | 1,236 | 0.67 | 2,080 | 1.14 | 1,541 | 0.84 | 1,077 | 0.59 | 47 | 0.03 | 439 | 0.24 |
| (1983)72 | 1,441 | 0.77 | 2,223 | 1.20 | 1,745 | 0.94 | 1,097 | 0.59 | 91 | 0.05 | 455 | 0.25 |
| (1984)73 | 1,507 | 0.80 | 1,920 | 1.02 | 1,644 | 0.87 | 1,190 | 0.63 | 110 | 0.06 | 597 | 0.32 |
| (1985)74 | 1,362 | 0.71 | 3,235 | 1.69 | 2,501 | 1.31 | 1,645 | 0.86 | 69 | 0.04 | 767 | 0.40 |
| (1986)75 | 1,617 | 0.84 | 5,732 | 2.96 | 2,884 | 1.49 | 1,669 | 0.86 | 78 | 0.04 | 854 | 0.44 |

資料來源: 法務部, 民76年, 犯罪狀況分析, p.19

表四： 中華民國及美國犯罪情況比較

| 暴力犯罪 | 中華民國 (一九八四) | | 美國 (一九八一) | |
|---|---|---|---|---|
| | 案　次 | 犯罪率 (×/100,000) | 案　次 | 犯罪率 (×/100,000) |
| 1. 謀　殺 | 1509 | 7.9 | 22,500 | 9.8 |
| 2. 强　姦 | 600 | 3.2 | 81,540 | 32.6 |
| 3. 傷　害 | 5358 | 28.1 | 643,720 | 281.0 |
| 4. 强　盜 | 857 | 4.5 | 574,130 | 251.0 |
| 財物犯罪 | | | | |
| 5. 竊　盜 | 27,969 | 148.2 | 3,739,800 | 57.000 |
| 6. 偷　盜 | | | 7,154,500 | |
| 7. 偷竊汽車 | | | 1,074,000 | |

資料來源: 1. 中華民國法務部民國七十三年犯罪狀況及分析（民國七十四年出版）
2. Crime in the U. S. Washington. D. C. U. S. A. Department of Justice FBI-1982

目，則暴力犯罪及財物犯罪佔全部犯罪的比例更高。

## 第二節　我國犯罪人口特性

### 一、性別

民國七十四年我國犯罪統計顯示，男性佔犯罪總人口之87%，女性佔13%，此一比數自民國六十五年以來無顯著變化。

### 二、年齡

民國七十四年，我國犯罪人口年齡分配如下（見表五）：

**表五:** 中華民國犯罪人口年齡分佈情況　民74年

| 年　　齡 | 佔犯罪人口百分比(%) |
|---|---|
| 14-17 | 2.57 |
| 18-23 | 18.35 |
| 24-29 | 25.45 |
| 30-39 | 28.83 |
| 40-49 | 14.05 |
| 50-59 | 7.31 |
| 60以上 | 3.35 |

資料來源: 法務部75年，犯罪狀況及其分析

從表五中可見，我國犯罪人口中，十八歲至二十九歲所佔比例最高，佔全部犯罪人口44%；三十歲至三十九歲次之，佔29%；四十至四十九歲又次之，佔14%；少年（14-17歲）僅佔全國犯罪人口之2.57%。以我國犯罪人口年齡分佈與歐美社會比較，則發覺歐美社會犯罪人

口年齡較我國爲低（見表六）。

### 表六： 美國犯罪人口年齡分佈　1978

| 年　　齡 | 佔犯罪人口之百分比(%) |
|---|---|
| 12以下 | 2.5* |
| 13-15 | 9 |
| 16-18 | 17 |
| 19-21 | 15 |
| 22-24 | 12 |
| 25-29 | 14 |
| 30-39 | 14 |
| 40-49 | 8 |
| 50-59 | 5 |
| 60以上 | 4 |

資料來源: FBI, Crime in The U.S., Uniform Crime Reports. 1978, Washington, D. C. Government Printing office, 1979 p. 185

　　從上表中可見，美國犯罪人口年齡顯然較我國爲低，十六歲至十八歲之人口犯罪率最高，而且近年來犯罪人口年齡更日趨下降，以十五、十六、十七歲少年爲主。美國犯罪人口年齡分佈代表工業都市國家犯罪之發展趨勢，我們可以預期，在不久之未來，我國犯罪人口也會走向同樣的方向。

### 三、犯罪人口教育水準

　　我國犯罪人口之教育水準偏低（見表七），以國小最多，佔犯罪總

人口26.5%；國中次之，佔20.8%，高中再次之，佔11.3%。值得注意的是，我國官方犯罪資料中教育程度不詳者所佔比例甚大（36.6%），如果摒除教育程度不詳者，則國小，國中所佔比例更高。

表七：我國犯罪人口教育水準

| 教育水準 | 佔全國犯罪人口百分比（%） |
|---|---|
| 不識字 | 2.9 |
| 國　小 | 26.5 |
| 初　中 | 20.8 |
| 高　中 | 11.3 |
| 大　專 | 1.86 |
| 不　詳 | 36.6 |

資料來源：法務部75年，犯罪狀況及其分析 p.32

再分析民國六十五年至七十四年犯罪人口教育水準分佈。民國六十五年的犯罪人口中，國小以下者佔犯罪總人口54%，而民國七十四年國小以下者僅佔30%。十年之間，犯罪人口教育水準提昇了許多，似乎主要原因在於反映我國義務教育之普及（參閱：法務部，民七十五年，犯罪狀況及其分析）。

## 四、犯罪人口職業分佈

我國犯罪人口集中在勞工階級，以生產事業（工廠工人）為最大集團（31.7%），無業者次之（23.1%），買賣工作者又次之（20.2%），農、林、漁、牧佔11.2%。軍、公、教人員牽涉及犯罪之比數甚低（見表八）。從事犯罪者之職業如生產事業、買賣、農林漁牧等都是地位低、收入少、教育程度低的工作，由這些數字可見，職業之性質，特別是職

業之收入、地位、教育水準與犯罪關係密切，職業收入、地位、教育低者，犯罪率高。

**表八**：我國犯罪人口職業分佈

| 職業類別 | 佔犯罪人口百分比（%） |
|---|---|
| 1.生產及有關工作 | 31.7% |
| 2.失業 | 23.1% |
| 3.買賣工作 | 20.2% |
| 4.農、林、漁、牧 | 11.2% |
| 5.不詳 | 9.7% |

資料來源：法務部75年，犯罪狀況及其分析 p.35

從犯罪人口職業分配方面，我們也可以聯想到防治犯罪機構應針對下層社會階級，採取因應政策，改善他們的工作環境、工作性質、收入、地位等，以提升下層工作人民的自尊、自信，如此乃能期望降低犯罪數字及犯罪率。

**五、犯罪地域分佈（參閱：法務部，75年，犯罪狀況及分析）**

以民國七十四年我國犯罪地域分佈情況而論，大都市的犯罪率最高，其中又以臺灣三大都市—臺北、臺中、高雄的犯罪率最為顯著，皆在50/10,000以上。其次是基隆市、嘉義市、臺南市等省轄市，其犯罪率在30/10,000以上。由以上統計數字可見，我國犯罪之地域分佈狀況與世界各國相似，犯罪以大都市為重心，都市愈大者犯罪率愈高。

**六、女性犯罪（包括票據犯）**

依據民國七十五年法務部犯罪統計資料，我國女性犯罪人數及犯罪

行為分類如下（見表九）:

**表九:** 中華民國女性犯罪行為分類

| 犯罪行為 | 人　數 | (%) |
|---|---|---|
| 票據犯 | 12,665 | (64.8) |
| 賭　博 | 1,784 | (9.1) |
| 傷　害 | 780 | (4.0) |
| 風　化 | 489 | (2.5) |
| 偽造文書 | 480 | (2.45) |
| 竊　盜 | 477 | (2.44) |
| 妨害家庭 | 450 | (2.32) |
| 詐欺、侵占、背信 | 442 | (2.26) |
| 贓物罪 | 194 | (1) |

資料來源: 法務部, 75年, 犯罪狀況及其分析

　　表九顯示, 女性犯罪在本質上與男性犯罪有顯著的差異, 女性犯罪對於社會人群的威脅較低。除卻票據案之外, 在刑事管訓案件中, 女性犯罪最多的是賭博（9.1%）, 其次是傷害佔4％, 而①風化, ②偽造文書, ③竊盜, ④妨害家庭, ⑤詐欺、侵占、背信, 又各佔2.5%左右。

　　據法務部研究（民75年）, 女性犯罪中以三十歲至三十九歲年齡為最多, 女性罪犯之特徵為教育程度低、職業地位低、已婚者較多, 十八歲以前有逃學離家、獨居等偏差行為的經驗者較多, 婚前性行為及未婚孕的比例較一般婦女為高, 而且在犯罪之前一年, 家庭經濟狀況惡化或家庭關係惡化。

## 七、累犯

民國七十五年法務部犯罪統計資料顯示，在民國七十四年犯罪受刑人 25,499 人中，初犯佔 77.9% (19,858 人)，而累犯及再犯共佔22%。(法務部，75年，p. 263)

## 第三節　國內少年犯罪現況分析

### 一、少年犯罪類型

以民國七十五年我國少年犯罪狀況為依據，全年少年犯罪人口為 17050 人，其中刑事案件佔 1925 件 (11.3%)，管訓事件佔 15125 件 (88.7%)。又管訓虞犯有 1044 件（見表十）。刑事案件涉及嚴重犯罪（如殺人、搶刼等），刑事少年犯拘禁於少年監獄；管訓事件涉及較輕之罪行，例如偷竊、扒弄等，由感化院處理；而管訓之虞犯，依我國法律規定為有犯罪之虞之少年，例如吸毒、藏械等等。少年刑事管訓案件中（不包括虞犯），竊盜案佔少年犯罪總數 65.2%，暴力犯罪（包括殺人、傷害、恐嚇、强盜、搶奪、擄人勒索）佔14%。（法務部，76年，p.249）

### 二、少年罪犯年齡分佈

少年罪犯的年齡分佈，歷年來變化甚大，犯罪年齡有明顯降低的趨勢（見表十一）

表十一中顯示，民國七十五年少年罪犯之中，以十六歲、十五歲、十四歲少年犯為主，各佔少年犯總人口數之 18-19%；其次是十七歲及十三歲，各佔14%；再而是十二歲及十二歲以下者，各佔 7% 左右，

民國七十一年時，少年犯人口之年齡分佈，以十七歲及十六歲為

**表十：　臺灣地區少年犯罪人數及指數1982～1986**

| 年　　份 | 觸　犯　刑　事　法　令　之　少　年 | | | | | | 管訓之虞犯少年 | |
| --- | --- | --- | --- | --- | --- | --- | --- | --- |
| | 總　　計 | | 刑事案件 | | 管訓事件 | | | |
| | 人　數 | 指數 | 人　數 | 指數 | 人　數 | 指數 | 人　數 | 指　　數 |
| 七十一年 | 13,965 | 100 | 1,819 | 100 | 12,146 | 100 | 1,962 | 100 |
| 七十二年 | 13,634 | 98 | 2,093 | 115 | 11,541 | 95 | 1,954 | 100 |
| 七十三年 | 14,223 | 102 | 1,832 | 101 | 12,391 | 102 | 1,723 | 88 |
| 七十四年 | 14,389 | 103 | 1,949 | 107 | 12,440 | 102 | 1,179 | 60 |
| 七十五年 | 17,050 | 122 | 1,925 | 106 | 15,125 | 125 | 1,044 | 53 |

資料來源：法務部民76年，犯罪狀況及其分析 p.437
說明：本表含未滿十二歲之兒童人數。

主，各佔26%左右；其次是十五歲，佔少年犯總人口19%；再而是十四歲及十三歲，各佔10%；十二歲及十二歲以下者各佔 4 %左右。比較民國七十五年及民國七十一年少年罪犯年齡分佈，顯示國內少年犯罪的年齡迅速下降。

世界工業先進國家少年犯罪年齡分佈情況，也具有明顯下降的趨勢。目前在世界上各先進國家中，包括我國在內，許多重要犯罪都是由少年犯所為。由於這種明顯的世界趨勢，研究少年犯罪的學者及實務官員都必須徹底改變過去對於少年犯的態度；少年犯罪不再是不成熟少年打架鬧事的小事情，而是危害社會治安、人民生命財產的重大事情。

### 三、少年犯教育水準

民國七十五年法務部公佈之犯罪統計資料顯示（見表十二）：我國少年犯人口教育水準，以國中未畢業者為主（36.7%），國中畢業者次

表十一：臺灣地區少年罪犯年齡分佈，1982－1986

| 年齡分組 | 七十一年 人數 | 百分比 | 七十二年 人數 | 百分比 | 七十三年 人數 | 百分比 | 七十四年 人數 | 百分比 | 七十五年 人數 | 百分比 |
|---|---|---|---|---|---|---|---|---|---|---|
| 總計 | 10,302 | 100 | 10,873 | 100.00 | 11,574 | 100.00 | 11,879 | 100.00 | 12,962 | 100.00 |
| 十二歲未滿 | 449 | 4.36 | 497 | 4.57 | 649 | 5.61 | 809 | 6.81 | 911 | 7.03 |
| 十二歲以上十三歲未滿 | 450 | 4.37 | 642 | 5.90 | 648 | 5.60 | 858 | 7.22 | 965 | 7.44 |
| 十三歲以上十四歲未滿 | 925 | 8.98 | 1,162 | 10.69 | 1,299 | 11.22 | 1,451 | 12.21 | 1,811 | 13.97 |
| 十四歲以上十五歲未滿 | 1,141 | 11.07 | 1,481 | 13.62 | 1,678 | 14.50 | 2,063 | 17.37 | 2,377 | 18.33 |
| 十五歲以上十六歲未滿 | 1,948 | 18.91 | 2,220 | 20.42 | 2,198 | 18.99 | 2,248 | 18.92 | 2,452 | 18.92 |
| 十六歲以上十七歲未滿 | 2,634 | 25.57 | 2,683 | 24.68 | 2,596 | 22.43 | 2,461 | 20.72 | 2,589 | 19.97 |
| 十七歲以上十八歲未滿 | 2,755 | 26.74 | 2,188 | 20.12 | 2,506 | 21.65 | 1,989 | 16.74 | 1,857 | 14.33 |

資料來源：法務部民76年，犯罪狀況分析 p.442

之 (23.2%)，小學未畢業者居第三位 (10.7%)，高中在學及肄業者居第四位 (11.85%)。

表十二： 中華民國少年犯教育水準分佈，民74年

| 教育水準 | 佔少年犯百分比（%） |
|---|---|
| 小學未畢業 | 10.7 |
| 國中未畢業及小學畢業 | 36.7 |
| 國中畢業 | 23.2 |
| 高中在學 | 8.13 |
| 高中肄業 | 3.72 |
| 其他 | 17.55 |

資料來源: 法務部，75年，犯罪狀況及其分析

## 四、少年犯父母狀況

依民國七十六年法務部公佈之犯罪資料顯示，在全部少年犯中，父母均存者佔84.8%，而父母之一死亡或父母雙亡者佔8.8%；父母分居離異者佔 6.4%。與一般少年比較，犯罪少年之父母，分居離異或死亡之比例較高。

## 五、少年罪犯家庭經濟狀況

法務部七十六年公佈的犯罪資料顯示，民國七十五年全國少年犯人口之中，5％來自貧困無以維生的家庭背景，29％來自勉强足以維持生活的家庭，而65％來自小康之家，僅1％左右來自中產以上社會階級。民國七十一年的少年罪犯人口中，來自貧困無以維生之家庭環境者佔5

％；來自勉強足以維生者佔36％；來自小康之家者佔58％；而來自中產以上社會階級背景者約佔１％。比較民國七十一年及民國七十五年的資料，似乎民國七十五年的少年犯中，有更多來自小康之家（見表十三）。

　　然而事實上，法務部多年來計算少年家庭經濟狀況之標準是值得商榷的。「小康之家」的經濟生活水準究竟是如何決定的？如果一家七口；父母及五位子女，依賴父親一月萬元的收入維生，以臺中市的生活水準為例，似乎也可以吃得飽，穿得暖，但是這樣的收入及生活水準是否可以列入「小康之家」呢？依據法務部多年來計算的標準，這樣的家庭似乎是被列入「小康之家」。依筆者的看法，以上列舉的家庭：一家七口，月入萬元，居於臺中市，祇能算是勉強足以維生。所以「小康之家」是我國文化傳統的一個優美名詞，在應用這個概念時，必須切實注意其落實的實質依據，否則它只是一個空洞、美妙的觀念。筆者建議法治機構以後在劃分家庭經濟情況時，不妨以家庭收入為標準，如果冠以其他名詞，例如「小康之家」，亦必須加以「實際收入」為註，以免於誤解或無謂的爭執。

## 表十三：臺灣少年罪犯家庭經濟狀況, 1982-1986

| 經濟狀況 | 七十一年 | | | 七十二年 | | | 七十三年 | | | 七十四年 | | | 七十五年 | | |
|---|---|---|---|---|---|---|---|---|---|---|---|---|---|---|---|
| | 合計 | 刑事 | 管訓 | 合計 | 刑事 | 管訓 | 合計 | 刑事 | 管訓 | 合計 | 刑事 | 管訓 | 合計 | 刑事 | 管訓 |
| 總計 | 10,302 | 1,325 | 8,977 | 10,873 | 1,621 | 9,252 | 11,574 | 1,542 | 10,032 | 11,879 | 1,620 | 10,259 | 12,962 | 1,438 | 11,524 |
| 貧困無以維生 | 505 (5%) | 68 | 437 | 520 | 95 | 425 | 548 | 66 | 482 | 516 | 56 | 460 | 688 (5%) | 75 | 613 |
| 勉足維持生活 | 3,721 (36%) | 514 | 3,207 | 3,256 | 511 | 2,745 | 2,819 | 379 | 2,440 | 2,964 | 476 | 2,488 | 3,713 (29%) | 406 | 3,307 |
| 小康之家 | 5,955 (58%) | 733 | 5,222 | 6,949 | 1,000 | 5,949 | 8,032 | 1,090 | 6,942 | 8,156 | 1,071 | 7,085 | 8,378 (65%) | 947 | 7,431 |
| 中產以上 | 121 (1%) | 10 | 111 | 148 | 15 | 133 | 175 | 7 | 168 | 243 | 17 | 226 | 183 (1%) | 10 | 173 |

資料來源：法務部 76年，犯罪狀況分析

## 六、少年罪犯職業分析

依據法務部民76年公佈之少年罪犯資料，少年罪犯之職業分佈如下（見表十四）

### 表十四：臺灣少年罪犯職業分析

| 職　業　別 | 七十一年 | | 七十二年 | | 七十三年 | | 七十四年 | | 七十五年 | |
|---|---|---|---|---|---|---|---|---|---|---|
| | 人數 | 百分比 | 人數 | 百分比 | 人數 | 百分比 | 人數 | 百分比 | 人數 | 百分比 |
| 總　　　　計 | 10,302 | 100.00 | 10,873 | 100.00 | 11,574 | 100.00 | 11,879 | 100.00 | 12,962 | 100.00 |
| 專門性技術性及有關人員 | 1 | 0·01 | — | | — | | 74 | 0·62 | 88 | 0.68 |
| 監督及佐理人員 | — | | — | | — | | — | | — | |
| 買賣工作人員 | 149 | 1.45 | 153 | 1.41 | 181 | 1.56 | 68 | 0.57 | 47 | 0.36 |
| 服務工作者 | 235 | 2.28 | 185 | 1.70 | 173 | 1.50 | 183 | 1.54 | 153 | 1.18 |
| 農林漁牧狩獵工作者 | 167 | 1.62 | 177 | 1.63 | 198 | 1.71 | 160 | 1.35 | 102 | 0.79 |
| 生產及有關工人運輸設備操作工及體力工 | 2,712 | 26.33 | 2,280 | 20.97 | 2,241 | 19.36 | 1,783 | 15.01 | 1,869 | 14.42 |
| 職業不能分類之工作者 | 278 | 2.70 | 423 | 3.89 | 452 | 3.91 | 490 | 4.12 | 300 | 2.31 |
| 其他　在校學生 | 3,668 | 35.60 | 4,440 | 40.83 | 5,041 | 43.55 | 5,597 | 47.12 | 6,524 | 50.33 |
| 其他　尚未就業 | 3,092 | 30.01 | 3,215 | 29.57 | 3,288 | 28.41 | 3,524 | 29.67 | 3.879 | 29.93 |

資料來源：法務部，76年，犯罪狀況分析 p.448

表十四顯示少年犯以在校學生居首，佔少年犯總人口50.3%；其次是無業者佔30%；再而是勞工階級佔14.4%，這三項合計佔少年犯總人口之95%左右。由上列統計數字也可以看出國內教育制度上的許多嚴重缺失。在以升學主義為重心的教育制度之下，國內的中小學內產生「放牛班」的現象。「放牛班」是我國教育的一大污點，足以殘害少年之意

志及自我形象，是少年罪犯及精神病患的溫床。

此外，依據以上統計數字顯示，少年罪犯總人口45%是無業少年及低級勞工階級，這一項數字亦具有特殊的意義：如果我們希望防治青少年犯罪，必須要解決青少年就業問題，並且改善低層勞工階級的生活水準，改善其工作環境；否則「無業」及「低級勞工」就形成了犯罪來源的大本營。

## 七、少年虞犯犯罪類型

在我國少年犯罪統計資料中，又有所謂「少年虞犯」。所謂「少年虞犯」，依我國少年法規定，即「少年有犯罪之虞者」。事實上，少年虞犯就是犯罪較輕的少年。以下是我國少年虞犯罪行分析（見表十五）：

表十五：中華民國少年虞犯不法行為分類

| 不法行為 | 佔少年虞犯百分比（%） |
|---|---|
| 1. 吸食麻醉藥或迷幻藥 | 92.2 |
| 2. 參加不良組織 | 4.05 |
| 3. 出入不正當場所 | 0.64 |
| 4. 攜帶槍械 | 1.45 |
| 5. 深夜遊蕩或經常逃學離家 | 1.6 |

資料來源：法務部，75年，犯罪狀況及其分析

由以上數字可見，少年虞犯人口中，以吸食麻醉藥及迷幻藥為主，這類行為將來都可能導致嚴重犯罪。

## 八、我國少年犯罪的正確數字

### 臺灣少年犯罪率　高居世界之冠?!
### 學者專家　各有不同說法

臺灣地區少年犯罪比率，據臺北市青少年問題與對策研討會提出的統計，每十萬人就有七百九十人，超出已開發國家的平均比率二十一倍；也超出開發中國家的五點九倍。

中央警官學校警政研究所所長蔡德輝昨天在一項研討會中，提出這項資料時，臺大法律系教授張甘妹表示，她不相信我國少年犯罪率如此之高，據她記憶所及，少年犯罪率最高的國家是德、法、英、美、日等國，我國並不是最高者。

但蔡德輝說，法務部提出的比率，是以零歲至十八歲的少年作為計算的分母，並不正確。他引用警政單位所提供的刑案統計計算出少年犯罪的比率，是以十二歲至十八歲的少年為分母，才是正確的算法。因此除非聯合國所統計各國家的比率有誤，否則，恐怕我國少年犯罪比率的確為世界之冠。

政大心理研究所教授陳皎眉，也以離婚率說明，我國統計數字常有「粉飾太平」的現象。她估算目前八對結婚者有一對離婚，但我國有關單位提出的離婚率是以十五歲以上的人口為計算分母，由於其中有許多是未婚，以致計算結果不到千分之一。她也認為計算青少年犯罪比率，應以青少年人數為計算的分母。

蔡德輝在「臺北市青少年犯罪防治對策之研究」中引用聯合國的調查資料，指出開發中國家少年犯罪比率為每十萬人口中有三十七人，而已開發國家則有一百三十四人。

至於我國的情形，蔡德輝指出，十年來少年犯罪有逐年增加的趨勢，已在

所有犯罪人口中約佔五分之一強。女犯也有增加的趨勢，所犯以竊盜罪爲最多，且年齡有向下延伸的趨勢。

（轉載自聯合報77.3.6）

繼聯合報七十七年三月六日刊登蔡德輝教授言論之後，聯合報於三月十一日又刊登了一篇刑事警察局的更正：

## 少年犯罪率沒那麼高

● 三月六日貴報曾載：「臺灣少年犯罪率，高居世界之冠？學者專家各有不同說法」一文，並於十日貴版刊有呼籲「預防青少年犯罪」之讀者心聲，足以證明貴報特闢此專欄，的確能促進公共事務的正確導向，擴大參與及反映輿情。

唯本人爲正視聽，特以「臺灣刑案統計」中少年犯統計數字來說明。以七十五年爲例，臺灣地區十八歲以下少年犯人數爲一萬七千三百零九人，犯罪人口比率是每十萬人口有二百五十四人；但若以十二歲至十八歲爲計算年齡，則犯罪人口比率爲七百一十二人。與日本比較，其少年犯（十四歲至十九歲）犯罪人口比率是，每十萬人口有高達一千六百一十人，遠超過我國，故臺灣少年犯罪率絕非高居世界之冠。

臺北市刑事警察局<br>犯罪統計組陳金水

從以上兩篇新聞報導中，我們可以見到國內犯罪統計，尚須力求精進。

# 結　　論

　　以上是針對國內犯罪及少年犯罪現況所作的簡單分析。國內自民國七十四年迄今，兩年之間，犯罪率增加了許多，而犯罪人口也有許多顯著的變化，例如犯罪人口年齡明顯的迅速下降，少年犯參與嚴重罪行的比數日益增多。同時，在最近兩年間，國內暴力騷動事件層出不窮，許多都是直接與司法機構挑釁，攻擊警察人員機構。這些現象都是值得學者專家及政府執法人員深思者。筆者建議政府採取明確、果斷的態度，阻止暴力違法事件一再的發生，以期建立公權、公信，維護社會治安，以及大多數老百姓的生命財產。立法可以從寬，而執法必須從嚴。我國必須打破過去因循苟且，權勢關說的惡劣傳統習慣，必須如此，乃能期待社會安寧之日之來臨。

# 第二章　少年犯罪社會學理論

## 第一節　少年犯罪社會學理論發展趨向

少年犯罪是現代工業都市社會的產品，也是現代社會的腫瘤。舊有農村社會也有青少年犯罪問題，然而並不嚴重，不足以構成社會法紀的威脅。自十九世紀以來，在工業革命，都市發展的衝擊之下，舊社會秩序所賴以維繫的基石，諸如倫理道德、宗教信仰、溫馨的家庭、親切的人際關係，以及日出而作，日落而息的自然生活方式，都被摧殘無遺。代之而起的是人口密集，複雜混亂的都市社區，工業都市社會的功利價值觀。生長在現代都市的貧困少年，一則缺乏溫馨的親情及關懷，缺乏良好的教養及督導，再則由於都市社區人蛇混雜；缺乏完整之價值觀，缺乏高尚的模式人格，同時面臨各種不良的引誘及挑戰，其人格成長，心態行爲，在在遭受惡劣環境之影響及衝擊，遂而產生偏差犯罪的心態行爲。

少年犯罪首先發難於工業先進社會。十九世紀末葉，歐美社會已顯現少年問題端倪。一八九九年美國創立第一所少年法庭。少年法庭之設立，一則顯示少年犯罪問題之嚴重，再則亦反映對於少年犯罪處置的新

觀點。傳統社會對於少年犯罪的態度大約可以劃分爲二大派別，一派以家長的身份，看待少年犯罪，認爲是少年成長過程中無可避免的問題，因此對待少年犯罪者，採取同情、憐憫的態度，主張從輕發落。另一派則以執法者的身份來看待靑少年犯罪問題，認爲少年犯罪出自一己之意願，應該爲一己之行爲負責，因而主張從嚴處置。十九世紀以來，新興的社會科學，由於強調社會環境對於個人的影響，強調少年犯罪之根源出自社會及家庭，對於少年罪犯之處置，主張以輔導、改善爲主。少年法庭之成立，反映這種新的時代精神。

自一九三○年代開始，社會學的觀點逐漸融滙形成少年犯罪研究理論之主流。一九三八年麥爾頓（Merton），首先提出社會脫序理論，認爲犯罪行爲出自於社會階層結構的壓力及個人價值規範的偏差；其理論重點如下：

1. 社會諸階層人士的生活期望大致相同，都希望達到財富、地位、榮譽的目標。

2. 下層社會階級人士在社會競爭的過程中，不論是追求財富、教育、地位、職業，均居於不利的地位；下層社會人士不僅受物質的限制，更受許多無形的束縛，例如價值規範，生活習慣，人際關係等等。

3. 強烈的物質慾望產生強烈的壓力，促使下層社會階級走向犯罪偏差行爲的途徑。

許多社會科學研究證明了麥爾頓理論的正確性，發覺所有的社會階級均採取同一的價值觀，也就是中產階級的價值。（Berman & Haug, 1975；Elliott, 1961, 1962；Jessor et. al, 1968）

柯亨（Cohen, 1955）強調下層社會靑少年由於接受中產階級的價值觀，然而卻在實際社會組織中無法達成中產階級的願望，因而飽受挫

折，產生怨恨的心理，從而否定中產階級的價值規範，建立少年犯罪團體及犯罪價值規範。

克勞渥及俄林（Cloward & Ohlin, 1960）採取社會壓力理論的觀點，然而同時強調各社會階層之不同犯罪機會，劃分少年罪犯爲三大類型；是爲：「犯罪型」，「打鬥型」及「頹廢型」。

美國總統委派的犯罪調查委員會強調，都市貧民窟的下層社會階級靑少年參與嚴重犯罪的機率較大（Voss, 1970）。美國犯罪學權威俄伏幹（Wolfgang, 1985）的研究證明，中上階級少年也可能參與許多違法的行爲，然而很少會以犯罪行爲爲職業，或是持續從事嚴重的犯罪行爲。吉朋（Gibbons, 1986）也強調暴力犯罪多出自下層階級人士。

希維（Hewitt, 1970）所做的少年犯罪研究，其中所提及的下層階級包括教育程度低、低收入、職位低、失業及接受社會救濟者。希維認爲下層階級受環境的壓力較大，遭受剝奪，而且日常生活中以生存問題爲重心。

米爾道（Gunnan Myrdal, 1969）在研究美國社會結構時，運用「受壓制階級」（underclass）的觀念，發現教育程度低、無業或職業低下的社會階層人士，生活貧困，或無以維生，家庭環境惡劣，從事犯罪行爲的可能率較高。

克拉克及溫尼克（Clark & Wenninger, 1972）的研究，認爲居住環境也是犯罪因素之一，鄉村的貧困人士未必會參與犯罪，而都市貧民窟的人士犯罪率高。

對於中產階級少年犯罪現象，社會學家如克勞渥、俄林、米勒（Miller, 1970）、柯亨等均強調以人格學說來解釋。他們強調中產階級少年由於特殊家庭環境，缺乏與父親認同，違背中產階級的價值規範，遂而產生犯罪偏差行爲。克瓦拉及米勒（Kvaraceus & Miller, 1959）強調中產階級少年

犯罪出自不正常人格心態,而下層階級少年犯罪則爲正常心態行爲反應。

　　許多研究以靑少年自我報導的行爲作基礎, 發現社會上絕大多數靑少年都曾從事非法、偏差行爲。根據這些少年犯罪研究, 則社會階級對少年犯罪影響不大。 然而多數少年自我報導的研究, 所選擇的犯罪項目, 許多都是無關緊要, 無足輕重的行爲, 如果以這些行爲作爲犯罪的依據, 則幾乎所有靑少年, 不論是正常或犯罪者, 都曾經犯罪。然而事實上則不然,紀錄有案的少年罪犯不論在犯罪行爲本質,或是犯罪次數方面, 均與一般少年不同。一般靑少年都可能曾經逃學、抽煙、無照駕駛、打架、或是從事許多其他不良行爲, 然而却很少會從事搶刼、殺人者。

　　一九六〇年代初期, 社會交易理論興起,以社會學家賀門 (Homans, 1961), 布勞 (Blau, 1964) 及心理學家提堡及凱利 (Thibaut and Kelley, 1959) 爲代表。 從社會交易理論的觀點來看, 人類行爲之動機不外追求財富、權力及榮譽。在社會, 人際網絡之中, 人人透過理性的思索, 期望以最低之代價, 換取最高的報酬。

　　社會交易理論重要觀念之一是社會資源, 凡屬於人際交易之條件均構成社會資源, 包括財富、 地位、 職業、 敎育、 家庭背景、 容貌、 才華、 品德等等。人際交往之主要目的是資源互換, 以一己之所有, 換取一己之所需。在人際交易過程中, 每個人均希望以最低之成本代價謀取最高之利潤收穫, 如果雙方之資源相當, 則二者可以建立平等互惠之關係, 如果資源不等, 則必須建立主屬依附之關係。

　　在人類社會中, 由於多數人的社會資源不等, 所以絕大多數人際關係均非平等互惠, 而是主屬依附的關係。 以公司老板與職員之關係爲例, 老板擁有眾多的重要資源, 足以控制職員的命運, 因而產生不平等之關係。在不平等的人際關係中, 有利的一方享有各種特權, 而居於不利地位的人士, 則必須付出心力, 以謀換取財物、生計。

　　由於社會人士資源不等，因此我們又可將社會人士劃分爲若干不同之社會階層。上層階級擁有最多社會資源，享有各種特權，中層階級擁有若干社會資源，也享有若干特權，而下層階級由於缺乏資源，在社會人際之中必須付出許多心血勞力，以圖換取財物謀生。不等社會階級之間的關係是依附性的，大致而言，下層階級處於不利地位，處處受制於中上階級，從事低賤的工作，過著貧困的生活，隨時隨地都會遭受挫折，產生自卑憤恨不平的心態，因而可能導致偏差犯罪行爲，甚至產生精神病。

　　依據社會交易理論的觀點，處於不利地位的下層階級人士大致上可以有四種不同的適應方法（見表一）。

### 表一：　下層社會階級適應生存之策略

一、順應社會規範，接受低賤的職業、收入、地位、忍受屈辱。
二、發展一己之才能，轉變主屬依附之關係，成爲中上階級的一份子。
三、改變一己之價值觀念，尋求精神生活，尋求宗教、哲學信仰、擺脫世俗之價值。
四、以暴力欺詐等方式，轉變主屬依附關係，謀取財富地位。

參閱：Blau. 1964 p. 124

　　社會交易理論所提示之下層階級人士適應方式，值得研究犯罪人士之商榷。傳統犯罪行爲，例如強盜、強暴、搶刼、偷竊等等，都是以下層階級爲主幹。從社會交易理論觀點來看，中上階級人士是不會參與這些罪行的，因爲他們擁有較多之社會資源，無須從事冒險犯罪的行爲，而可以得到更多的收穫，如果中層階級必須從事不法的行爲以謀取財富時，他們必然會透過其職權、人際關係、運用其財富、地位，參與經濟犯罪或是其他各種白領罪行。

在一個社會中，如果法治的觀念不顯彰，而中上階級享有較多之特權，從事經濟犯罪或其他白領罪行之人數衆多時，下層社會階級人士易於產生憤恨不平的心態，認爲社會制度，社會立法不公平，因而從事暴力犯罪的可能性增加。

近二、三十年來，我國由於經濟迅速成長，舊有的社會秩序及制度迅速消失，而新的秩序，制度並未建立。因此人心蕩漾，人人追求財富、地位的慾望，隨著澎湃的經濟成長而節節高升。貧困的社會階級由於內在動機的壓力及外在物質的引誘，對於財富、地位之需求慾望亦隨而增長，在諸多適應方式之中，下層階級採取鋌而走險從事犯罪行爲之可能率日益增加，因此我們可以預料在我國工業都市發展之過程中，經濟迅速成長時，犯罪的人數亦將隨時日而俱增。

## 第二節　現代都市社會下層階級文化與少年犯罪的關係

社會學者也有主張不同社會階級擁有不同價值規範及不同的生活方式。生活在現代都市的下層階級，由於其特殊的社區文化，家庭組織、職業、教育、收入等等因素，因而形成了特殊的次文化。根據哈佛大學犯罪學教授米勒（Miller, 1958）的分析，現代都市社會下層階級的次文化與少年犯罪具有密切的關係。

米勒認爲現代都市的下層社會階級文化，包含以下幾項特性（見表二）。

### 1.　與司法機構對立之意識形態

下層社會階級人士在日常生活中，時時關懷注意避免與司法機構糾纏。生活在都市貧民窟中之下層階級，隨時隨地所接觸的都是爲非作歹

表二：　現代都市社會下層階級文化之重心

| |
|---|
| 1.　與司法機構對立之意識形態 |
| 2.　兇狠之價值觀念 |
| 3.　機敏狡黠之習性 |
| 4.　追求刺激、興奮 |
| 5.　相信命運論 |
| 6.　慣於獨立自圭、不受任何拘束 |

的人物、事件，時時有牽涉及違法或不正當行爲之可能。例如目前國內下層社會盛行之大家樂卽爲一例。在美國都市中，下層階級參與吸毒、賭博、偸竊、强盜等違法行爲者甚衆，因此他們日日提心吊膽，惟恐與司法人員接觸。下層階級之父母，在管敎子女時，也時時提醒子女不要「招惹是非」，不要「爲非作歹」。然而在現代都市貧民階級之間，却處處樹立爲非作歹的人物，爲下層社會人士之人格典範。有錢有勢的黑社會人物、生活優裕的毒販、生活豪華奢侈的舞女、娼妓，都構成貧民窟中發跡的最好榜樣。除此之外，貧困階級受阻於社會組織結構，無法透過正當的途徑尋求財富、地位，而許多誠實努力、安分守法的貧困者都是朝不保夕，無以爲生。在這種生活情況下，似乎爲非作歹乃是唯一出路。下層階級人士也都懷着飛黃騰達的美夢、羨慕那些爲非作歹而飛黃騰達的黑社會及非法人士，也希望有朝一日可以有錢、有勢。這種潛意識之羨慕非法份子，向非法份子認同的心態，時時刻劃下層階級人士的思想及行爲，其影響之所及是下層階級人士都可能不擇手段以求取富貴榮華。

## 2.　兇狠的價值觀（Tough）

現代都市社會中，下層社會階級的男性重視兇狠的價值觀，强調身强力壯，好勇狠鬥及其他種種男性的行爲心態表徵，例如吸煙、飮酒、

不流淚、不示弱等等。下層社會人士之紋身習慣也是出自於他們強調男性表徵的動機。在他們的心目中，一個標準的男子漢，不僅是善於打鬥，一無所懼，更必須具有狡黠的心靈，不爲外人所欺惑。

米勒認爲美國下層社會男性之著重兇狠價值觀，是由於美國下層社會家庭，多以母親爲中心，而父親的形象，多屬於地位低，無職業、無收入之無賴漢，或是無能爲力者。生長於斯之青少年無法以其父親爲認同對象，因而無法琢磨眞正男性的心態行爲。他們從電影、電視的大衆傳播中，學習男性模式心態行爲，而大衆傳播中所展現的通常是過份誇張、喧染不實的男性表徵，例如牛仔、匪徒、英雄、間諜等等人物。在缺乏父親的家庭中成長的青少年，爲了要表現其男性氣概，常常會矯枉過正，流於兇狠的趨向。米勒認爲下層社會男性青少年之極端男性化，同時也出自於自我防禦，以彌補其缺乏男性自尊自信的心理。

### 3. 機敏狡黠之習性

現代都市社會之下層階級人士，其機敏狡黠之習性使得他們在做人處事方面，時時希望以欺詐、狡騙的方式，以三寸不爛之舌詐取別人財物，贏得財富及地位。他們以奸詐爲生活技巧的最高境界。機敏、狡黠的習性在下層社會中有悠久的歷史，而下層社會之機敏狡黠並不包括書生形態的智慧，他們視書生爲女性化的表現。在他們生活圈子中，時時有遭遇欺詐之可能，耳濡目染，久而久之，其青少年遂而養成機敏狡黠的習性。同時在下層社會中，具有機敏狡黠能力的人士，受人尊敬的程度更甚於對剛強暴烈好漢之崇拜，因爲機敏狡黠的人士可以透過機敏而非暴力的手段，贏取財物及地位。

下層社會中的職業賭徒，及職業詐騙者都是機敏狡黠價值觀的典範人物。這一類的人物被視爲有聰明的頭腦。相反的，下層社會階級蔑視誠實，勤奮努力工作而受人欺侮的人士。

　　下層階級人士也重視機智巧妙之對答能力。鋒利之言辭，他們視之為才智的表現，鋒銳的言談，充塞於下層階級人際交往之間。這種現象在美國黑人社會中更是普遍，而美國白人下層階級之兒童，從四、五歲開始，也逐漸養成這種習性，時時以諷刺尖銳的對話來贏取別人的尊敬。

### 4. 追求刺激、興奮

　　下層階級人士在現實社會中，遭受過多的挫折，而且由於缺乏財力支援，工作枯燥，所以生活缺乏情調。因此，追逐刺激也成為下層階級生活主題之一，在高速公路或普通街道上，我們時時可以見到下層社會的男性，不顧生命的危險，表演飛車絕技。對於中產階級人士而言，這種不顧生命危險的飛車行為，既危險，又犯法，毫無意義可言。然而對於下層階級的男性青少年而言，驚險的飛車技能，一則表現其能力，又展現其機智勇敢，而且充滿刺激興奮。下層階級男性更以參與賭博、娼妓、飲酒、吸毒、夜晚游蕩街頭酒吧、爭取歡場女人的青睞及打鬥為榮，而這一類的行為，時時會導致暴力犯罪。

### 5. 命運論

　　下層階級文化之另一特色是普遍的相信命運之說，認為神明或是一些外在超然的力量，無可捉摸的因素，控制人類之命運，因此對於自己的生活情況及前途都以求神問卜的方式以求解答。在這種命運論籠罩之下，當下層階級人士面臨生活困難及挑戰時，不知自求努力奮鬥，反而投向神明求助，這種信仰及心態自然時時帶來失敗的命運，終而一事無成，怨天尤人。

　　命運論的觀念反映下層階級生活艱難，時時遭受挫折，而無法以理性合法的途徑得到解答。例如下層階級最困擾的問題，莫過於缺乏金錢、財物、及收支不平衡。然而他們却不能透過正當的管道解決其財物上之問題。時而久之，遂養成信奉神靈命運的習慣，寄託希望於命運。

在這種生活情況及心態意識之下，乃產生了近一年來國內下層階級之間，如火如荼的大家樂賭風。國內近一年來，大家樂的狂烈賭風，反映下層階級的生活艱難，同時也反映他們深度的迷信觀念。在現實生活中掙扎而無法以合理手段滿足其願望的下層階級，乃孤注一擲，希望從大家樂中發財。政府如果想要阻止下層階級近似發狂之大家樂行為，是非常困難的，必需要瞭解大家樂的社會心理背景，乃能徹底消除這種危害社會的風氣。

與命運論相關的是下層階級喜歡炫耀誇張財富的傾向。美國社會裏，有許多依賴社會救濟的貧戶，在生活起居中，常常會做無謂的浪費及誇張。有一些貧戶竟然擁有豪華轎車、華貴的服飾、手錶，這一類行為實則顯示貧困階級的自卑心理。

### 6. 強調獨立自主、不受干預之心理

下層階級人士心態行為之另一特色是強調獨立自主，不受外人干預。可能是在現實生活中，受制於人之處太多，而產生的反抗心理。這種反抗性的心理，依據米勒的分析正充分反映下層階級之孤立無助，以及急欲求助之焦慮心態。

依據米勒之分析，下層階級在生活意識形態上，極端男性化的剛強暴烈價值觀，足以導致暴力犯罪；而強調機敏狡黠、欺詐之心態足以導致欺詐、竊盜之罪行；追尋刺激、興奮之生活足以導致吸毒、賭博及其他各種色情犯罪偏差行為；不受法律規範約束的個性，足以導致下層社會階級時時與司法機構為敵的行為。總之，下層社會階級的種種習性價值觀都足以促使其青少年走向犯罪偏差的途徑。

在下層社會裏，男性青少年之生活習慣以同性幫派為主體。他們視女性為軟弱無能，不可信賴的玩偶。在實際生活中，時時企圖表現其剛

強、猛烈、好勇、狠鬥之男性表徵，爲追求刺激而參與賭博、飲酒、吸毒，打鬥等等爲非作歹的行爲。在這種意識形態之下，下層階級之青少年遂與犯罪偏差行爲締結了不解緣。

最後，米勒教授的結論是在下層社會文化的影響之下，下層階級青少年之男性，自然而然的走向犯罪偏差的途徑。以下層社會階級青少年幫派之打鬥爲例，處處展現其剛強暴烈之習性，在日常生活及意識形態中也處處展現下層社會階級之價值觀及人生觀。下層社會階級之男童，由於缺乏父親以及缺乏完整的父親形象而走向極端男性化的趨向。下層階級之文化及價值觀，與中產階級有顯著的區別，米勒強調下層階級青少年之參與犯罪偏差行爲並非出自對於中產階級文化之反抗，而是出自於下層階級社區文化之影響所致。

## 第三節　虐待兒童與少年犯罪之關係

幾乎所有少年犯罪理論均強調家庭環境，親子關係與少年犯罪之間的密切關係。赫許（Hirschi, 1969），建立少年犯罪管制理論（control theory），認爲親子關係構成防制少年犯罪的第一道防線。他的研究發現少年犯罪行爲隨以下的情況而增加：

(1)親子之間缺乏溝通。

(2)父母督導疏忽。

(3)父母在行爲上不能爲子女建立典範。

賴（Nye, 1968）所做的研究強調親子之間的親切關係。他的研究發現在衝突甚多的家庭中，子女的犯罪率高於破裂家庭中親子關係親切者。葛魯克（Glueck, 1950）等人的研究強調親子之間的感情以及父母對於子女的關懷，爲決定少年人格行爲的主要因素。在暴力犯罪少年

中，父母親排斥青少年似乎是構成青少年暴力犯罪的主因 (Bandura and Walters, 1959; Gibbons, 1976)。

強調家庭環境的少年犯罪理論認為父母是否能够為子女建立行為模範是重要的關鍵。米勒 (Miller, 1958)、蘇德蘭 (Sutherland, 1939) 均強調父母親如果從事不法或偏差行為，一則向子女示範犯罪偏差行為，又同時加強犯罪偏差行為的價值規範。因此，如果父母親從事犯罪偏差行為，而親子關係良好，則子女從事犯罪偏差行為的機會甚大。

專家們一致認為虐待兒童與少年、成年犯罪之間關係密切。格林 (Green) 與美倫吉 (Menniger) 認為所有罪犯在童年時都曾遭遇虐待、冷落及排斥。在一九六一年，紐約州議會虐待兒童委員會中，佛瑞雪醫生 (Frazier) 作證，在他研究的 90 名謀殺犯中，幾乎在童年時都受過嚴重的虐待。紐約州廸必茲法官 (Dembitz) 在紐約州議會作證時說：「一個兒童自幼成長於受人冷落、虐待環境之中，長大以後無法尊重自己及別人；受虐待的兒童產生怨恨的心理，成長之後，產生暴力犯罪乃自然之事。」(Fontana, 1976)

除了身體上受虐待，精神上的虐待包括忽視、冷落、排斥；兒童遭受長期精神上的忽視、排斥，亦無法發展正常愛心的人格。通常受虐待兒童的反應是排斥別人，無視於別人的尊嚴及權利，無視於人性。在兒童時期，由於長期受冷落、排斥、虐待，而產生焦慮不安，時時懷疑父母對他的情懷；他們因而反抗、排斥父母，或是退縮，他們與父母之間的關係因而日益惡化。

遭受虐待的兒童會產生各種不良的反應，包括反抗性、反叛、壞脾氣、破壞、嫉妬、殘酷、過度反應、消極破壞性、說謊、偸竊、逃避、反社會性行為、不正常性行為、神經質、惡夢、遺尿，以及其他各種精神情緒之困擾。(N. Ackerman, *The Psychodynamics of Family*

*Life;* N. Y. Basic Books, 1958)

　　虐待兒童的父母亦具有若干共同特性: 他們對於子女要求過多, 如果子女不能滿足他們的要求時, 卽施以暴力或精神上的虐待。(B. F. Steele; and Pollok, "A Psychiatric Study of Parents who Abuse Infants and Small Children," in *The Battered Child*, R. Helfer and C. H. Kempe ⟨eds⟩ Chicago: University of Chicago Press, 1974) 虐待子女的家庭經濟情況不定, 而忽視子女的家庭, 經濟通常較差; 夫婦分居、離異、教育低、居住環境差, 子女數目多, 父母之一酗酒、或具有其他精神情緒問題者較多。(H. Hoel, "Child Protective Service", in *Second National Symposium on Child Abuse*, Denver: Children's Division, American Humane Association, 1973)

　　費爾布里克 (Philbrick, 1960) 認為所有忽略子女的父母, 都是無責任感, 過份重視一己的利益, 追尋享樂, 情感衝動。這些父母生活充滿緊張及不如意, 他們對待別人以仇視、懷疑、孤獨、憤恨、挫折、失望、無視的心態。他們是一個不好的丈夫或妻子。他們很少參與社交活動, 孤獨而具破壞性, 他們不善人際關係, 不善於解決人際糾紛。方亭拉 (Fontana, 1976) 認為虐待子女的父母在人格上不成熟, 他們過於重視一己的需求, 子女阻礙他們私慾的滿足。他們不成熟或是焦慮緊張, 要求子女過甚。他們希望子女能塡補其生命、精神上的空虛, 當子女無法滿足他們時, 他們施以暴力、威脅、排斥、譴責。虐待子女的父母也包含了一些對所有人均不信賴, 與所有人均隔離者。

　　虐待子女的父母亦可能具有精神情緒問題。這些人不正常的成長過程, 或是他們的人格組織, 嚴重的影響他們的心態行為, 使得他們無法眞正關懷別人, 無法與人分享。他們變態的心理, 使得他們時時感到遭受迫害, 因而緊張、躁鬱、憤怒, 他們向子女發怒、怨恨, 其眞正目的

在於解除一己內在之問題及困擾。他們虐待子女的行爲屬於發洩性者。

另外，虐待子女的父母亦包括心智不全者。他們無法面對事實，處理一切問題，不知如何敎導子女，他們無法容忍挫折及子女所帶來的煩惱，因而情緒爆發，攻擊迫害他們的子女。

也有許多虐待子女的父母屬於正常智力者，然而人格不成熟。對子女的成長缺乏耐心、缺乏知識，當子女的行爲無法滿足他們的要求時，他們憤怒的責打子女。另外，也有屬於過份嚴格的父母親，他們以斯巴達的方式敎養子女。然而在現代社會中，由於少年行爲規範不同，子女行爲多數不能滿足嚴厲父母的要求，因而他們對於子女施以嚴厲懲罰。眞正殘酷成性的父母祇佔極少部份。另有吸毒、酗酒的父母，虐待子女者。在少年犯中，父母吸毒、酗酒的比例甚大。吸毒的父母爲求滿足一己的毒癮，不惜從事任何不法、不道德的行爲。當父母毒癮、酒癮發作時，或是當他們情緒低落時，他們會向子女施暴、殘害。

虐待子女的父母具有若干共同特性：他們在幼年時都曾遭受虐待或忽略，他們的人際關係疏淡，無能力處置緊張及壓力。(Fontana, 1976)

根據廸法蘭西斯（De Francis, 1962）的研究，80％受虐待的子女，其父母俱在；16％家庭中，父母之一爲後繼者；8％爲單一父母；6％與母親寄居於親戚家中。虐待子女的家庭，其經濟狀況好壞均有，父母職業高低不等，其中三分之一的母親是職業婦女，許多是在餐室作女侍，家庭內部問題衆多，夫婦關係惡劣，酗酒、成年犯罪、兄弟姊妹涉及犯罪者多。

受虐待兒童多半在七歲以下，四分之三在十三歲以下，虐待子女的情況，包括以下：第一是當父親處理子女問題棘手時而火氣爆發，無以自處，因而動怒。母親虐待子女多出自於無助及絕望的心理；母親害死子女者，亦多出自於絕望的心理及動機，企圖解決子女的問題而無能爲

力。許多母親爲未婚者。虐待子女的母親遭受較多的壓力，特別是牽涉及其懷孕生子。

精神分析專家高夫曼（Kaufman 1962）分析虐待子女的父母心態，認爲他們扭曲事實、或是脫離現實情況。因爲年幼子女無抵抗力，完全依賴父母以生存；父母殘虐者，一定無視於子女的人性。有的在潛意識中，視子女爲己身之一部份必須改正或摧毀者。另有的父母則處於極不成熟的人格心理狀況，嫉妒子女的依賴性。有的父母因子女的問題，而感到極端厭惡、挫折及無奈。有的是缺乏良知的暴力犯罪精神分裂症患。這些父母感到內在極度焦慮，他們無法處置，深恐一日其焦慮將會摧毀他們自己，因而爆發其火爆脾氣，以暴力攻擊別人。暴力攻擊顯示內在之不滿及挫折無法表現，乃以子女爲代罪羔羊，他們以一己之困難煩惱，投射於子女之身，將一己之惡劣情緒轉移至子女，他們攻擊子女以解除一己之焦慮，以之逃避事實、困難。

## 第四節　少年犯罪分析模式

近年來，由於眾多理論研究累積的心得，許多少年犯罪學者專家已經綜合諸家學說建立各種少年犯罪分析模式。強生（Johnson, 1979）根據以往諸多實證研究，建立了少年犯罪路徑分析（Path　Analysis）模式（見圖一）。

在圖一中，我們可見到社會階級透過父母對子女的愛及關懷，透過學業成績、學校關係，與父母親切關係，或與不良少年爲伍以及是否接受少年犯罪的價值規範，而導致少年犯罪偏差行爲。

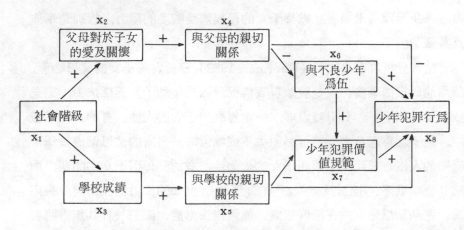

(參閱 R. Johnson, 1979; *Juvenile Delinquency and Its Origins*, Cambridge, Cambridge University Press)

**圖一　少年犯罪因素路徑分析**

其次，強生更肯定少年犯罪諸因素之間的相關係數（見圖二）。

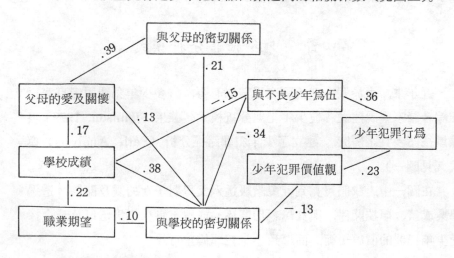

(參閱 R. Johnson, 1979)

**圖二　少年犯罪因素相關係數**

強生更列表顯示少年犯罪因素的相對重要性（見表三）。

**表三：** 少年犯罪諸因素之重要性、依次排列

| 少年犯罪成因 | 對少年犯罪行為之影響 | | |
|---|---|---|---|
| | 全部影響 | 直接影響 | 間接影響 |
| 1. 與不良少年為伍 | .40 | .30 | .10 |
| 2. 少年犯罪價值觀 | .20 | .20 | .00 |
| 3. 與學校密切關係 | −.14 | .00 | −.14 |
| 4. 學校成績 | −.11 | .00 | −.11 |
| 5. 父母的愛 | −.05 | .00 | −.05 |
| 6. 與父母密切關係 | −.03 | .00 | −.03 |
| 7. 職業期望 | −.01 | .00 | −.01 |
| 8. 社會階級 | | .00 | .00 |

參閱: R. Johnson, 1979

表三中顯示「與不良少年為伍」構成少年犯罪的最重要成因，其次是「少年犯罪的價值觀」，再而是「少年與學校的關係」，「學校成績」，「父母對少年的愛心」，「關懷及督導」，最後是少年的「職業期望」。雖然社會階級被列為無關，然而社會階級卻直接，間接的與以上所列的少年犯罪因素構成密切的關係；透過這些因素，嚴重的影響少年心態行為，促成少年犯罪。

其次，強生更分析少年犯罪因素對歐美白人及亞洲人的不同影響力（見表四）。

表四: 少年犯罪因素對於歐美白人及亞洲人不同的影響力

| 少年犯罪成因 | 白種男童 | 白種女童 | 亞洲男童 | 亞洲女童 |
|---|---|---|---|---|
| 1. 社會階級 | .00 | .00 | −8.13 | −5.01 |
| 2. 父母的愛 | − .69 | − .43 | − .99 | − .21 |
| 3. 學校成績 | −1.63 | − .72 | −3.89 | − .30 |
| 4. 與父母親切關係 | − .48 | − .21 | −1.04 | .29 |
| 5. 職業期望 | − .11 | .00 | −3.93 | −1.08 |
| 6. 與學校親切關係 | − .44 | − .76 | −1.40 | − .46 |
| 7. 受友伴影響 | .75 | .00 | .00 | − .56 |
| 8. 與不良少年為伍 | 1.36 | .91 | 2.42 | .86 |
| 9. 少年犯罪價值觀 | .53 | .81 | − .26 | 1.00 |
| 10. 犯罪被捕之可能 | − .77 | .00 | 1.09 | .00 |

參閱: R. Johnson, 1979

　　表四中顯示,「社會階級」對亞洲少年構成嚴重影響, 對白種人少年則無。其次,「學業成績」對亞洲男童的影響重大, 對於白種男童的影響次之, 而對於白種女童、亞洲女童的影響微小。少年與父母親切關係對亞洲男童的影響較為嚴重。「職業期望」對亞洲少年的影響遠勝於對白種少年的影響, 其中對亞洲男童的影響較對白種男童的影響高達數十倍。「與學校親切關係」對亞洲男童的影響較深, 對白種女童的影響次之, 對於亞洲女童及白種男童的影響再而次之。「受友伴影響」對白種男童影響最大, 對亞洲女童的影響也相當大, 而對亞洲男童、白種女童, 幾乎沒有影響。「與不良少年為伍」是構成少年犯罪的主要因素, 不論是白種人或亞洲人, 其影響均甚為嚴重。「少年犯罪價值觀」對亞洲女童的影響最大, 對白種女童的影響次之, 對白種男童的影響又次之, 而

對於亞洲男童的影響最少; 由此可見, 少年犯罪的價值觀對於女性的影響遠重於對男性的影響。最後一項因素是「犯罪被捕的可能性」, 對男童的影響很大, 而對女童沒有影響; 也就是說, 男性少年是否犯罪, 端視乎這項行為是否有被捕的可能, 而這種心態對於女性少年卻沒有影響。

最後, 我們要看少年犯罪因素對於亞洲少男犯罪的影響的次序 (見表五)。

**表五:** 少年犯罪因素對於亞洲少男
犯罪的影響相關係數

| 少年犯罪因素 | 相關係數 |
|---|---|
| 1. 學校成績 | −.52 |
| 2. 與不良少年為伍 | .50 |
| 3. 與學校密切關係 | −.29 |
| 4. 職業期望 | −.24 |
| 5. 犯罪被捕的可能 | .18 |
| 6. 社會階級 | −.17 |
| 7. 父母的愛 | −.15 |
| 8. 與父母密切關係 | −.14 |
| 9. 少年犯罪價值觀 | −.07 |
| 10. 朋友影響 | .00 |

參閱: R. Johnson, 1979

表五顯示, 在亞洲少年之中, 「學校成績」「與不良少年為伍」是少年犯罪的最重要決定因素, 其次是「與學校關係」「職業期望」「犯罪行為被捕的可能率」「社會階級」「父母的愛及關懷」等等。比較亞歐的少

年犯罪因素，可以想像不同社會文化背景，不同的社會組織以及不同的價值規範對於少年的心態行為產生不同的影響及後果。因此在研究不同社會少年犯罪現象，必須注意不同的社會文化因素。

　　最後，值得一提的是強生在這一方面的研究成果，得到學術界的肯定。其一九七九年，有關少年犯罪分析模式的著作，得到美國社會學會所頒發的著作獎。這一份殊榮不僅是對強生的鼓勵，也同時顯示他的作品對於少年犯罪研究，以及對於社會科學界的貢獻及價值。

# 第三章　犯罪生物學，心理學理論

## 第一節　現代遺傳學

（取材自美國新聞及世界報導，1987/4/8）

達爾文提出「適者生存」理論已一百餘年，田納西州的「猴子試驗」與優生運動已六十年，人類解開遺傳基因之謎已三十年，及社會生物學的遺傳學理論引起爭議的十年之後，科學家不斷提出不由得你不相信的證據，顯示遺傳對一個人的個性和行為的影響，比他所受的教養和強大社會壓力的影響要大得多。有關「先天與後天」的爭論，似乎已經有了決定性的轉變。

對同卵雙胞胎所作的最新研究，加上許多動物行為研究的發現，已使許多科學家作成結論：遺傳基因不但控制諸如眼睛的顏色和身高等身體特徵，也深深影響人類的行為與個性。

這項論斷引起令人困惑，而又進退兩難的問題：人之為人——富或貧，智或愚，外向或內向，積極或畏縮，守法或犯罪——都是因為代代相傳的遺傳基因嗎？舉例而言，如果基因不同可以說明學童在學校裡的學力測驗成績不同的話，教育界人士可能認定，學校對於改善智力較差的兒童毫無裨益。社會計畫和我們養育子女的方式，能夠勝過遺傳的力

量嗎？如果司法官員認為犯罪是天生的本性，而不是後天的，那麼他們可能乾脆判決犯人終身監禁，感化教育也就沒有必要。

在這項爭論中更深一層的恐懼是，基因決定論可能被人錯誤的用來「證明」有些種族較劣，男人控制女人是自然的，以及社會不可能進步，因為基因的力量是無從改變的。曾獲諾貝爾獎的麻省理工學院微生物學家巴爾的摩（David Baltimore）說：「如果你能夠輕易證明人類在基因上的細微差異，就不能肯定人生來是平等的。」

## 一、「先天與後天」起爭論

明尼蘇達州孿生及領養研究中心在一九八六年底，發表一項令人震驚的最新報告。研究人員在對三百四十八對雙胞胎，其中包括四十四對分開養育的同卵雙胞胎，做過詳盡試驗後下結論說，人類的思想和行為，也就是他們的個性，決定於他們細胞中的遺傳基因成分，大於社會的影響力。諸如尊重權威、靈活的想像力和與陌生人交談的傾向等個性，大部分在受胎時已經決定。

其他研究已顯示，遺傳基因似乎有助於說明為什麼有些人會酗酒、憂鬱和肥胖，甚至也可說明性的角色和喜好，以及害怕蛇及陌生人等恐懼症。

遺傳基因是人類社會的基礎，這一論點是新興社會生物學最熱切的主張。社會生物學者的觀點綜合生物學、人類學、法律、心理學和經濟學，認為遺傳基因和環境因素是一個系統裡面個別的部分，有時共同作用，有時各自為政。以此觀之，人類的內心並不是一張白紙，在出生後才由家庭和社會把它填滿，而是在誕生時就已「烙印」了明顯的個性傾向。這種傾向可以加強或壓抑，卻不能靠教養或其他方式消除。社會生物學家相信，如侵略性、犯罪傾向和智力等特徵，可能是與生俱來的生

物特質。

就以犯罪行為為例。 南加大心理學家梅德尼（Sarnoff Mednick）的研究顯示，犯罪傾向有非常明顯的遺傳模式。梅德尼曾追縱一萬四千名養子女，探討兩代之間的犯罪傾向是否有互相呼應之處。生父母是罪犯的孩子，犯罪的可能性也大得多，這種情形相當明顯。

梅德尼和哈佛犯罪學家詹姆斯威爾森（James Q. Wilson）謹慎的指出，孩子的教養和其他社會因素，當然也決定誰會成為罪犯，但是他們認為，具有強烈遺傳成分的因素，如個性、體格和智力，使某些個人可能成為罪犯。

梅德尼相信，能夠將具有遺傳犯罪傾向的年輕人篩選出來，特別給予關注。他說：「這樣做除了對社會有好處，還可使這些孩子避免犯罪，過不愉快的生活。」

## 二、遺傳基因可決定文化

社會生物學在一九七五年引起大眾的注意。當時哈佛動物學家愛德華威爾森（Edward O. Wilson）出版了《社會生物學：新的綜合理論》一書，提出一項爆炸性的理論，即：「基因決定文化。」

威爾森和他的同事所持的理論是小心翼翼建立起來的。他們大量引用人類的行為與低等動物未經思考的行為相似之處。從昆蟲到靈長類的數百種動物，都有和人類相似的求偶過程，領土主權要求及侵略性。例如，野鴨也會犯人類所謂的強暴罪，猩猩會成群結隊的進行突襲，像人類的戰爭一樣，甚至會屠殺相鄰的族類。螞蟻群有社會階級，包括奴隸。山上的藍知更鳥有通姦行為。海豚常常拯救受傷的同伴，使牠們不致淹死。蜥蜴、海鷗、狗和其他動物都有同性戀行為。還有在整個動物界，雄性通常都是侵略者。

在社會生物學家看來，這些行為似乎都是理所當然的。聖塔克魯茲加州大學生物學家屈佛斯（Robert Trivers）說：「所有今天活在世界上的動物都是四十億年進化的結果。我們身上有一組基因，經過我們現在所謂的物競天擇的過程，演進成今天的樣子。這些基因與環境互相作用，塑造了我們的行為。」

純就學術觀點來看，這個理論似乎無懈可擊。但社會生物學家會問，例如，一個母親奔回起火燃燒的房子，為了救她的孩子而犧牲自己，她這麼做是否基於一種生物本能，不是為愛心所驅動，而是因為遺傳上的自私？

為什麼「自私的基因」能使勇敢的母親視死如歸？英國人類學家道金斯（Richard Dawkins）在一九七六年提出的解釋是，自我犧牲的無我行為，只是基因為確保它的存續的一種本能表現。道金斯稱人類為「生存機器，是經過程式設計的機器人，目的在保存稱為基因的自私因子。」

為了別人而犧牲自己的生命，對於基因的繁殖似乎並無益處。不過，社會生物學家指出，為了從大火中救出兩個孩子而犧牲自己的母親，實際上是犧牲了她遺傳基因的一份複製品，但卻挽救了另外兩份，因為她的兩個孩子各自都帶著她的全部基因。因此也就不難理解，包括昆蟲和人類在內，很多動物的單獨個體常常為了拯救同類而犧牲自己。蜜蜂為拯救蜂巢而死，鳥類常發出警示的叫聲，使鳥群知道擄掠者來了，雖然這隻擔任警哨的鳥幾乎必然會因此而犧牲。

在先天與後天的辯論中，自私的基因是意見最為分歧的一點。批評者說，道金斯「生來如此，別無選擇」的理論太單純。哈佛生物學家古德（Stephen Jay Gould）說：「基因不會自己動腦筋。它們不會為了保存自己而計畫行動。」相反的，古德和其他人辯稱，人類在環境改變

時，會學習新的行為方式，並把適宜的方式傳給子孫，這也許是為了平衡染色體所傳遞的訊息。他們認為，如果有自私基因存在，社會規範也可控制它。

　　支持後天教養勝過先天遺傳的人士，在抵擋不住大量證明遺傳基因的重要性的證據之下，改以言詞反擊。後天論者提出他們最擔心的問題，就是社會生物學的理論可能被未來的社會工程師不負責任的加以利用。舉例來說，一九二〇年代的優生運動主張以選擇性的生育來改善人類，卻在德國曼吉爾（Josef Mengele）的「醫學實驗」死亡營派上用場。最近，遺傳工程學的進展又引起社會生物學批評者類似的恐懼，遺傳工程學目前已能選出並加強某些動物特徵。麻省理工學院生物學家席格納（Ethan Signer）說：「這方面的研究，將使我們更進一步接近人類的遺傳工程學。那時他們就會設法使我們生育有理想的下一代。」

　　這些憂慮並非毫無根據。三年前，主張黑人智力低於白人的諾貝爾物理獎得主紹克萊（William Shockley），對「亞特蘭大憲政報」的誹謗提出賠償一百萬美元訴訟，他在法庭上侃侃而談，說明他的「劣生學」理論，也就是說，智力衰退是「不良遺傳者」之間的過度繁殖，而「不良遺傳者」包括大多數黑人。

　　紹克萊建議，凡是智商在一百以下，收入不到課稅標準的生育年齡者，如果願意接受結紮手術，應可獲得智商一百以下，每少一點付一千美元的補償。

## 三、智力衰退與不良遺傳

　　新加坡已接納紹克萊的理論。在這個西化國家，教育程度在大學以下的人民生了一兩個孩子後，如果同意結紮者可獲得獎金，同時政府也獎勵大學以上程度的父母多生小孩。李光耀總理在提倡此一優生學政策

時說，遺傳問題逐漸惡化，會使新加坡的「國力水準」下降。李光耀說：「我們的經濟將停滯，政府將遭遇困難，社會將衰退。」

## 四、社會階級與遺傳特徵

紹克萊和李光耀的看法對嗎？不同的社會階級，是否有不同的遺傳特徵？「高」階級能否逐漸累積優秀的基因？明尼亞波利斯的律師兼一九八一年《新菁英分子》一書的作者雷比多夫（David Lebedoff）對最後兩個問題的答覆是肯定的。他率直說明他所謂的「生物學上的階級」說：「人們還是在同一社會與經濟階層找尋結婚對象，但不同階層的成員是依可衡量的智力來決定，而不是出生的環境。高智商的人會和高智商的人結婚。」

形成智力高低的因素不只限於基因。然而，黑人兒童的智商似乎低於白人兒童。維吉尼亞大學心理學家史卡爾（Sandra Scarr）對此至感興趣，因而對一群由白人中產階級家庭養育的黑人兒童做了一項研究，這些孩子的智商平均比其他黑人兒童高二十點，主要是因為他們的家庭環境較優秀。史卡爾說：「智商是遺傳和教育環境的綜合產品。有關智商是天生的，而且無法改變的說法曾造成很多人的痛苦。」

## 五、「精子銀行」應運風行

科技使得這個不正確的觀念更進一步被曲解。加州一家精子銀行「精選胚胎貯存庫」，以諾貝爾獎得主和其他有高成就者的基因，來吸引希望當母親的人，那些捐贈精子者有的已不在人世。到目前為止，已有三十九個孩子，靠這家精子銀行的冷凍精子而誕生。但是要斷言這些遺傳基因是否已產生優秀的腦力，尚為時過早。

由於沒有任何研究人員能夠證明，任何人是完全靠遺傳基因塑造

的,因此,先天與後天的平衡關係還是應該考慮。賓州州立大學心理學家與雙胞胎研究人員麥克里恩（Gerald McClearn）指出：「很多人有一種單純的想法，以爲基因會神奇的自行產生力量，幻化成人類的行爲。事實上基因能帶來某一種傾向，但不能直接控制行爲。它不能抹殺一個人的自由意志。」卽使是最激進的社會生物學家愛德華威爾森，也不相信行爲能完全由基因擺佈。他說：「承認我們都受到遺傳基因的影響，並不會減少我們隨心所欲的自由。」最近的這項研究顯然偏向先天因素的一邊，但也僅是到此爲止的研究發現。研究人員都認爲，人類是他們的遺傳基因和文化與環境經驗的產物。所有科學家正在探討的，是這張處方中各項成分所占的比例。

## 第二節　體型與犯罪

現代犯罪學理論發展始自於十九世紀後半期之歐洲大陸。當時歐陸自然科學已經發展臻至高度的境界，而天主教會勢力不振，民主政治風氣旺盛，因此人文科學得以擺脫教會及政府的壓力，向自然科學看齊邁進。

十九世紀前半期的歐洲與我國戰國時代相似，自從一七七六年美國大革命、一七八九年法國大革命之後，民主自由風氣瀰漫西歐，當時歐洲各國歷經多次的革命及戰爭，傳統社會制度、君主政治、天主教會的勢力都遭受嚴重破壞，處處都有「山雨欲來風滿樓」的形式。在這種社會風氣、政治局勢之下，各種人文思想乃澎湃發揚、百花齊放。

當時自然科學中，對人文科學影響最大的是「生物演化理論」。生物演化論早在十九世紀初期已瀰漫西歐，一八五九年達爾文之《物種原

始》一書，更爲生物演化論樹立實證科學的基礎，從此成爲解釋生物演化論的最主要理論，影響及於今日。

生物演化論不僅强調演化的觀念，也同時强調人類的生物特性。人爲動物之一支，具有各種生物特性，而人類也是生物演化最高的境界。人類之異於其他動物，主要出自於後天社會文化的薰陶、敎養。這種以人類爲大自然一部份的觀點，與乎傳統中古敎會對人類的解釋大相迥異。在現代自然科學影響之下，十九世紀後半期歐洲人文學者得以擺脫敎會思想的限制，而從自然科學、生物學的觀點來剖視人性。

由於生物演化論的影響，十九世紀生理學界產生一套有關胚胎發育、人體成長的理論；這種理論强調人體發育過程是生物演化過程的重演，認爲人體由受精卵子發育爲完整個體之間的過程與生物演化的過程大致相同。

以下我們將分別討論自十九世紀末葉以來而至於今日，諸生物犯罪學家的理論：

# 一、郎布索（Cesare Lombroso 1835-1909）

郎布索誕生於一八三五年，出自義大利威尼斯的一個猶太家族，早年專攻醫學，而後以精神醫師爲業，同時在土倫大學擔任法律醫學敎授。一八七六年時出版《罪犯》（*The Criminal Man*）一書。郎布索身受醫學訓練，對於當時生物學、生理學的理論熟悉，由於他對於犯罪學的興趣，因此引用當時生物演化論及胚胎學說以解釋犯罪的根源。郎布索創立生物演化滯留理論（Atavism），他認爲犯罪出自於生物性的因素。罪犯在胚胎發育過程中，由於發育過程遭受障礙，乃停頓於原始人（Throwbacks）的狀況，呈現早期原始人之各種生理、心理特性，無異於禽獸；由於缺乏人類智慧及理性，無法適應現代社會生活，因而

從事犯罪及各種偏差行爲。

達爾文在他的《人類祖先》(*The Descent of Man*, 1871) 一書中，也曾經提及這一類犯罪學的概念。他說在現代社會中，時時會由於生物演化之障礙而出現許多類似人猿的人類，這些人在心態、行爲各方面都與人類祖先（猿人）相似。

在十九世紀實證科學主義影響之下，郎布索強調以現代實證科學研究爲基礎，研究探討犯罪人的犯罪根源。他親自測量 383 位罪犯的各種生理特徵，發覺許多罪犯在生理上都具有原始人的特性，這些特性分別列舉於下：

(1)罪犯的頭形及大小與常人有別。

(2)面部結構不均。

(3)下顎骨特別大而突出。

(4)眼睛有缺陷而且特殊。

(5)耳朵或大或小，招風耳，與人猿相似。

(6)鼻子的結構、形狀與常人異，鼻骨隆起或下塌。

(7)嘴唇外突、多肉、隆起，似非洲人的嘴唇。

(8)口腔結構奇異，上齒突出與原始人相似。

(9)齒形排列與常人異。

(10)下顎長而突出，或短平，似猿人。

(11)臉上皺紋特多，變化多端。

(12)毛髮特多。

(13)骨骼結構怪異，肋骨或多或少，胸部乳頭數目較多。

(14)胎盤骨結構異常。

(15)四肢特長。

(16)手指、腳指數目較多。

(17)大腦的兩部門分配不均。

依據郎布索的實際測量，383 位罪犯之中： 43% 的罪犯具有至少五項上列的生理特徵。郎布索依據其研究的結果，認爲凡是有五項以上原始人特徵者，視爲生物性的罪犯，這些特性是犯罪人在出生時卽已具備的特質；而這些生物性的特質是由於胚胎發展過程中受障礙而產生的退化現象。

郎布索又以殺人罪犯的生理結構與正常的義大利士兵比較而得到以下的結論（表一）。

**表一： 罪犯與正常人身體生理結構差異**

| 身體生理結構異常性 | 殺人罪犯（709）% | 無犯罪紀錄的義大利士兵（N=711）% |
|---|---|---|
| 1. 無異常特性者 | 10 | 37.2 |
| 2. 一或二項異常特性者 | 51.9 | 51.8 |
| 3. 三或四項異常特性者 | 33.5 | 11.0 |
| 4. 五或六項異常特性者 | 4.5 | 0.0 |
| 5. 七項以上異常特性者 | 0.3 | 0.0 |

資料來源: Cesare Lombroso, *The Criminal Man*, 4[th]ed. 1889. p. 273

## 二、葛林 (Charles Goring)

自一八七六年，郎布索發表其犯罪生物演化論之後，由於郎氏學說與當時生物學理論吻合，又由於郎氏之身份地位，因此他的理論盛極一時，被犯罪學者奉爲一時之經典，郎氏理論享譽達二十五年之久，至一九〇一年，英國犯罪學家葛林出版其《英國罪犯統計研究》一書爲止。

葛林之著作研究引用許多當時人文學界泰斗，例如，英國統計學大師皮爾遜 (Karl Pearson) 的言論，比較三千名罪犯與相等數目的正常

人在生理結構上的差異。這次研究做得非常徹底而謹愼，運用實證科學方法，測量比較犯罪人與非犯罪人在生理結構上的差異。《英國罪犯》一書出版之後，聲名大噪。

依據葛林的研究結果發現，犯罪人與正常人在生理結構上並無任何顯著的差異。除了郎布索所提示的許多項犯罪人特徵之外，葛林更比較罪犯與常人的其他生理結構，發覺也沒有任何顯著的差異。

葛林之研究動機在於向郎布索的理論研究挑戰，然而郎布索則堅持觀察罪犯的生理特性必須具備醫學及生理學的經驗及常識，郎布索認爲葛林的理論缺乏醫學、生理學的經驗，無法正確判斷常人及非常人在生理結構上的特徵及區別。

葛林的研究結果推翻了郎布索的生物演化學說。然而葛林也發現罪犯在身高、體重各方面，都較正常人爲低，在身高方面，罪犯較正常人矮了一、二吋，在體重方面，較正常人輕三至七磅。從這些差異上，葛林也發展出一套犯罪生物學的理論，認爲罪犯承繼許多先天遺傳的劣質，例如：智慧較低、身材矮小，由於這些先天性的劣質促使他們從事犯罪行爲。

葛林反駁郎布索的理論，認爲卽使罪犯具有某些生理特性，也不能證明罪犯是生物演化所產生的原始人。以現代籃球選手爲例，籃球選手的身材高大，然而這並不能證明籃球選手是由於生物演化的結果而形成的一種特殊人類。葛林所創立的生物劣質理論，爲二十世紀初葉犯罪學開闢了新的天地。郎布索的犯罪生物演化理論由於葛林等人之駁斥，逐漸衰退。

### 三、胡頓（E. A. Hooton）的犯罪生理學理論

胡頓是哈佛大學的人類學家，他一方面批評葛林在研究方法上之疏忽及錯誤，同時從事一己之犯罪生理學研究。他在美國十州之內收集了一萬四千名罪犯的資料，另外又選擇了三千名沒有犯罪紀錄的美國公民，以作為比較的對象。以下是他研究結果的摘要（1939, p. 229～306）：

(1)在三十三項人體生理結構特徵中，罪犯與正常人在生理上有十九項顯著的差異。

(2)各種罪犯在各項生理特性方面，均較正常人為劣。

(3)在各種生理劣質中，罪犯最明顯的特徵是頭額較低，鼻樑狹窄，鼻頭過寬大或狹窄、鼻孔朝天、面部狹窄、下顎狹窄。

(4)生理性的劣質與精神、智慧的劣質，具有密切的關係。

(5)生理及心理的劣質均出自於先天遺傳，而非出自於後天環境的塑造。

(6)罪犯眼珠多呈灰藍色，而少純黑色或純藍色者。眉毛通常稀疏，雙眼皮者較多。

(7)罪犯有胎記者較多。

(8)嘴唇薄、而下顎骨突出。

(9)罪犯之耳朵捲曲者較多，耳朵突出者較多，耳朵較小。

(10)頸細長、肩狹窄而下垂。

胡頓認為犯罪行為出自先天遺傳的生理、心理劣質，及後天環境對於先天劣質者之衝擊所形成。胡頓更詳細比較各種不同罪犯之生理結構，而得到若干結論，認為各種罪犯的生理結構各異。

胡頓的犯罪生理學理論出版之後，引起社會學界強烈反應，多數認

爲胡頓的理論缺乏科學實證的依據，即使事實上我們能夠證明罪犯與正常人在生理結構上有顯著差異，我們也無法證明這些生理結構是屬於劣質性的。多數學者認爲將罪犯的許多生理特性解釋爲生理劣質，是一種不合邏輯的推理。

其次，胡頓所收集的樣本來自各州、各地，而各地樣本之間的差異甚大，胡頓似乎忽視這些不同樣本之間的顯著差異，而只重視犯罪人與常人之間的差別。

第三，胡頓強調罪犯之生理劣質來自遺傳，他的研究都是在證明這些生理特性與遺傳之關聯；例如罪犯較正常人的體重有差異，如果這是屬於遺傳因素所造成，必須經過長期的研究證明，以同樣食物給予罪犯及常人，而且還必須控制這兩組人從小的生活環境及習慣。僅祇是體重上的差異，不能證明罪犯的輕體重出自遺傳，亦無法證明體重較輕爲一種生理劣質。例如在二十世紀末期，一般人都希望減輕體重，又如何能將體重過輕解釋爲生理劣質。

最後，胡頓的研究對象罪犯中，許多屬於累犯，其所犯罪種類甚多，胡頓在做犯罪分類比較研究時，究竟以罪犯何時所犯的罪行爲計算標準，是值得商榷的。

## 四、克乃斯麥（Kretschmer）

二十世紀初葉，德國犯罪學家克乃斯麥（E. Kretschmer, 1921）研究體型與犯罪之間的關係。在其著作中，他劃分人類體型爲三類，第一是瘦長型（Leptosome type），第二是碩健型（Atheletic），第三是矮胖型（Pyknic type）。根據他調查四千四百多位罪犯的統計研究，發現碩健型參與暴力犯罪者較多，瘦長型從事竊盜及欺詐罪較多，而矮胖型從事欺詐罪較多，混合型身材的人則從事違反道德的罪行較

多。然而克乃斯麥的研究不够精確，在體型及犯罪的關係上解釋不甚清楚。

　　一九四〇年代美國犯罪學家雪爾頓 (Sheldon)，出版其《人類體型分類》(*Varieties of Human Physique*, 1940)，及《人類性格類型》(*Varieties of Temperament*, 1942)，及《少年罪犯類型》(*Varieties of Delinquent Youth* 1949)，對於體型與犯罪的關係作更精確的分析。雪爾頓依據現代胚胎學及生理學的知識，人類在懷孕時期，人體胚胎由三種不同皮質組成管狀；是爲內層 (Endoderm)、中層 (Mesoderm)、外層 (Ectoderm)。在胚胎發育過程中，內層皮質發展形成人類的消化體系，中層皮質形成肌肉及骨骼，而外層皮質則發展形成神經體系及人體的外皮。雪爾頓以胚胎學理論爲基礎而建構體型與個性之相關理論（見表二）。

表二：　雪爾頓之體型性格理論

| 體　　　型 | 性　　　格 |
|---|---|
| I 矮胖型<br>　消化系統較爲健全、體肥而渾圓、四肢較短、骨骼較小、柔軟光滑、皮膚纖細。 | 情感豐富、心廣體胖、個性隨和、外向。 |
| II 肌肉型<br>　肌肉發達、骨骼壯大、運動機能強、肢體大、體型壯碩。 | 外向、好動、精力豐富、攻擊性、自我觀念強、偏向行動。 |
| III 瘦長型<br>　神經組織較發達、體質纖瘦細長、身體纖弱、骨架單薄、臉小而窄、鼻尖、髮細、身材體積較小。 | 多思考、內向、多抱怨、多疾病、多皮膚病、易倦、常失眠、對外刺激反應靈敏、不善於社交活動。 |

資料來源: W. Sheldon, Varieties of Delinquent Youth, 1949

　　雪爾頓強調個人體型特徵與性格之關聯，如果一個人的體型十分之六是屬於肌肉型，十分之三屬於瘦長型，十分之一屬於矮胖型；則此人在性格上的分配也是十分之六爲肌肉型性格，十分之三爲瘦長型性格，十分之一爲矮胖型性格。雪爾頓的研究目的在於創立精神醫學簡便性格分類。

　　在一九三九至一九四九年之間，雪爾頓親自訪問調查波斯頓城海頓少年感化院之中的二百位少年罪犯，測量其體型及個性，發覺大多數少年犯在體型上偏向肌肉型，較少瘦長型者。雪爾頓亦同時測量二百名無犯罪紀錄之大學生，測量其體型；根據雪爾頓的比較，發覺少年犯與大學生在體型上有顯著的差異。

　　日後美國犯罪學權威蘇德蘭（Sutherland），重複分析雪爾頓的資料，亦發覺少年罪犯體型屬肌肉型者佔顯著之多數。

　　當代哈佛大學之葛魯克夫婦（Sheldon and Eleanor Glueck），繼承雪爾頓之研究，在他們的著作《體型與少年犯罪》（*Physique & Deli-quency*, 1956）一書中，比較五百名少年罪犯與五百名正常少年，在體型、性格上的差異。他們指出60%少年罪犯具有碩健的體型，而正常少年中只有30%。在葛魯克的研究中，更仔細分析六十七種人格特性及四十二種社會文化背景因素與少年犯罪之間的關係。他們研究結果指出，碩壯體型的青少年具備特殊人格特性，例如身強力壯、感覺不敏銳、慣於以行動解決挫折及焦慮等，易於產生攻擊性的行爲。同時，碩壯體型的人缺乏自卑感，對權威不屈服，以及很少情緒化，這些因素都促使碩壯型的青少年易於參與違反道德、法律的行爲。

　　根據葛魯克夫婦的研究，少年罪犯除了體型多碩健之外，在人格、個性方面，更有顯著特徵。例如在年幼時易於感染傳染疾病，具破壞性、具缺陷感，情緒不穩定及情緒衝突等特徵。除了生理、心理特徵

之外，在家庭背景方面亦有若干特徵，例如家庭缺乏秩序、不整潔、家庭內缺乏休閒場所，家庭成員缺乏共同休閒活動。

後人批評葛魯克之研究，第一認為青少年體型之變化甚大，第二，體型分類僅憑肉眼觀察而無實際之測量，第三，少年罪犯僅祇限於少年感化機構的少年犯，而未涉及犯罪而未被拘捕的青少年。

高德（Cortés, 1972）根據葛魯克夫婦之研究而更精確化，他測量了一百位少年罪犯，同時測量了一百位品行端正的高中學生，以及二十位成年罪犯，其研究結果顯示57%少年罪犯具碩健體型，而正常少年中僅19%，成年罪犯之體型則更具顯著碩健特色。

高德更分析體型與個性之間的關係，他探詢二十三位具明顯體型之少年，研究其性格趨向，發覺這些少年對於自己性格的評估與專家的看法一致。體型與性格之間確實有一定的關係（見表三）。

**表三：** 體型與性格之關聯

| 體　型 | 性　格　型　態 | | |
|---|---|---|---|
| | 1. 情感豐富型 | 2. 剛毅果斷型 | 3. 思　考　型 |
| I 矮胖型 | (N=47) +.510[b] | (N=38) −.138 | (N=51) −.269 |
| II 碩壯型 | −.389[a] | +.694[b] | −.369[a] |
| III 瘦長型 | −.150 | −.256 | +.430[a] |

註：　a　P<.01
　　　b　P<.001
資料來源：Juan B. Cortés, Delinquency and Crime, N. Y.: Seminar Press. 1972. p. 53.

從表三中可見，矮胖型身材的青少年具有顯著情感豐富的個性，碩壯體型的人具有顯著剛毅果斷的個性，而瘦長體型的人則具有顯著思考

型個性。其次，碩壯體型的人具有明顯反情感、反思考的個性。

高德更分析體型與成就感及權力慾之間的關係，其研究結果如下
（見表四）。

表四：　體型與成就慾、權力慾之關聯

| 行為類別　（N） | | 體　　型 | | |
|---|---|---|---|---|
| | | 矮胖型 | 碩壯型 | 瘦長型 |
| Ⅰ成就慾 | 1.正常少年　 91 | +.150 | +.537 | —.195 |
| | 2.正常少年 100 | +.165 | +.353 | —.273 |
| | 3.犯罪少年 100 | +.012 | +.200 | —.056 |
| Ⅱ權力慾 | 1.正常少年 100 | —.083 | +.092 | +.083 |
| | 2.犯罪少年 100 | —.06 | +.230 | +.032 |

資料來源：J. B. Cortés, Delinquency and Crime, N. Y.:
Seminar Press. 1972 p. 88, 101.

從高德之研究中可見：

(1)矮胖型及碩壯型青少年之成就慾高，又以碩壯型為最高，瘦長型
　之成就慾低。

(2)犯罪少年之成就慾較正常少年之成就慾為低。

(3)碩壯型及瘦長型青少年權力慾強，其中尤以碩壯型最強，而矮胖
　型之權力慾低。

(4)碩壯型少年之中，犯罪少年之權力慾特強。

由以上之體型與個性之組合可以推論，碩壯型青少年之高度成就
慾，以及特別強烈之權力慾，可能導致特殊的心態，因而產生犯罪行
為。

雖然經過許多學者專家仔細的研究，證明體型與個性方面的密切關
係，然而這項密切關係並不證明生物遺傳的理論。從葛魯克、高德等人

的觀點來看，碩壯體型的人具有特殊的性格，而且有犯罪傾向，這種觀點強調生物遺傳學說，認為體型及犯罪都是由先天遺傳所造成，然而社會學家卻持不同的看法，當代社會學家吉朋（Gibbons, 1986）對於犯罪之生物遺傳理論提出異議，他說：「葛魯克及高德等人研究體型、個性及犯罪行為之關係，都是非常謹慎，而其研究結果亦無可置疑是正確的。然而，碩壯青少年從事犯罪行為較多，並不一定是出自先天遺傳，而是出自社會選擇過程。正好似打籃球的人都必須身材高大，打美式足球的人必須特別健壯。同樣道理，犯罪行為需要強健、壯大體型的人乃能從事，而矮胖及瘦長型的青少年，無論是在體力或身材上，都不適於從事犯罪行為。由於這些因素，所以犯罪青少年之中，多碩壯強健者。」

高德對於社會學者之評論也提出駁斥，他強調體型與個性、犯罪之間的關係出自於生物及社會的因素，而不是單純的社會性因素。他認為社會學者如吉朋，過份強調後天社會因素，而忽略先天生理因素對於個人行為之影響。高德認為現代社會學之觀點失之偏激，他主張在分析人類行為時，應同時衡量生物及社會環境因素，特殊之行為常是生物性因素及社會性因素結合而促成的。高德再次強調少年犯罪之所以出自碩健體型，一則是因為少年犯罪與身材體力具有密切關係，同時碩壯體型的青少年因為精力充沛、精力過剩，而且具有攻擊、侵略的傾向，同時具有高度成就慾及權力慾望，因而易於犯罪。

然而，高德之研究及理論卻具有若干嚴重缺失。首先，其研究對象人數過少，難以作一般性的推論，更不足以建立任何理論之基礎。其次，高德之研究樣本，來自不同的社會階級，例如其正常少年的樣本取自私立學校，而私立學校青少年多出自富庶家庭背景；少年罪犯則多出自下層社會、貧困階級。依據社會學理論及實證經驗，我們已確切掌握

社會階級與少年犯罪之密切關係。高德之研究，由於牽涉及社會階級因素，因此其結論只承認體型與犯罪之間的關係，而忽略社會階級的影響，是錯誤的。第三，高德分析體型、個性、動機及犯罪之關係（見表四），其中許多情況不明，例如碩壯體型青少年具備特別高度之成就慾，而在碩壯青少年之中，正常少年及犯罪少年之間，在成就慾方面竟無顯著差別。同時，在權力慾望方面，體型、犯罪與權力慾之間的關係，亦不甚明顯，因此高德的研究結果有待更進一步的分析。

從以上諸多研究學理中可見，人的生理結構與犯罪行為之間似乎有關聯，然而至目前為止，堅持生理學派的學者們，仍未能清楚的證明人的體型或其他生理因素與犯罪行為之間確切明顯的關係為何。

## 第三節　犯罪生物因素

### 一、葛林（Goring, 1913 *"The English Convict"*）

在《英國罪犯》一書中，葛林發覺罪犯在生理上較常人具有較多劣質因素，例如頭及肢體較小、智力較低。葛林認為這些生理差異出自遺傳因素。葛林同時發現如果一家人之中有犯罪者，則其他份子犯罪的比例較高，夫婦之間如此、父母與子女之間如此、兄弟姊妹亦復如是。葛林更證明犯罪與貧困、種族、教育等因素無關。由於以上的理由，葛林認為撲滅犯罪最好的方法是禁止智力較低的人生育子女。

葛林的理論對於日後生物犯罪學的影響重大，他一方面強調生物遺傳因素的重要性，然而也同時強調生物因素與後天環境因素互動之重要性。

葛林的另一貢獻是他運用統計學方法分析犯罪資料。現代統計學之

父—皮爾遜（Pearson, 1919）特別重視葛林在犯罪學方面的貢獻，他說葛林之研究為現代犯罪實證科學研究奠定基礎，雖然他的結論具有瑕疵，然而反駁其理論者，必須運用更精確的方法。

## 二、有關雙生子之研究

為了更進一步求證遺傳因質與犯罪行為之關係，不少學者從事研究雙生子在行為心態上的差異。有關雙生子最早的研究出自德國生物學家藍格（Lange, 1930），藍格研究十三對同卵雙生子，發覺雙胞同時犯罪之可能率高達77%；而在十七對異卵雙生子之間，二者同時犯罪之可能率僅12%。另外在二百一十四對兄弟中，兄弟同時犯罪可能率為 8 %。藍格之研究意義明顯，強調遺傳與犯罪之間的關係。

一九三〇年代，美國紐門等人（Newman et al. 1937）的研究，發現在四十二對同卵雙胞兄弟中，同時犯罪的比例高達93%；而在二十五對異卵雙胞兄弟中，兄弟同時犯罪的可能率僅20%。其他類似的研究亦得到同樣的結論（參閱 Cortés, 1972）。

丹麥犯罪學家克里遜生（Christiansen, 1968）更進一步分析一八八一年至一九一〇年之間丹麥所生產之雙生子，二者均活至十三歲以上者共六千對，然後他調查丹麥之犯罪紀錄，發覺在六十七對同卵雙生兄弟中，兄弟同時犯罪之可能率為35.8%；另外在一百一十四對異卵雙生兄弟中，兄弟二人同時犯罪之可能率僅12.3%。在女性雙生子之間的情況亦大致相似。在嚴重犯罪行為中，同卵雙胞兄弟同時犯罪的可能率更高。

挪威犯罪學家德加及克里倫（Delgaard & Kringlen, 1976），分析一百三十九對雙生兄弟，其中同卵雙生兄弟同時犯罪的可能率為25.8%，而異卵同胞兄弟共同犯罪率則為14.9%。

### 三、對於被認養子女的研究

　　另一種測量先天遺傳因素與少年犯罪之間的關係，是研究受人收養的子女與未被收養的兄弟姊妹之間的行為差異。在這一方面，最早研究的是舒新格 (Schulsinger, 1972)，他分析五十七個受人領養而具有心理變態癥候者，並以之與另外五十七位受人領養而人格正常的人，比較其原有親屬之精神狀況，發覺具有心理變態的五十七人中，其血親中有14.4%亦具有心理變態癥候，而在無心理變態的五十七人中，祇有6.7%的親屬具有心理變態癥候。

　　另外，克勞 (Crowe, 1972) 研究四十一位女犯之子女，受人領養後之發展情況，其中二十位日後均具有犯罪紀錄，另外克勞亦分析四十位正常女性之子女而受人領養者，日後這四十位子女中僅二人有犯罪紀錄，不僅如此，犯罪人的子女所犯之罪行較之正常人之子女所犯罪行為嚴重。

　　赫金士與梅德尼 (Hutchings & Mednick, 1977) 分析丹麥一九二七年至一九四一年出生而受人領養之男士，發覺其中36.4%的父親具有犯罪紀錄。其次，二位學者更分析受人收養男童的犯罪紀錄與其生父犯罪紀錄，發覺二者之間有相關性。二位學者同時比較生父犯罪紀錄、養父犯罪紀錄與養子犯罪之間的關係，發覺三者之間具有相關性。然後赫金士與梅德尼選出一百四十三位具有犯罪紀錄的養子，分析其生父及養父之犯罪紀錄，同時又選出一百四十三位無犯罪紀錄之養子，比較這兩組人之生父及養父的犯罪紀錄，發覺有犯罪紀錄的養子之中，23%的養父也具有犯罪紀錄，而在無犯罪紀錄的養子中，其養父具有犯罪紀錄者僅9.8%。同時有犯罪紀錄之養子，49%的生父具有犯罪紀錄；而在無犯罪紀錄的養子中，生父有犯罪紀錄者僅28%。由此可見，生物因素及

環境因素同時影響靑少年犯罪而生物因素較之環境因素影響更爲嚴重。

## 四、X-YY 染色體犯罪學說

一般正常人具有二十三對染色體，其中一對爲性染色體，決定個體之性別及性徵。正常女性具備之性染色體形態相似，故稱之爲 XX 染色體；正常男性的一對性染色體中，二染色體之形態不一樣，因而稱之爲 XY 染色體。然而有時由於在受孕過程中之特殊情況，精子或卵子可能包含多過一隻染色體，而形成 XYY 或 XXY 性染色體之組合。

首先引起生化學家注意的是 XXY 性染色體之組合，由於這項變態性染色體是一位名叫克拉菲德所發現，故稱之爲克拉菲德症候群（Klinefelter Syndrome）。具有 XXY 性染色體的男性，其睪丸退化、無生殖能力、乳房變大，而且具有輕度智能衰退現象。其他有關 XXY 的研究，發覺具有 XXY 性染色體男性，具有酗酒、同性戀傾向，而且在痴呆療養院病人中佔較多的比例。

由於 XYY 染色體中，Y 是決定男性的染色體，因而有人臆測過剩之男性染色體將促使具有 XYY 染色體的男性從事犯罪行爲。一九六〇年代，吉可布女士（Jacobs）在蘇格蘭的一家精神病院中研究，發覺一百九十六位精神病患中，十二人具有 XYY 染色體，然而依據統計學的調查，在正常人之中，具有 XYY 染色體者僅 0.15%。因此證明精神病與 XYY 染色體之間的關係顯著。

在吉可布的研究中亦同時發現 XYY 染色體的男性具有若干生理特徵。首先這些男人身材較高，平均高度爲六英呎一吋，而其他精神病患之平均身高爲五呎七吋，其次，XYY 男性進入監獄的比例較高，吉可布認爲 XYY 男性具有危險、暴力犯罪傾向。

然而日後對 XYY 男性之研究，並未能證實吉可布的理論。沙賓及

米勒（Sarbin & Miller, 1970）對 XYY 男性所做的研究，發覺具有 XYY 染色體之男性罪犯之罪行並不比其他罪犯（非 XYY 染色體）罪行嚴重。

韋金（Witken, 1977）在丹麥首都所做的研究調查，發覺四千名身高在六呎以上的男性中，十二位具有 XYY 染色體，十六位具有XXY 染色體。而在十二位 XYY 男性中，五位具有犯罪紀錄（40%），在十六位 XXY 男性中僅祇有三位具有犯罪紀錄（19%）；如果比較 XYY 與 XXY 男性之犯罪率，則 XYY 男性具有顯著高度的犯罪率。然而在丹麥的研究發覺，這五位 XYY 罪犯所從事的罪行都是不值得重視之偷竊罪。韋金之研究亦發現智能較低的人士入獄之可能率較普通人爲高。

## 五、脆弱X染色體症候群（Fragile-X Syndrome）
### （參閱 Time, 3. 16 1987）

在五年以前仍不爲世人所知之脆弱X染色體症候群，而今則被證實爲造成嬰兒智能不全，僅次於蒙古症的第二個主要因素。感染脆弱X症候群者，除智能衰退之外，更具有學習能力減退及體態變形的特徵，例如較大的耳朵、斜長的頭形（如蒙古症之兒童）、腫大睪丸、以及雙重之關節等。最近研究則發現每十個自閉症兒童之中，至少有一個是出自脆弱X染色體症候群者，以往醫學界一直以爲自閉症是由於嬰孩在生命初期缺乏溫情、照顧所致。

在顯微鏡照射之下，脆弱之X染色體與正常X染色體在結構上有顯著差異。前者具有裂痕，由於X染色體爲女性染色體，脆弱X染色體又爲隱性遺傳因子。因爲女性具有兩個X染色體，如其中之一爲脆弱X染色體，則不會顯示脆弱X染色體之症候群；反之由於男性具有X，Y染色體各一，如果男性的性染色體中，X染色體屬於脆弱X染色體者，則會

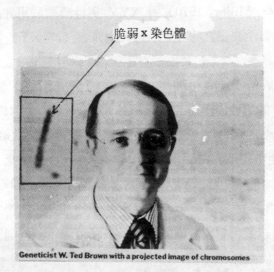

遺傳學家布朗及其所發現之脆弱X染色體 (Time, 3. 16. 1987)

顯示脆弱X染色體症候群症。然而在實例中卻有許多例外，20％具有脆弱X染色體之男性並無後遺症，而30％具有脆弱X染色體之女性卻產生了脆弱X染色體症候群現象，由於這些緣故，至目前為止，醫學界仍無法肯定脆弱X染色體症候群之遺傳過程。

## 六、內分泌不正常

在一八五〇年左右，醫學界已證實內分泌足以導致許多生理、心理狀況。近年來由於醫學進步，已能够以合成品製造與人體內分泌相同之物質。由於這些實證科學之發明，使得現代行為主義學派之心理學家認為內分泌之化學成份與人類心智行為之間具有密切關係，而內分泌不平衡又構成心理學界解釋犯罪偏差行為及精神病之主要學說理論。一九二八年，史拉普及史密斯 (Schlapp & Smith, 1973) 編寫之《新犯罪學》(*The New Criminology*) 一書中，認為犯罪行為出自內分泌不正常所

造成之精神、情緒特殊狀況。

一九三八年，貝爾曼（Berman）對內分泌與犯罪之關係作更有系統之研究，他檢驗紐約二百五十名嚴重罪犯之內分泌狀況以及其生理化學狀況，然後與二百五十名正常人之內分泌及生理化學狀況比較，發覺罪犯在內分泌方面，具有缺陷及病症的比例，高於正常人二、三倍，貝爾曼對少年罪犯的研究亦發覺類似之狀況。

在紐澤西州少年感化院中所作之實驗，比較具有內分泌症狀的少年犯與其他少年犯，發覺二者之間並無顯著心態行為之差異（參閱 Molitch, 1937）。然而紐澤西少年感化院所作之研究與貝爾曼之研究，內容有顯著的差異，無法做正式的比較。

在女性方面，我們早已證實一項由內分泌而導致精神情緒緊張及犯罪行為之事實，是為女性在經期以前及經期中，荷爾蒙分泌異常，因而導致情緒緊張。其次，在男性方面，男性荷爾蒙分泌過多，導致攻擊性行為，亦為不爭之事實。許多研究更證實具有暴力犯罪傾向之男性其性荷爾蒙分泌較多。

身體上生化分泌不平衡，亦可能由食物不當、營養不良所導致，有的研究證明少年犯罪及成年犯罪，出自於缺乏維他命，腦神經過敏以及血糖過低。

最近有關內分泌研究（參閱 Time 3-16-1987），人類早已發現人體大腦內有一種稱為「杜柏明」內分泌液者（dopamine），如分泌過低，則會產生柏金生症（Parkinson Disease）、精神分裂症及嗜眠症（Narcolepsy）。最近史丹佛大學研究證明，「杜柏明」內分泌過低會造成害羞的行為，由於這一項新發現，使我們相信日後可以透過內分泌注射，而改變人的性格。

## 七、中樞神經體系的功能運作與犯罪之間的關係

中樞神經體系卽一般人所謂之大腦，控制人類的思考及各種活動。目前腦部功能運作可以透過電化測量器（EGG）測量。自1940年代開始，許多專家研究罪犯在腦部神經體系運作與一般人之差異，這一類研究都發現25％～50％之罪犯在腦神經運作上有不正常的現象，而正常人中則僅有５％～20％如此。

許多類似研究發覺，較多罪犯腦部神經運作緩慢。通常兒童、嬰孩的腦部運作較為緩慢，因此犯罪學家遂推論，罪犯之腦部運動與兒童相似，罪犯之腦部發展較為遲緩。

梅德尼等人（Mednick et al.）在丹麥測量一群十至十三歲男童之腦部運作狀況，六年之後，這群少年中部份有犯罪紀錄，部份則無。梅德尼等比較這一群人中犯罪與正常少年腦力活動量的差別，發覺犯罪少年之腦能活動較為緩慢。梅德尼等人之解釋是，腦部功能運作緩慢則腦部接受刺激反應較為緩慢，因而可能導致犯罪偏差行為。

在腦部神經運作方面，亦有人研究癲癇症與少年犯罪的關係，目前科學界重視的不是嚴重的癲癇症，而是輕度癲癇症。當後者發作時，當事人並非絕對失去知覺，而是導致一時思考能力的僵化，產生恐懼及焦慮。

此外，腦神經體系受損害或失卻功能，亦可能導致犯罪行為。有的研究發覺，暴力罪犯腦部功能障礙之比例較高，特別是腦前葉功能障礙。梅德尼之研究發現，少年罪犯之中具有腦部受損害者，從事暴力犯罪的比例較高。

## 八、學習能力的喪失（Learning Disabilities）

學習能力喪失，屬於腦部神經缺陷之一種。這一類人生活正常，然而在學習數理、語言、文字、思考及閱讀等方面則比較困難。在少年犯罪研究中，由於少年罪犯經常在學業方面呈現各種困難，因此學者們以為少年犯可能具有學習能力障礙的問題（參閱 Murray, 1976）。美國政府並特別設立一研究委員會，研究學習能力障礙與少年犯罪之間的關係。

從理論的觀點來看，學習能力障礙與少年犯罪之間的關係，可能透過兩個不同的管道而連結，一則是生物性的，另一則是社會性的。從生物學的觀點來看，具有學習能力障礙的少年，通常較易衝動，對社會事實黑白不分，而且難以從經驗中學習。這些原因促使青少年在生活中，產生許多適應症問題，容易發生犯罪行為。

從社會學的觀點來看，具有學習障礙的少年，在學業方面具有困擾，而被校方、同學等指認為問題學生，遣派至放牛班，因而與壞學生接觸，接受反社會、反教育的價值觀，接受犯罪少年之次文化，逐漸與學校生活脫節，而走上少年犯罪之途徑。同時，具有學習能力障礙之少年，在生活人際關係之間，時時會展現遲鈍、困惑或非適應性癥候，而導致社會之諷刺、譏笑，引起自卑感及挫折感，亦可能產生犯罪行為。

根據美國政府執法委員會之調查，在許多研究中，發覺少年罪犯之中具有學習能力障礙者，佔22％至90％不等。這些研究結果之差異，主要出自對學習能力障礙之不同界定。

另外有兩項研究比較少年犯與正常少年在學習能力方面的差異。研究人員提出十八項有關學習能力的測驗，測驗結果發現，正常少年在其中十項學習能力方面，優於少年罪犯；而在其他八項學習能力方面，則

不相上下（參閱 Murray, 1976）。

雖然有如此多的事實證明，然而美國政府執法委員會在做最後的結論時，仍舊堅持無法證明學習能力障礙與少年犯罪之間的因果關係。

## 九、自律神經體系與犯罪行為（Autonomous Nervous System）

人類及高級動物均具有自律神經體系，在特殊狀況之下，自行運作以維持生物之生命。目前司法界所運用之測謊器，探測人之自律神經反應。由於每個人自幼在教養過程中，說謊時會受到懲罰，因而引起自律神經反應，久而久之，這種反應成為習慣。測謊器則在測量人類自律神經對於說謊懲罰之自律反應。

許多學者認為個人對於懲罰之期望所引起之焦慮、緊張，足以構成學習的因素。由於這種期望性的焦慮及緊張，使得兒童自幼即避免參與不合法及不道德的活動或場所，而人類對於懲罰之反應，不僅是認知、意識層面的現象，也同時是非意識、自律神經體系的反應及習慣。如果一位兒童在這方面自律神經反應較遲緩，或者功能不正常，則可能導致這些少年從事違法、不道德行為。

首先研究這項問題的是愛森克（Eysenck, 1964），他根據楊格（Jung）的人格分類，劃分人類為內向及外向兩型。內向的人多主觀、安靜、悲觀，不喜觀社交活動，仔細認真，可靠而自律；外向的人則正相反，重視外界客觀的世界，喜歡社交，情感衝動，無拘束，樂觀而積極，喜歡冒險，不可信賴。

愛森克亦同時運用巴夫洛夫的興奮（excitation）及抑制（inhibition）的概念。所謂「興奮」，指外界刺激透過自律神經管道而抵達大腦，興奮與學習間有密切關係。然而當一個動物接受過多刺激時，會產生疲憊現象，是為生物性的抑制。

　　愛森克將楊格及巴夫洛夫的概念貫穿應用，認爲內向的人興奮作用高，而抑制作用低；而外向的人則正相反，興奮作用低，而抑制作用高，外向的人由於興奮作用低或抑制作用高的緣故，接受較少之刺激，而有尋求刺激之迫切需要；內向的人正相反，由於接受高度的刺激興奮，故而有避免刺激的傾向。由於神經組織的差異，內向的人對懲罰較爲敏感，因預期懲罰而產生之焦慮亦比較嚴重；外向的人對懲罰不如內向者敏感，由懲罰預期所產生的焦慮也較低，更由於有尋找刺激的需要而可能參與各種犯罪、偏差行爲。愛森克認爲精神變態的人都屬於極端外向的人，由於其自律神經組織之故，無法發展完整的良知、良能。

　　除了愛森克的理論之外，梅德尼 （Mednick, 1977） 認爲人類由於預期懲罰而產生的恐懼，可以透過皮膚電訊反應 （Skin Conductance Response, SCR） 測量而得。如果個人自律神經對於恐懼反應較爲迅速，則個人受制約而免於犯罪的可能增加。錫德 （Siddle, 1977） 認爲心理變態罪犯與少年犯自律神經對於恐懼反應較之一般人爲緩慢。對法律道德的制裁不敏感，不能對法律道德的制裁形成強烈的制約反應，因而易於產生犯罪偏差行爲。

　　一九七一年，白鑫漢 （Passingham） 分析十篇有關自律神經組織與犯罪之關聯的研究著作，其結論是犯罪的人較之正常人難以透過制約反應學習。雖然如此，白鑫漢認爲愛森克及錫德的研究，在實證基礎上仍缺乏可靠的資料。另外，根據巴托 （Bartol, 1980） 的分析，愛森克之自律神經與犯罪之理論，確實是具有高度可靠性，然而在資料上仍有缺陷。巴托認爲愛森克的理論過份強調傳統制約理論對於犯罪行爲學習之詮釋，而忽略其他學習理論，構成愛森克理論的一大缺陷。

## 十、小　結

在當代犯罪學說理論中，由於受美國社會科學的影響，環境決定論仍佔主要位置，然而生物學派之勢力仍不可抹滅，而且有逐漸增強的趨勢。解釋犯罪的生物學因素或生理因素，都祇構成犯罪的部份因素，而非決定性的因素，最合理的解釋，則是生物性因素與社會環境因素結合，共同影響人類的心態行為，促使某些人走向犯罪偏差行為的途徑。後一學派可以梅德尼（Mednick, 1982）的學說為代表，他說：「當一位罪犯之社會環境背景，並非很惡劣時，我們應分析其生物性犯罪因素；然而當一位罪犯之社會環境背景非常惡劣，促成犯罪行為時，在這種情況下，難以生物性因素來解釋或預測後者的犯罪行為。」

為了要更進一層推廣犯罪生物學理論，首先我們必須要證實犯罪人士與正常人士在生理上確實有明顯的差異。其次，我們必須證明這些犯罪人所具有的生物性特質與犯罪行為具有確切的關係。然而至目前為止，所有犯罪生物學理論都無法證明犯罪人士所具有的生物性、生理性特質與犯罪行為之因果關係。目前犯罪生物學有待更進一步的突破發展。

## 第四節　人格結構與犯罪

### 一、犯罪人格學說之歷史淵源

所謂「人格」，指個人在行為、情感上各種特性的整合，這些特性結合成為一體系，在不同的情況之下均不變者。心理學及心理分析學，均分析人格結構與犯罪行為之間的關係。以下我們將分別討論犯罪人格

理論的歷史淵源。

首先，我們要討論的是精神醫學及心理分析學在這方面的貢獻。精神醫學緣自於醫學界對於精神疾病之治療。從古代以來，人類社會就遭遇精神疾病及情緒困擾所帶來的各種問題。自人類早期歷史而至中古時代末期，我們的祖先都以神靈鬼怪的學說，解釋精神疾病及犯罪行為。然而在公元前六世紀，現代醫學觀念已萌芽於希臘。古希臘之醫學家皮達哥拉斯 (Pythagoras, 580-510 B. C.)、希波克拉底 (Hippocrates, 460-377 B. C.)，在醫學上早已享有盛名，後者更被尊稱為現代醫學之父。

紀元前六世紀時，皮達哥拉斯已經肯定人類大腦是思索之機構，而精神疾病亦出自大腦功能之障礙。紀元前五世紀之安皮道克理斯 (Empedocles, 490-430 B. C.) 更創立人格學說，其學說延用及於歐洲中古世紀之末。依據安皮道克里斯之解釋，精神疾病出自大腦功能運作之障礙。而在當時有關歇斯底里亞 (hysteria)、燥鬱症及憂鬱症，都已被指認而且加以處方。所以，精神醫學早在紀元前五、六世紀時，已具雛型。

在十九世紀末葉，醫學界對於精神疾病已具備相當豐富的知識，而當時變態心理學的知識幾乎全部出自於精神醫學臨床治療之經驗。對於各種心理精神疾病以及因生理疾病、或因年歲而導致之精神疾病現象，已為當時醫學界所熟知。在佛洛依德出世之前，潛意識觀念已久為人所知並應用。有關自我防禦之觀念，例如抑制、投射等，亦在佛洛依德之前為醫學界所知。

## 二、佛洛依德與精神分析學派

精神分析學始自於十九世紀末期，可以佛洛依德及其弟子為代表，

而以二十世紀初四十年爲鼎盛時期。由於發展年限很短，精神分析學說混亂、複雜。卽使在佛洛依德一生之中，亦曾多次修改其概念及理論，其門人弟子更各自立門戶，提出新的理論觀念。然而在精神分析學體系之中，仍舊有若干共同的概念爲衆人所熟知。首先是「潛意識」觀念，佛洛依德認爲在幼年時所發生的許多重要事情，都可能累積在個人腦海處，雖不爲個人意識所感觸，然而對個人心態行爲却時時發生影響。對於精神病患或罪犯而言，其潛意識中可能包含許多嚴重的回憶、打擊、挫折、恐懼、憂慮等等，這些嚴重的事件一直在潛意識中困擾著個人，使人失却理智，而做出不可思議、缺乏理性的行爲。佛洛依德提議以「自由聯想」的方法，使患者能逐漸追溯其童年往事，將擾人心緒的重大困擾全盤托出，而不致於隱藏於潛意識之中，危害個人精神健康。由於佛洛依德早年受醫學訓練，他認爲精神疾病與一般疾病相似。在十九世紀末葉，醫學界已相當發達，細菌學的概念已普遍流行，佛洛依德之「潛意識」概念與病理學之病菌、病源概念相當。在醫學界，如果我們希望治療一位病人，首先須探索其病源，次而探索其病菌，然後乃能對症下藥，剷除潛在的病菌，治癒疾病。精神醫學之潛意識因素，正好似看不見的病源及細菌，必須先診斷其性質，然後乃能消除精神疾病。

佛洛依德又將人格結構二分爲意識及潛意識層面。意識層面以自我爲中心，潛意識層面則以本我及超我爲中心。本我代表人類與生俱來的各種生物性本質，包括本能、慾望及各種需要，隨時隨地不自覺地主宰個人行爲心態及動向。例如肚子餓了，透過胃壁肌肉之收縮而傳達及於大腦，再而指示個人採取行動以獲取食物。超我代表內化的社會道德、價值規範，透過早年親子關係，個人與父母認同，而接納父母之價值規範，隨而構成一己之超我。部份之超我，展現於個人意識層面是爲道德

價值倫理觀，然而絕大部份之超我觀念及其運作，則爲潛意識性。自我（Ego）構成個人意識層面之主體，透過理性思索，一則滿足個人之需求，一則遵從社會道德規範之指示。

個人人格組織中，最大的困擾是如何解決本我與超我之間的衝突矛盾。通常當二者衝突時，都會導致個人自咎、自責。自咎、自責的原因一則由於生物性的慾望需求必須滿足，而在滿足過程中，勢必侵犯個人之超我。由於二者間之經常衝突，導致個人強烈的內疚，而在內疚影響之下，個人可以透過「昇華」、「抑制」的方式，消除排解二者之間的衝突。

所謂「昇華」，是將原有生物性之需求轉化爲社會容許推崇的方式，表現出來。例如以教養學生代替生育子女。解決衝突之第二途徑，是透過「抑制」，將生物性之需求壓制下來，推回至潛意識層面，不讓它滿足，不致於與超我發生直接衝突。在抑制的情況之下，個人又可能產生反向作用（reaction formation），而表現出與原有動機完全相反的行爲，例如在青春發育期的少女對於性的憎惡，可視之爲反向作用。

## 三、心理分析學派對於犯罪行爲的解釋

從心理分析學派的觀點來看，犯罪及少年犯罪問題出自於個人人格結構；自我、超我的缺陷及功能運作之障礙所致。由於本我出自與生俱來的各種本能天性，因此人人相同。

佛洛依德很少從事犯罪的研究著作。在其著作中，視犯罪偏差行爲爲人格偏差之特例。在他的例證中，對於犯罪行爲之詮釋，亦異於一般犯罪學家。他強調當個人「超我」過於強烈時，由於內在本能慾望衝動的壓力，會引起強烈的內疚、焦慮；而在強烈的內疚、焦慮壓力下，個人時時會做出許多不可思議的行爲，其目的似乎在引起執法機構的注意

以懲罰他，減低他的內疚。這一類的犯罪行為可以透過精神醫學，追溯至其犯罪的潛意識根源，剷除其內疚，而消除其犯罪動機。

身為心理分析學家之艾許洪（Aichhorn, 1963），採取與佛洛依德類似之觀點，分析犯罪行為。他認為罪犯，不論成年或是少年罪犯，其犯罪之主要原因出自「超我」結構之缺陷，超我功能運作之障礙，因而無法阻止、渲導本我之衝動，產生許多犯罪偏差行為。艾許洪認為罪犯出自貧困、惡劣的家庭背景，在破碎的家庭中，少年自幼缺乏正確的父母形象，缺乏父母愛心及督導，或是受父母的虐待、冷落，或是父母在心態行為上無法為子女作模範，在這種家庭環境中，年幼的子女無法產生認同，因此無法產生完整的「超我」。

艾許洪亦同時指認另一種少年罪犯出自於過份親情溺愛的家庭，這一類少年由於從小過份溺愛，而不知自我約束，因而時時踰越法規，產生犯罪偏差行為。

日後，心理分析學者多同意艾許洪的看法，許利及布郎勒（Healy & Bronner, 1931）研究一百零五對雙胞兄弟，雙胞兄弟之中，其中之一是少年罪犯，而另一位為正常少年者。他們發覺少年犯罪之動因，出自於早年未能與父母構成親切關係，無法認同，無法形成完整的超我。瑞德及華因曼（Redl & Wineman; 1951, 1952）之研究發現，深懷仇恨的青少年，在幼年時缺乏溫馨的家庭，缺乏父母親情及照顧、鼓勵；這些兒童在成長的過程中，由於缺乏認同之父母，無法形成完整之超我，同時其自我的組織結構，亦趨畸形發展，偏向防護其私慾、維護其一己之利益，而不顧社會道德及規範。瑞德及華因曼稱這一類型的自我結構為「少年犯罪的自我」（Delinquent Ego）。

然而，心理分析學派對於少年犯罪之解釋，亦有若干嚴重的缺失。首先是心理分析學派理論無法證實許多不同的觀點。例如在自由思索的

方法中（free association），心理分析學派探索精神病人幼年之重要經驗，探索病人潛意識中之病因，然而由於自由思索，因此可能導致許多不同的方向，每一位精神醫生都可能作不同的解釋、產生不同的結論（參閱 Cleckley, 1976）。

其次，心理分析學派對於犯罪行為的解釋，都是出自事後分析，這些詮釋可能都很合理，然而却無法知其正誤。在心理分析醫生分析病人的病情時，心理醫生的解釋，通常非病人可以了解者，亦非第三者心理醫生或其他學者同意者。在這種情況之下，偵查精神病或犯罪之動機有偏僻之誤，缺乏客觀、具體的依據。

從另一個觀點來看，心理分析學派的功能，不一定在探測病人的背景、事實的真象，而在於治療病人。例如我國民俗醫療的一種：童乩。依據美國醫生克來因曼（Klineman, 1975）在臺之調查，他追踪調查十九位經由乩童治療之病人，發覺其中十七位病況痊癒。從實證科學的觀點來看，乩童治病純屬無稽之談，受現代醫學強烈的攻擊批判。然而透過心理治療，中國民俗醫學也有治病的功能。

一九五〇年，舒斯勒及克里塞（Schuessler & Cressey）分析自一九二五至一九五〇年之間，對於少年罪犯與正常少年之人格結構比較的諸多研究。二人發現在一百一十三項比較研究著作中，42％認為少年罪犯與正常少年在人格結構上有顯著差異。但這些研究著作却不能同意犯罪少年與正常少年人格差異之所在。舒斯勒及克里曼之結論是，至目前為止，心理分析學派對於犯罪行為之研究分析，仍缺乏一致、公允的解釋，無法肯定人格結構與犯罪之關係。

在葛魯克夫婦嚴謹的研究中（Glueck, 1950），他們仔細認真的選擇五百名少年罪犯以及背景相似的五百名正常少年，然後比較二者各種生理、心理及社會特性。依據葛魯克夫婦的研究心得，他們提出以下的

結論:

　　『一般而言，犯罪少年在個性上較爲外向、衝動、缺乏自制力，同時犯罪少年亦具有仇視、憤恨、反抗、懷疑及破壞的個性。犯罪少年較之正常少年，不畏懼失敗，也不甚重視傳統習俗，對權威不甚尊重、服從。較之正常少年，他們比較主觀，總以爲他們不受別人的賞識、重視。』

　　由於這些性格特徵的結合，犯罪少年易於觸犯法網，則爲明顯而自然之事實。根據其研究分析，葛魯克夫婦乃製作三項少年犯罪預測表，這三項預測表留待後節再仔細討論。

　　此外，運用明尼蘇達多項人格測量表（MMPI），以比較犯罪少年與正常少年在人格上的差異，亦顯示二者具有明顯之區別，明尼蘇達多項人格測量表包含五百五十多個項目。華爾杜及廸尼玆（Waldo & Dinitz, 1967）分析自一九五〇年至一九六五年之間所有研究著作，比較犯罪少年及正常少年在人格上的差異。發覺80%以上的比較研究都證實犯罪少年及正常少年在人格上具有顯著差異，特別是運用明尼蘇達多項人格測量表的第四表格，專門測量心理變態者（MMPI, Scale 4），發覺少年罪犯多具有明顯心理變態癥候（Psychopathic）。

　　麥加基及包恩（Megargee & Bohn, 1979）更以明尼蘇達多項人格測量表劃分囚犯爲十大類別。他們認爲如此分類不僅可以識別犯罪人格差異，更有助於罪犯之管理。

## 第五節　智能不足與少年犯罪

　　在諸多犯罪的生理學說中，牽涉智能不足與犯罪行爲之理論似乎持續不斷的出現、歷久而不衰。與前幾節所討論的各項生理學理論一樣，

智能不足的學說也是强調犯罪者生理上的缺陷，以及由缺陷而導引起犯罪的心態行爲。

在早期犯罪學研究中，幾乎所有有關罪犯生理智慧的研究，都肯定罪犯的智能較低。然而在一九五〇、一九六〇年代所做的許多研究，却又發覺罪犯的智慧與常人相當。一九七〇年代以後，又出現許多有關犯罪的研究，發覺罪犯的智慧較低。因此，至目前爲止，智慧與犯罪之間的關係仍是熾熱的爭論。以下我們將仔細討論這一項爭論的前因後果。

早在十九世紀的末期，當犯罪的生物學說正盛行時，已經有學者提出有關智慧與犯罪的理論。道格德爾（Dugdal, 1877）研究紐約監獄犯人，發覺六位犯人出自同一家庭。於是他追溯這犯罪家庭的歷史淵源，發覺在四百年的發展過程中，這一家人從事各種非法、不道德行爲者甚多。道格德爾認爲這一家人由於先天遺傳的劣質因素而產生許多犯罪偏差行爲的子嗣。在十九世紀末葉，由於風氣之所趨，道格德爾的解釋爲當時的人廣泛接受。一八九〇年，韓德遜（Henderson）更以道格德爾的研究實例爲證，强調社會福利政策之不當，他認爲社會福利政策足以延續社會上許多劣質份子之生存，而危害社會，所以他認爲政府應該設法隔絕社會之劣質份子，至少終止社會之劣質份子的延續。

强調先天劣質遺傳因素與犯罪行爲之間關係的學者們，認爲心智不足的人，無法體會社會道德規範之意義，以及正常行爲之範疇，常常爲了滿足一己之私慾，而違反道德法律。

現代測量智慧的方法，始自十九世紀末期法人比奈（Binet）。他認爲智慧是由先天遺傳因素決定。二十世紀初葉，美國之史特（Stern, 1912）更創設公式，計算每一年齡人士之智慧，是爲智商（I. Q.）。日後，許多犯罪學者遂以比奈、史特所創設之測量智慧工具，分析比較罪犯之智慧及與正常人之差異。

在二十世紀之初，美國犯罪學家顧達（Goddard, 1912）測量一所
監獄中所有罪犯之智商，依據其測驗結果，顧達發現所有罪犯之智商都
在十二歲之智力以下。根據當時有關智力的理論，每個人之智力發展在
十六歲是爲成熟，而十二歲少年之智能相當於成年人智商之75％，顧達
遂以十二歲之智能爲智能不足之上限。在多項有關智能不足與犯罪的研
究中，絕大多數研究都認爲犯罪與智能不足具有顯著之相關性。

在顧達的研究個案紀錄中，有一位男士與一位智能不足的吧女結
婚，而後傳遞四百八十位子嗣；在這四百八十位後裔中，有一百四十三
位是智能不足者，三十六位是私生子，三十三位性生活不道德，二十四
位酗酒成性，三位有癲癇症，八位從事娼妓行業。而這一位男士與另一
位正常女性結婚，所生育的四百九十八位子嗣則都正常。

二十世紀初葉，低智能與犯罪關聯的學說盛行於犯罪學界。第一次
大戰時期，美國軍隊在徵兵時也應用顧達的觀念，認爲如果一位成人僅
具備十二歲之智商，則爲智能不足，得免於兵役。然而在美國軍隊中所
做之智商測驗，發覺美國白人士兵之中，37％具有低智能，而黑人士兵
中則89％具有低智能（Yerkes, 1921）。由於這一項研究結果，顯示顧
達的理論有顯著的缺失。顧達遂而改變其觀點，認爲智能不足的人最多
不會超過全人口8％。同時顧達改變對智能不足者之態度，認爲對於智
能不足的人不應隔離，或者阻止智能不足的人結婚。

在第一次世界大戰期間，許多學者比較士兵與罪犯之智商，發覺二
者之間並無顯著之差異（Tulchin, 1939；Murchinson, 1926）。

一九六七年，一位曾經贏得諾貝爾物理獎的科學家沙克萊（Shoc-
kley）發表論文，認爲黑人、白人在智慧方面之差異出自遺傳因素，同
時認爲貧窮、犯罪亦與遺傳因素有關。

一九六九年，詹生（Jensen）之論文更進一步肯定遺傳因素與智慧

之關係，並且認爲智慧與生活能力相關，強調黑人、白人智商之差異出自遺傳因素，黑人智慧普遍較白人智慧低約十五點智商之多。由於智慧出自遺傳因素，所以後天性的改造教育並未能有效的提昇黑人之智商。由於沙克萊及詹生之學術地位，而導致一九七〇年代美國學術界對於智慧之熾熱爭論。

一九七六年，美國犯罪學家高登（Gordon）引用詹生的論文，提出理論，認爲少年犯罪出自智商之缺陷。依據高登的研究，在美國中等大小的都市（人口在 45,000 以上），每一年每一個年齡的少年，其犯罪率及其嚴重程度都大致相似；而在較小的都市中，少年犯罪率較低。在美國 45,000 以上人口的都市中，白人少年之犯罪率約爲 53%，同時發覺黑人少年犯罪率較白人少年爲高。其次，高登更證明智慧與少年犯罪之相關性，認爲少年智力在一定標準以下者，從事犯罪行爲之可能率較高。

一九七七年，赫許及興德蘭（Hirschi & Hinderland）分析若干少年犯罪研究，發覺智慧是預測少年犯罪之一項重要因素。他們發覺低智商與少年犯罪關係密切，卽使是將人種及社會階級等因素控制，在每一種族、每一社會階層中，低智商的少年犯罪率遠高於高智商者。赫許等認爲由於二十世紀美國社會科學潮流強調社會環境因素對個人心態行爲的影響，而忽略了智慧及其他生理因素與犯罪之關聯。他們更發現犯罪少年與正常少年之智商差別，大約是八個智商點。

筆者在美國緬因州少年感化院所作的研究，也發覺犯罪少年的智商較正常少年爲低（張華葆，1984）。

解釋智商與犯罪之間關係的論調甚多，高登認爲智商代表個人的抽象思考及解決問題能力。智商較低的父母由於教養、督導不當，而培養出許多易於犯罪的少年。赫許及興德蘭則強調智商與少年犯罪之間的關

係，是由於智商的差異促成少年在學業、學校生活上的差異，因而促成少年犯罪。許多少年犯罪學者都一再強調青少年學業與犯罪之密切關係。學業差的青少年由於受挫折，因而逃學，在街頭遊蕩，從事犯罪偏差行為之可能性因而增加。

智商與少年犯罪之關係，第三種解釋是智商較低的青少年易於犯錯誤，易於從事為人覺察之犯罪行為，易於為司法人員捕獲。第四，智商較低的犯罪少年從事之犯罪行為類型，易於導致法庭嚴格的審判、制裁。例如從事暴力犯罪者受法律制裁的可能性遠高於欺詐犯罪行為者。

低智能的犯罪理論受批評甚多，許多學者強調後天學習環境與智商之間的關係。西門子(Simmons, 1978)強烈批評赫許等人的理論。依據西門子的研究，發覺雙生子在不同環境下養育成長，雙生子之智能因不同環境而異。西門子同時證明許多下層社會階級智能較低的青少年，經轉變環境後，接受較為優越的教育，很快地提升他們的智商約十五分之多。而且這些智力之轉變迅速，通常在一年時期之內。

西門子亦發現中層階級及下層階級黑人少年，在入學之初的智慧相當，以後由於不同的學校教育，其智商乃逐漸呈現顯著差異。西門子同時強調犯罪少年在學業上缺乏強烈動機，因此不論在學校功課方面、或是智商測驗方面都呈現顯著較低的成績。

邵及麥凱（Shaw & McKay, 1942）從事都市研究多年，在他們寫作的《都市社區與少年犯罪》一書中，他們發覺美國移民階次與少年犯罪之密切關係。二十世紀初葉，許多移民來美者，多是德國人及愛爾蘭人，這些新來的移民遷入大都市之貧民區，其少年犯罪率偏高。不久之後，由於這些移民群體的生活逐漸改善，而遷離都市中心區，他們的少年犯罪率亦隨之下降。一九三〇年代，大量東歐及義大利移民進入美國，他們也以大都市貧民窟為營，因而在一九三〇年代，東歐及義大利

民族的少年犯罪率較高，而當義大利人及東歐人之生活水準提昇，遷出城中心區以後，他們的少年犯罪率也隨之下降。以後逐次來美的移民都發生類似的情況，剛來的移民居住在惡劣的城中心區，因而產生高度的少年犯罪率。

從以上的諸多研究中，我們發現有關智能與犯罪之關係，至今仍是熾熱的爭論。然而以最近幾項相關之研究報告（例 Hirschi & Hinderland, 1977; Jensen, 1969等）來看，研究犯罪及少年犯罪者，重新提出犯罪生物學的理論，強調智能低與犯罪之密切關係，生物犯罪學又重新擡頭。

# 第四章　少年犯罪精神醫學理論

## 第一節　精神醫學淵源及發展

　　精神醫學源自於十九世紀佛洛依德的心理分析學理論。佛氏理論建立最初之目的乃在於治療精神病症，然而自二十世紀以來，心理分析學運用日廣，而及於犯罪偏差行為。同時，其理論架構亦逐日擴散，四分五裂，形成許多不同的學派。當代心理分析學大師，如沙里文（Sulliv-an），荷尼（Horney）者，強調人際關係之重要性，認為多數精神疾病，或是偏差犯罪行為均出自人際關係之困擾。沙里文之理論更被後人命名為人際關係精神醫學。在設立診所診治少年精神病患時，沙氏特別挑選具有情緒困擾背景之助理醫生，而沙里文本人在少年時期亦曾經歷重大事變。後人對於其診治所之特別成效，部份歸功於他及其助手有類似的經驗，而能透視少年精神病患之心態，針對少年心理問題，提出解救的方法。

　　荷尼（Horney）劃分人際關係為三種型態：(1)親切，(2)仇視，及(3)隔離。生活在社會群體中之個人，由於親和之本能需求及社會規範之約束，必須與人和睦相處。然而在現代複雜人際關係之中，糾紛衝突時

起，導引致個人內心之衝突，在「親切」與「仇視」情感之間徘徊，難以抉擇。荷尼認為精神疾病多源自人際仇視，以及「親切」與「仇視」情感之衝突。

在治療偏差犯罪及精神疾病方面，目前最負盛名的是格拉賽（William Glasser）所創設的實踐治療學派（reality therapy）。格拉賽早年接受傳統精神醫學訓練，而後背叛師門，自創一格。在其《實踐治療法》（1965）一書中，駁斥傳統精神醫學理論，强調實際生活之醫療價值。對於治療偏差行為，或是精神病患，他提出三項原則：第一是現實主義（reality），每一位病人或罪犯在日常生活言行中，必須隨時遵循現實主義之指導，不作空泛、不切實際之思想言行。第二是責任原則（responsibility）。格氏所運用之責任觀，較乎日常所運用者意義更廣泛。格氏認為個人不僅要對社會群體負責，更必須對自己負責，個人對於一己之責任主要在於培養一己之能力，以滿足個人之需求。人類生而具有無窮盡的慾望，然而「能力」却是後天培養訓練出來的。許多精神病患及偏差行為之根源出自於無法滿足個人之基本需求。格氏認為個人必須培養能力，以實現個人之需求，解除精神情緒之困擾。

格氏之第三項原則是道德主義（morality）。主張每個人在日常生活言行中，必須處處遵循傳統道德的指示。傳統道德一則為個人生活準繩，個人如時時遵循，自可免於觸犯法律道德，免於製造精神困擾。傳統道德也同時是個人人格、心靈之支柱，祇有在傳統道德基礎之上，個人乃得以建立完整人格，維護內心安寧。

自一九六五以來，格拉賽繼續發揚光大其實踐治療方法，並參與多種相關理論，例如鮑爾斯（Powers, 1973）的腦力運作理論，作為實踐治療的依據。格拉賽最近出版之實踐治療理論（Corsini, 1984），內容更是充實。

從格拉賽所提示的原則中可以看出，他的學說以及治療精神病及偏

差行為之方法與傳統醫學不僅不同，更是背道而馳。格氏之理論與現代行為科學不謀而合，結合成為新精神醫學之一主要潮流，是為社會精神醫學。

　　在少年犯罪學說研究之中，最負盛名的學者是葛魯克夫婦（Sheldon and Eleanor Glueck）。自從一九三〇年代開始，而至於一九七〇年代，四十餘年之間，二位無間斷的從事少年犯罪研究，其立論觀點均以精神醫學為基礎。一九五〇年，葛魯克夫婦出版《少年犯罪之剖視》（*Unraveling Juvenile Delinquency*）一書，為少年犯罪精神醫學的代表作。在這本書，作者不僅指示少年犯罪社會環境及生理、心理因素，更而建立三項少年犯罪預測表。美國許多大都市，如紐約、華盛頓，都曾經試驗這些預測表，其結果功效顯彰。

　　在《少年犯罪之剖視》一書中，葛魯克更提出解釋少年犯罪之精闢見解，認為「少年犯罪行為祇是心理疾病的表徵，而內在人格情緒困擾才是問題癥結之所在。」這句精神醫學至理名言，至今仍為後學者所延用，以透視少年犯罪之本質及根源，指示治療少年犯罪之方針及策略。

　　除此之外，葛魯克夫婦更提出少年犯罪前期癥候（Pre-delinquency）的觀念，認為犯罪少年在童年時期已具備若干犯罪的人格個性，以及犯罪之表徵。例如殘酷，騷擾他人，嫁禍別人，及面臨挫折則爆發怒火，攻擊別人的傾向等，都是少年犯罪的預癥。他們更提示如果這些預癥能及早發現而及時施以治療，則少年日後犯罪之可能性將隨而減低。

　　一九五一年，另一位精神醫學家包維（Bovet）也提出一項有關少年犯罪的重要格言，他說：「如果一項社會因素足以導致少年犯罪行為，這其間必須經過一連串的心路歷程。」要想解決少年犯罪問題，僅祇是探索犯罪少年之社會背景是不夠的，必須了解其心理的癥結，乃能收治療的功效。

一九七六年，另外兩位精神醫學家，路易士及貝拉（Lewis and Balla）指示，不僅少年罪犯本身具有精神情緒症狀，即使是他們的父母，也多具有嚴重精神症狀，許多少年犯的父母都是在精神病院及監獄登記有案者。

近幾十年來，在探討少年罪犯懲治方法的爭辯中，精神醫學的理論已逐漸贏得重視。在一九五六年的紐約州少年犯罪委員會報告書中，曾明確的標榜精神分析學派的觀念：「本報告認爲人格形成的過程是少年犯罪的主要構成因素，對於犯罪少年的糾正，我們也強調精神醫學的理論及法則，以求感化不良少年的心理及行爲」（Youth & Delinquency, New York State Commission on Youth and Delinquency, 1956, P. 78）。此外，「少年犯預癥」的觀念，目前甚爲流行，並受重視，已爲聯合國少年犯罪防治機構、美國參議院少年犯罪委員會、美國兒童局及世界健康委員會等機構所採納，以作爲防範少年犯罪措施之基本策略。（Haken, 1968）

綜合以上諸家學說，我們可以得到若干結論。精神醫學對於少年犯罪之詮釋，包括以下幾項重點：

1. 少年犯罪行爲被視爲心理疾病之癥候，發自於內在精神情緒之困擾。

2. 少年犯罪之動機，多出自潛意識因素，這些因素不是犯罪人可以體會者。

3. 少年犯罪者在童年時代已經具備許多犯罪行爲之預癥，如果及早加以診治，可以防範於未然。

4. 少年犯罪心態行爲與乎其人格成長密切相關。

5. 少年犯罪之人格成長決定於童年時期。

6. 少年之早期家庭環境，特別是親子關係及父母敎養子女方法，影

響少年人格成長甚巨。

7. 在少年成長過程，由於特殊因素之刺激而形成精神情緒上之困
擾，因而產生非適應性心態行為。

## 第二節　犯罪少年心理特徵

筆者於一九七七年至一九八二年之間，在美國緬因州少年感化院從

**表一:** *少年罪犯與正常少年性格差異*

| 性　格　類　別 | | 少　年　犯 | 正常青少年 | |
|---|---|---|---|---|
| 智商 | ① IQ 低於 80　低　智 | 22% | 0% | |
| | ② IQ 80～89　遲　鈍 | 30% | 6% | |
| | ③ IQ 90～109　普　通 | 45% | 83% | * |
| | ④ IQ 110以上 | 3% | 12% | |
| 自卑感、缺陷感 | | 26% | 8% | * |
| 攻　擊　性 | | 29% | 30% | 一 |
| 不能自我約束 | | 37% | 12% | * |
| 自我主義 | | 18% | 6% | * |
| 對於權威人士反抗性 | | 21% | 10% | * |
| 對於父母之仇視、怨恨 (resentment) | | 34% | N/A | |
| 憂鬱、情緒低落 (depress) | | 21% | 8% | * |
| 被　動　性 | | 3% | 12% | * |
| 內　疚 | | 8% | 12% | |
| 無　助　感 | | 5% | 12% | * |
| 依　賴　性 | | 12% | 20% | * |

Ø　少年犯罪資料取自緬因州少年感化院 (Maine Youth Center 1978～1981) 正
常少年資料取自緬因州夏令工作營 (1981)

\* 　顯著水準在 .05 以上 (P< .05)

事少年犯罪心理分析研究。該少年感化院轄屬五百名犯罪少年。由於緬因州集全州財力於一所，所以該感化院無論在硬體或軟體設備、人力資源方面都相當完整。少年罪犯進入該院之初，接受一連串之測驗及調查，均由專家實施。作者整理該院之資料，分析罪犯之人格特徵。其次，作者復於一九八一年，在緬因州一間暑期少年工作營內，收集有關正常少年心態人格的資料。這一所工作營是政府主辦的，以家庭貧困的在學少年為對象。作者比較感化院犯罪少年與正常少年的人格心態（見表一）。

以下，我們將分別討論少年罪犯各種心理癥候之意義。

## 一、智商

根據緬因州研究，顯示少年罪犯智商偏低，其中22％智商低於80分；30％介乎80與89分之間；45％在90與109分之間； 3％在110之上。正常在學貧困少年，其智商分配如下： 12％在110分以上；83％介乎90與109之間；而 6％在80與90之間。犯罪少年與正常在學少年之智商相差顯著。

智商與少年犯罪之間的關係，可以從許多不同的角度來探討。首先，一切社會制度乃為正常智力人士設立，智力較低之少年必然發生適應困難，因而形成嚴重挫折感。以學校教育為例，學校之讀本作業均以正常人為對象，智力較低之少年必然難以適應。然而一位兒童，自五歲開始入學，即以學校為生活重心之所在，如果學校生活發生困擾，構成生命中長期嚴重之挫折，對於心態行為之影響甚巨。一位少年犯罪研究專家曾經說過：「逃學並非犯罪行為，然而逃學却開闢了通往犯罪之大道。」一位在學校無法適應之少年，不論其心情，離開學校之後參與之群體活動，都有導致偏差犯罪之可能。

其次，法律制度也是針對普通智商人士而設立，智力過低之少年不能辨別是非善惡，不能認清情況之輕重，容易觸犯法網，為執法人士所拘捕。

如果，一位少年智力較低，而又身強力壯，則其犯罪之可能率更高。由於經常遭受挫折，因而產生憤怒，仇視社會人類的心理，產生發洩性暴力行為。

## 二、自卑感及缺陷感（Inferiority, Feeling of Inadequacy）

自卑感及缺陷感是少年罪犯主要人格因素之一。在緬囚州的研究中發覺 26%之犯罪少年具有這種人格特質，而正常的貧困少年中則祇有 8%。造成自卑感及缺陷感之因素衆多，舉凡智力過低、貧困、生理因素、不良人際關係等均足以導致自卑感及缺陷感。在一部"狂慾"（Rage）的精神醫學影片中，幾位強暴罪犯，在精神治療所內，透露其童年經驗，陳述其受父親或繼父之壓迫凌辱，因而產生嚴重之自卑感，成長之後，這種自卑感，加以仇恨心理，遂而發展為強暴行為。

強烈自卑感亦會導致心態不平衡，因而走向發洩性偏差犯罪行為之途徑，所以不僅是暴力犯罪，吸毒、變態性行為、竊盜等，都可能由自卑感及缺陷感所促成。

## 三、缺乏自制能力

少年罪犯與正常少年之主要區別，除了以上兩項特徵之外，更明顯的顯示缺乏自我約束之能力。這項人格缺陷出自幼年缺乏適當督導管教。一則是出自於貧困無人管教的家庭，另一則可能因父母過於溺愛而疏於督導。從精神醫學的觀點來看，這兩種缺乏自制能力的青少年在人格結構上，又有顯著的區別。

首先，我們應剖視正常人之人格結構，依據佛洛依德的理論，人格結構可以劃分成爲三個不同的層面，即「超我」(superego)、「自我」(Ego) 及「本我」(Id)。「超我」是由社會道德價值規範內化而形成。「本我」是人類生而俱有之本能慾望，本能慾望具有自私自利的特性，慾望無窮無限，時時期望得到滿足。「超我」之性質則正好相反，爲謀人類社會之共同福利及生存延續，時時限制，約束人類之本能慾望。「自我」是人格之理智成份，其功能有二，一則爲了滿足個人之慾望本能，一則爲了求滿足社會群體之需要及限制。正常人之人格結構大致如下圖所示。

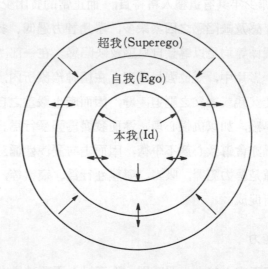

參閱: Kurt Lewin, *Field Theory*, Personality Structure,
in Lindzey and Aronson, 1968,
*Handbook of Social Psychology.* Vol. I. p. 424.

**圖一　正常人格結構**

在圖一中我們可見正常人格中「本我」、「自我」及「超我」三部分

界線分明，本我與自我之間可以流通，而本我與超我之間，則必須假藉自我而溝通。個人本能慾望與外界之接觸受自我及超我雙重的限制。

　其次，我們再來探討都市貧困犯罪少年之人格結構。（圖二）

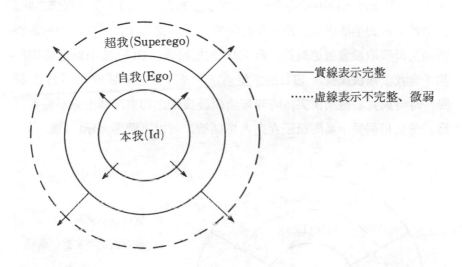

　　　　　　　——實線表示完整
　　　　　　　……虛線表示不完整、微弱

### 圖二　都市貧困犯罪少年人格結構

　圖二中所示，在都市犯罪區域貧民窟中成長之青少年，其本我部份，自幼缺乏約束限制，因而形成其人格中主要部份。在貧困環境中成長之青少年，因爲現實環境之壓力，爲了生存適應，其自我部門亦極爲強烈。唯有其超我部門，由於缺乏良好教養督導，缺乏親切親子關係，缺乏良好人格模式之引導，缺陷重重。同時都市貧民窟中充塞犯罪偏差行爲模式，及各種罪惡引誘，在缺乏超我督導約束情況之下，本我得任其自然，爲所欲爲。十九世紀，德國哲學家叔本華曾經說過：「在強烈的慾望本能衝擊之下，理性的自我不能發揮約束之能力，祇能充當本能慾望之奴隸。」目前社會上，涉及犯罪的靑少年，其人格結構多屬這一

型態。

　　缺乏自制能力之青少年，亦可能出自中產階級背景，由於父母溺愛
所導致，特別是由於母親溺愛，而培養之男童。在這種家庭環境中成長
之少年，其本我天性不受約束而自然成長。然而在親切之親子關係之間，
在中產階級的生活環境、價值規範陶冶之下，受溺愛之子女，仍然能够
透過父母吸取社會道德規範，形成良好之超我。由於從小缺乏約束，
其「自我」無法成長，盲目的本能慾望不受理智之牽制約束，自由發
展，時時與良心直接衝突，時時可能衝破良知之約束，產生犯罪偏差行
為。受父母溺愛中產階級子女之人格結構，可以下圖形表示：（圖三）

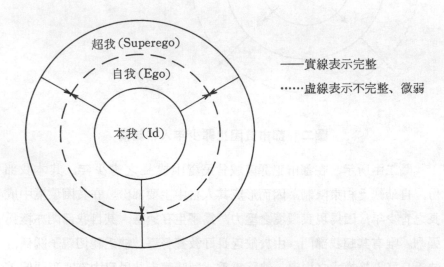

**圖三　由於父母溺愛而形成之中產階級少年人格結構**

　　嚴格地說，當個人人格缺乏完整之超我，已進入精神疾病之界限。
目前世界精神醫學會將缺乏良知良能的人列入精神疾病類別，稱之為反
社會人格（antisocial personality）。

　　最後，我們將正常人格組織，犯罪人格組織，與嚴重精神病患之人格組織比較。安娜・佛洛依德在其一九三六年的著作中，描述精神病患之人格組織如下（如圖四）。

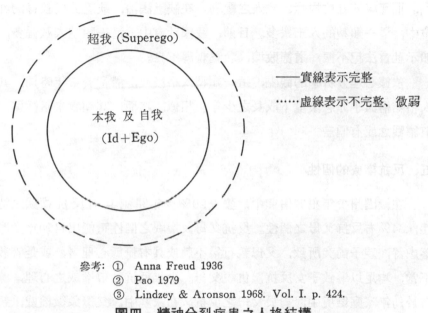

參考：① Anna Freud 1936
　　　② Pao 1979
　　　③ Lindzey & Aronson 1968. Vol. I. p. 424.

**圖四　精神分裂病患之人格結構**

　　由圖四所示，精神分裂症者之人格結構中，其本我、自我合而為一，而且其超我部份亦不明顯，如有如無，強烈之慾望本能既無理性自我之約束，亦不受良知之限制。在這種狀況之下，個人之本能慾望與外界客觀事實混為一體，無內在心靈境界與外界客觀事實之分，是為精神症狀。

## 四、自我本位主義（Self-Centered）

　　與乎前項缺乏理性自我約束密切相關的是自我本位主義之個性。自

我本位主義之根源，有的出自於人格成長之初，本能慾望未受約束壓制；有的出自於缺乏敎養；有的出自於過份溺愛；也有的出於強烈自卑感。在這些情況之下，都可能養成自我本位主義，祇知一己之利益觀點，而無視於社會規範、衆人之福利。在缺乏法治，缺乏公民敎育的社會中，這一類型的人士衆多。目前，我國社會中，這一類型人數偏多，顯示社會法紀不振，道德敗壞，敎養督導不良。

依據心理分析學的觀點，這一類型人格發展，滯留於童年時期，其人格結構與乎罪惡環境下成長之少年犯相似。然而，其超我未必微弱，道德觀念或有偏差。

### 五、反抗權威的個性

在緬因州少年犯罪研究中，發覺20％少年罪犯具有反抗權威之特性；34％有反抗父母之個性。反抗父母及權威之個性可能出自幼年受冷落虐待，親子衝突所致，父母親行為不軌或具有變態心理者，或是管敎不當，均足以導致子女反抗，仇視父母。少年反抗社會權威之心理，源自於幼年家庭環境中，對於父母之反抗。在家庭中，父母象徵權威，親子關係之惡化，可以轉變為子女對社會權威之反抗仇視。

### 六、沮喪（Depression）

緬因州少年罪犯中，21％具有沮喪情緒。沮喪之根源衆多，舉凡足以導致自卑、缺陷感，或是學業落後、物質生活匱乏，與父母衝突等，均足以造成沮喪之心情。

在研究少年罪犯人格結構時，我們必須引用「聚合」（Configuration）的觀念。聚合觀念源自於星象學及生物學，意謂組合方式。同樣的組成份子，由於聚合的方式不同，而形成不同的化合物。以生物化學

的實例而言，各種醣類的組成份子相同，然而由於聚合方式不同，形成各種不同的醣類。

以少年罪犯之人格結構而言，以上所討論的幾項青少年罪犯人格特質都會多多少少的出現在其人格結構中。

其次，在分析少年罪犯人格結構時，必須重視心理學之「動機次要根源」觀念。所謂「動機之次要根源」（secondary sources of motivation）指個人因為基本需求遭受挫折而產生之心情，例如憤怒、憂鬱、焦慮、仇恨等，均足以構成動機之次要根源。值得注意的是，由於次要根源而形成之行為動機，其目標指向發洩情緒、補償、報復，在在均足以導致犯罪偏差行為。

青少年罪犯，不論是由於智力過低，或是惡劣環境所導致，在其成長過程中，時時遭受嚴重之挫折，因而產生憤怒、仇恨、焦慮、憂鬱之心情，這些心情足以導向發洩，補償行為，促使受壓抑之少年走向偏差犯罪之途徑。運用動機次要根源之觀念，我們可以透視少年犯罪之心路歷程，以及其人格成長發展之路徑。（圖五）

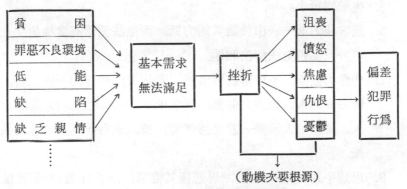

（動機次要根源）

**圖五　少年犯罪之心路歷程**

## 第三節　犯罪少年早年癥候

依據精神醫學的觀點，犯罪少年不僅具備許多生理、心理特徵，而且在嬰孩、兒童時期，已展現許多預徵。以下是少年犯罪精神醫學大師葛魯克（Glueck, 1970），根據四十年研究累積心得知識，指示少年罪犯在童年時期的各種預徵。

### 一、早年生理、心理特徵

1. 嬰孩時期體弱多病，足以影響其體能活動、生理成長、以及其對社會環境之反應。
2. 兒童時期不寧靜（Restless）。
3. 兩歲以後，仍持續遺尿。
4. 嬰孩時期，由於精神體系功能故障，而導致生理缺陷，例如：戰慄、發抖。
5. 生殖器短小。
6. 語言能力低──由於語言能力低，而無法領悟高度抽象文化，慣於以具體方法解決問題。
7. 想像力偏高，不以傳統習俗爲思考依據；從好的一面來看，想像力高的人，創造力偏高；從壞的一面來看，高度想像力的人，導致個人脫離一般世俗規範，被人視爲怪異，缺乏普通常識。
8. 思想平凡（Banality），思想極其簡單，缺乏深度，導致極其幼稚的心態行爲。
9. 缺乏觀察能力，不能體察事實情況及所牽涉的因素及後果。

10. 直覺力强（Intuitive），對事物的表面現象，直接產生聯想反應而欠缺深思，常會導致錯誤認知及結論。

11. 幻想力强，常與現實事實脫節。

12. 缺乏普通常識，違背群體意識及社會規範。

13. 缺乏邏輯理性，中國人所說的沒頭沒腦的，茫然不知所措，混混沌沌。例如：幾年前我國所發生的一件少年凶殺案，一位十七歲的少年搶刼戲院，連續傷害三位管理人員，事後在警察局偵訊時，仍若無其事的大談其少年時期的故事。

14. 不明客觀事理，缺乏認知能力。

15. 自我炫耀，獨斷、固執及粗淺强烈的自我表現。

16. 反抗，藐視權威、無禮，主要出自於自卑及自我缺陷，缺乏敎養。因此，行爲表現常出現誇張，不辨是非，不能以理性思考解決問題，更缺乏積極生活目標。

17. 對於社會權威人士的態度，模擬兩可，常陷於反抗與服從兩者之間，衝突矛盾。

18. 潛意識缺乏安全感；對個人的處境，焦慮不安，缺乏自信。

19. 不受人喜愛歡迎，常感覺到不受親戚、朋友、同學、同事及社會人士的接納。

20. 常常感覺到受人束縛，不爲人所重視。

21. 無助的感覺，常常感覺到自己處於無助的情況，對於一己之處境，感覺無能爲力；對學業、事業、前途，感到惶恐無望。

22. 失敗的恐懼感，時時感覺到自己會失敗、崩潰。

23. 仇視、憎惡別人，自己不努力追求生活目標，而忌妒，憎惡別人的成就及所得。

24. 表面上很親善、隨和，而隱藏著仇視與憤怒。

25. 仇視表現在意識層面或潛意識層面者。沒有明確的原因，而仇
視別人、衆人。同時因而產生恐懼；恐懼別人將施以報復（幼
年時，受排斥、冷落、虐待的經驗而產生的潛意識心態。）。

26. 懷疑心重，不自覺，無理由、無根據的懷疑別人的動機及目
的。

27. 破壞性。常常去損壞事物，傷害別人或動物；對事對物常持否
定反對的立場，對自己的行爲目標亦復如是。

28. 孤獨無助的感覺。不能施予愛，亦不易接受愛；在表面上表現
出極端的假社會性活動及行爲。

29. 自我防禦性。不自覺的推卸責任，文飾，指責別人，歧視別
人。

30. 自戀心態──自戀狂。

31. 缺乏責任感，希望別人負擔責任，做一切事情，而自己承受財
物與利益；我國諺語之所謂「不勞而獲」的心理。

32. 破壞性及虐待狂心態。處處以欺侮別人，傷害別人爲出發點。

33. 情緒不穩定（Emotional lability）。隨內在需要慾望以及內心
精神情況，而決定個人行爲，不考慮客觀的情況及後果；中國
人之所謂「六神無主」。

34. 缺乏自制能力。對自己的慾望情感缺乏控制之能力。

35. 強制性行爲（Compulsive）。偏激、狂妄、執著、自我防禦。
爲了防禦潛意識的焦慮緊張，而展現出強制性心態行爲；處世
做人缺乏彈性。

36. 情緒化，多愁善感，心態行爲過於生動。

37. 外向的個性（Extrovert）。與自我反省的個性正好相反，遇有
問題及困擾時，則指向外人，情感流露於外。

38. 內向封閉性格。慣於以自我封閉，處理問題及困擾，情感不流露於外。

39. 敏感性（Suggestibility），易於受人影響，易於接受暗示；對事物過於敏感，與乎客觀事實情況無關。

40. 自我缺陷感，無法有效表現自己的情感及能力。

41. 頑固。內在心理動力，受抑制後而產生的反應。

42. 行為上慣以直接了當的方法對人對事。

43. 情感上缺乏和諧、協調；缺乏肯定意志及缺乏整合的心態行為。

44. 強烈的物質慾望。

45. 缺乏自我批評的能力；不知自己的錯誤缺陷，只知指責別人。

46. 情感上之衝突矛盾。無法解決內心的衝突矛盾，慾望與法律道德的衝突。

47. 缺乏良知良能。為求滿足一己之慾望，不顧法律道德的約束而為害別人。

48. 不切實際的思考行為，缺乏實際的依據。

49. 明顯嚴重的神經質。個人嚴重的缺乏安全感及嚴重焦慮，導致個人思想行為超越常軌，及自我防禦的措施，因而導致內在衝突矛盾。中度以上的神經質個性，足以導致個人適應的困擾。

50. 心理變態（Psychopath）。心理上、情感上嚴重偏差，而又不屬於任何明顯精神症狀者。心理變態者之症狀較之精神病輕微，較之神經病則嚴重。有關心理變態與少年犯罪留待後一章專門討論。

## 二、早年家庭特徵

51. 父親在心態行爲上是否有偏差病態。例如: 父親是否有犯罪紀錄、吸毒、同性戀、暴力狂、自我虐待狂等。

52. 父親是否酗酒成性。

53. 父親是否具有情緒癥結。父親幼時或目前是否有情緒不穩定、精神病、心理病的紀錄、癲癇症、人格不穩定。

54. 父親是否有嚴重的生理疾病。例如: 心臟病、癌症、心理病等等而無法謀生。

55. 母親的心智行爲是否有偏差,曾否犯罪、吸毒、自戀狂、暴力狂、缺乏良知良能等心態行爲。

56. 母親是否有酗酒習慣。

57. 母親是否曾經有過情緒不穩定的記錄。

58. 母親是否有嚴重生理疾病, 而足以干預其正常生活, 爲人之母職責者。

59. 家庭經濟狀況, 紀錄父母每月實際平均收入, 而類分爲:
    ①赤貧、無收入、依賴社會救濟爲生者。
    ②貧困。衣食住行難以維持, 三餐不飽, 難以維持家庭最低需求。例如: 學費、房租等。

60. 家庭生活管理是否井然有序或督導無方, 茫無頭緒、零亂, 缺乏計畫而又缺乏生計, 經常典當、借貸。

61. 母親是否有職業, 工作是否穩定; 不定時者, 或是爲了生計而不得不從事低賤的工作。例如: 流動攤販、餐館中低賤工作或從事幫傭。

62. 家庭內部擁擠、狹窄。如果每個睡房中, 睡覺人數超過兩個

人，則視爲擁擠。

63. 家庭是否清潔整齊。

64. 家庭作業是否井然有序。工作、飲食作業是否有條理規則可尋。

65. 家庭內部是否有文化水準，家庭成員在生活起居，人際關係中是否有修養，有水準。例如：音樂的修養、文學的造詣、藝術等等。

66. 是否成長於破裂家庭環境中（父母之中缺一，不論是因爲離婚、遺棄、分居或死亡；或因公職、監禁不在家裡一年以上者）。

67. 男孩在五歲之前家庭破裂者（廣義的破裂，指父母之一死亡、分居、離婚、或因公職、疾病而不在家裡居住一年以上者）。

68. 受父母代理人撫養。例如：繼父、繼母或寄養於其他親戚家中者。

69. 十二歲以前搬家次數的多寡。

70. 母親在家中的權威，權威是否顯著。

71. 家庭缺乏自尊，由於特殊的原因，不論是犯罪、貧困、偏差行爲，而導致家庭成員喪失榮譽地位，家人缺乏自尊。

72. 家庭成員缺乏進取心。家庭成員不自强努力以求奮發。

73. 家庭成員的品行低落，牽涉及犯罪偏差行爲、酗酒、吸毒等。

74. 父親缺乏固定職業或沒有職業。

75. 父母親的婚姻關係惡劣。①離婚，②時常打架、冷漠、仇視。

76. 家庭群體是否有共同的休閒活動。家庭內部休閒設備，例如：電視、音響、書籍以及其他各種運動娛樂器材設備。

77. 家庭內在凝聚力是否缺乏。例如：家庭分子間關係是否冷淡、

仇視，缺乏關懷。

78. 男孩的排行次序。

79. 父親對男孩的情感是仇視、冷淡。

80. 母親對男孩的情感是仇視、冷淡。

81. 兄弟姊妹間的情感是冷落、仇視。

82. 父親在心態行為方面是否可為人子的典範。以男孩的觀點來看，父親的品德職業是否可為典範。

83. 男孩子與母親的關係情感是冷漠、仇視、漠不相關。

84. 母親對於男童之督導（Supervision）不適當者，如果母親不管教兒童，而任由發展或交由其他不負責的人去帶領。

85. 父親對於男童之管教（discipline）
①對於男童之管教寬鬆，任由男童自行生活，而不加干涉。
②過份嚴厲、體罰，強制要求服從。
③不定。有時寬鬆，有時嚴厲。

86. 父母親管教子女時，是否體罰，多、少或沒有。

87. 母親管教子女的方法，寬鬆、不定或過份嚴厲。


### 三、學校生活特徵

.

88. 少男在學校的生活與學業進度是否適齡。例如是否是六歲時進入一年級。如果遲學兩年以上者，則犯罪可能性大。

89. 對功課是否愛好。不愛好功課者，犯罪可能率較高。

90. 是否對某些功課特別愛好，對於某一些功課特別厭惡。對所有功課一視同仁者，犯罪可能率較高。

91. 最後一學年的學業成績平均分數。成績低者，犯罪率高。

92. 閱讀能力。低者，犯罪率較高。

93. 對於學校的態度是憎惡，或無所謂。憎惡者，犯罪率高。

94. 有無具體的學業前途計畫。無具體計劃者，犯罪率高。

95. 職業計畫。無高尚職業計劃者，犯罪率高。

96. 與一般同學的關係。相處惡劣之少年，犯罪率高。

97. 在學校內的品行。品行惡劣者，犯罪率高。

98. 在學校裡開始展現偏差行爲的年齡。年歲愈早則犯罪率愈高。

99. 逃學的多少。愈多者，犯罪率愈高。

100. 離開學校之年齡是否在十六歲之前。如果是在十六歲之前，則參與犯罪、偏差行爲的可能率增加。

101. 愛好娛樂的類別是否偏好刺激、冒險。

102. 娛樂地區是在家裡、街上或距離家裡很遠的偏僻地區、空地、空曠建築區，在彈子房或電動玩具室或其他地方。

103. 友伴的性質。是否參與幫派或不良少年活動。

104. 友伴的年齡。是否與年歲較大人爲伍活動。

## 四、重要少年犯罪因素

(1) 對少年犯罪最具有影響力的家庭因素

1. 母親對於男童的不適當管教，過份嚴格、過份寬鬆，或是寬嚴不定。

2. 父親對男童的管教不適當。

3. 家庭內缺乏凝聚團結的力量。

4. 少年受父母以外的人撫養長大。例如：繼父、繼母或外人，包括親屬。

5. 父親對男童的仇視或是冷漠的態度。

6. 母親對於男童缺乏良好的督導。

(2)　犯罪少年在學校階段所展現的特性

1. 比同一年級的學生年歲長了兩歲以上。

2. 沒有顯著愛好的學科，沒有顯著憎惡的學科。

3. 在校最近一、二年的學業成績低劣。

4. 閱讀能力低。

5. 對學校厭惡。

6. 沒有明顯的學業計畫。

7. 沒有明顯的事業計畫。

8. 與一般同學相處關係惡劣。

9. 校內操行品行不良。

10. 十二歲以前在學校內已有操行不良記錄。

11. 慣性逃學。


(3)　犯罪少年男童社區生活的特性

1. 娛樂、興趣偏向冒險刺激者。

2. 娛樂場所離家遠，多在非正式娛樂運動場所。

3. 與幫派少年為伍。

4. 友伴中多犯罪偏差型少年。

5. 友伴中多年長者。

6. 對智慧型娛樂沒有興趣。

# 第五章 心理變態，不良適應與少年犯罪

## 第一節 心理變態與犯罪

### 一、心理變態，反社會人格與犯罪之關係

「心理變態」一詞，源自於十九世紀初葉法國醫生皮奈 (Pinel, 1801, 1806)。當他診治精神病患時，發覺許多具有暴力、衝動、攻擊行為的病人意識清楚，並無精神錯亂的現象，他稱這些人為「心理變態」人格。

二十世紀初葉，德人克瑞普尼 (Kraeplin, 1915) 將心理變態人格劃分為七種類型：

1. 衝動 (impulsive) 型。
2. 情緒不穩 (unstable) 型。
3. 易激動 (excitable) 型。
4. 騙子型。
5. 反社會 (antisocial) 型。
6. 愛爭執型。

7. 怪癖型。

史耐德 (Schneider, 1950) 又將心理變態人格增加爲十種類型，除了克瑞普尼之七種類型之外，又增加:

8. 意志薄弱型。

9. 獨斷型。

10. 冷酷無情型。

美國精神醫學學會界定變態人格之條件爲: (1)無法與人建立持久親密的關係; 以及(2)具有長期的犯罪偏差行爲。(American Psychiatric Association, DSM Ⅲ, 1980)。

心理變態人格，根據克萊克勒 (Cleckley, 1941) 及韋史尼 (Wishnie, 1977) 的分析，具有下列各種特徵:

「不能顧及個人行爲之長遠後果，對於當前之報酬難以抗拒; 追求刺激、享樂主義，重利忘義; 祇重視行爲的正面效果，而無視於其負面效果。例如吸毒犯，祇想到吸毒所帶來的快感，忽略其嚴重的後遺症以及違法的事實。嫖妓者，爲了滿足性慾，忽略道德規範及其他後遺症。飲酒、賭博，而不惜借貸、負債。」

此外，心理變態的人亦具有以下特徵:

「對未來可能的懲罰不敏感，無法自懲罰中學得教訓，無法抑制受懲罰的行爲; 在酬賞、快樂的引誘下，難以抑制與法律規範抵觸的行爲。例: 一九七〇年代，美國芝加哥大建築商具有同性戀嗜好，早年由於同性戀而被監禁，但他並沒有因爲被監禁而停止同性戀的行爲，反而變本加厲。自從監禁以後，他開始殺害與他交媾的同性戀少年，最後在殘害了三十多位少年之後被捕。在追求快樂時，心理變態的人無能力抑制、延後本能慾望，急於滿足本能慾望，罔顧社會道德規範及懲罰; 而且心理變態者行事衝動，對挫折忍受力低。」

近年來，美國精神醫學學會以反社會人格（antisocial personality）代替心理變態的概念。界定反社會人格型態爲：

「這一類型的人，缺乏教養，時時與社會群體爲敵，他們無法參與社會群體，無法與社會價值認同。這些人非常自私、心態奸詐、險惡，缺乏責任感，衝動而缺乏內疚，也不能自經驗及懲罰中學習，他們慣於指責別人，而對於一己之缺陷則習以文飾。」

一九七八年，美國精神醫學學會所出版的精神病手册（DSM　Ⅲ），將反社會人格型態劃入精神疾病類型之中，其特性如下：

1. 未經社會化。
2. 行爲上經常違反法律、道德。
3. 對社會群體的價值，無認同感。
4. 個性上極端自私、冷酷、衝動、無責任感、無內疚。
5. 對挫折忍受力低。
6. 不能自經驗及懲罰過程中，吸取教訓。
7. 慣於責人，習以護己。
8. 合理化己身行爲。
9. 通常在十五歲以前，已具備反社會人格之端倪。
10. 與家人、同學、朋友等無法建立良好的關係。
11. 工作不穩定。
12. 在十五歲以前，具備以下項目中兩項以上非法紀錄。
    (1)慣性逃學，
    (2)被學校開除，
    (3)少年犯罪，
    (4)逃家（至少二次），
    (5)慣於說謊，

(6)很小就有性行為,

(7)很小就開始飲酒,

(8)偷竊,

(9)惡意破壞,

(10)成績惡劣, 顯然低於其能力之所及。

13. 十五歲以上者, 有過以下三項紀錄者:

(1)工作上經常曠職、失業, 不穩定,

(2)一次嚴重犯罪紀錄或三次因交通違規而被逮捕,

(3)兩次以上離婚、分居,

(4)多次打架、毆打別人,

(5)多次偷竊,

(6)非法營業 (如娼妓及相關行業, 販毒等),

(7)多次欠債,

(8)漫無目標的遊蕩,

(9)無精神分裂症狀, 或智能不足症狀。

在分析討論心理變態及反社會人格根源時, 史密斯 (Smith, 1985) 認為心理變態主要出自價值偏差, 而非出自生理遺傳因素。社會上許多有成就、有地位的人, 具備巧言令色、强取豪奪、奸詐欺騙等心理變態的特性, 而這些人, 在現代强調功利主義價值觀的工業都市社會中, 似乎是最能適應生存者, 如何可稱之為反社會性?

史密斯以下列特性界定心理變態性格 (Christie & Geis, 1970):

1. 道德觀念薄弱, 習於欺詐, 見利忘義,

2. 對別人無情感, 以他人為工具, 滿足個人之目的,

3. 喜歡玩弄手段, 無崇高理想,

4. 無精神病跡象。

克勒克萊（Cleckley, 1976）認爲心理學家及心理分析學家所引用之反社會人格型態概念，內涵過於廣泛，幾乎涵蓋所有犯罪個性。他強調心理變態一詞與犯罪一詞，內容差異甚大，大多數犯罪的人並非心理變態或反社會人格，而大多數心理變態者也未必參與犯罪。他說心理變態者與罪犯最主要的區別是，前者的行動缺乏具體明顯的目標，一般而言，其行爲亦難以常理解釋。心理變態的人常爲自身製造許多無謂的煩惱及困惑，很少會參與重大罪行，或是暴力犯罪。然而後者也有許多例外情形。例如近幾年來國內發生許多件極爲殘酷的暴力犯罪，似乎都是出自心理變態人之手。例如民國七十五年合江街的凶殺案，一對退休老年夫婦正準備出國養老時，却被他們的女婿謀殺，而謀殺之手段極盡殘忍，似乎只有心理變態的人或缺乏良知者，才可能做出如此傷天害理之事。

變態心理或反社會人格型態之觀念更強調從事犯罪的人，其犯罪行爲是出自人格根源。例如葉布朗斯基（Yablonsky, 1970）在描述暴力犯罪群體之核心份子時，認爲他們都是缺乏良知、良能者，因而做出各種極盡殘忍之行爲。而另一些學者則指出這些核心份子，所以從事極其殘暴的行爲，乃是出自於領導身份的角色行爲，所謂「人在江湖、身不由己」。

葛斯（Guze, 1976）認爲反社會人格屬於精神疾病之一種，無法矯正；因此凡屬於反社會型犯罪者，唯一處理方法爲終身監禁。葛斯之觀念似乎是過於嚴格、悲觀，然而事實上，多數惡性罪犯是難以矯治的，似乎唯一的解決方法、防止他們再次犯罪的方法是長期禁錮。至少我們應該禁錮這些嚴重罪犯，直至他們能徹底悔改。在 "狂慾"（Rage）一片中，我們見到美國有類似的監禁制度。在片中顯示部份美國嚴重罪犯被置入精神治療中心，直至病人精神狀況完全康復，乃予釋放。在處理

嚴重犯罪案件時，不妨邀請學者專家諮詢，分析罪犯之人格結構，如屬於心理變態、缺乏良知良能的類型，則應考慮施以長期監禁。

在貴（Quay, 1964）所作之少年犯罪研究中，他劃分少年罪犯為三型，其中之一為心理變態型（Psychopathic Delinquency）。其特性為性格兇暴，缺乏道德觀，桀驁不馴，行事衝動，不服從權威，逃家，追求刺激。貴氏更發覺對於這一型少年犯施以輔導治療效果不彰。

辛頓等人（Hinton, et al, 1976）分析重大刑犯，發覺其共同特徵之一是心理變態。辛頓等人以「基本心理變態型」（Primary Psychopathy）稱之，其特性為居無定所、好惹麻煩、外向、冷漠無情、缺乏想像力、違抗社會、操縱及欺詐別人。

哈爾（Hare, 1978）等人對四十八位監犯作多種人格分析，其中主要類型之一是心理變態型，具備的特徵如下：開始犯罪的年齡較早，缺乏教養、衝動、過度追求刺激。

布萊克本（Blackburn, 1973）分析79位具攻擊性罪犯，發覺其中19%屬心理變態者，具強烈攻擊性、破壞性及反社會行為。

謝林（Schalling, 1975）分析一百多位累犯，對其人格結構劃分為三大類型，其中之一為基本心理變態型，其特徵為極端外向，低度焦慮。另一種為次級心理變態（Secondary Psychopathic Personality），具高度焦慮感，然而不順從，富衝動性及攻擊性。

布萊克本之分析，認為基本心理變態型罪犯具強烈暴力犯罪之傾向，易於產生強盜、殺人、傷害罪；而次級心理變態者則具有退縮、孤僻特性，易於觸犯煙毒罪。

莊耀嘉於一九八六年在國內研究變態心理與犯罪之關係，莊抽樣研究全國罪犯 4,286 人，其中十八歲以下佔9.4%，十九歲～二十四歲佔24.8%。在全國犯罪人口中比例，19～24歲及24～29歲所佔比例最高，

各佔犯罪總人口 25% 左右。其次，為 31～36 歲，約佔全國犯罪人口之
16.4%；41歲以上佔18.5%；18歲以下佔9.4%；37～40歲佔6.2%。
（見表一）

　而在暴力犯罪項目中，19～24歲佔的比例最高。（見下表）

**表一：** *犯罪類型與犯罪年齡*

| 年　齡　＼人數百分比　犯罪類型 | 殺　人 | 强盗・搶奪 |
|---|---|---|
| 18歲以下 | 12.9% | 14.0% |
| 19 ～ 24 | 32.0% | 38.8% |
| 25 ～ 30 | 20.9% | 27.4% |
| 31 ～ 36 | 14.9% | 11.0% |
| 37 ～ 40 | 5.0% | 2.4% |
| 41歲以上 | 14.4% | 6.4% |

資料來源：莊耀嘉，1986 p. 83.

　由上表中可見青少年在暴力犯罪中，所佔比例特高。在强盗、搶奪
罪中，二十四歲以下佔53%；在殺人罪行中佔45%。年齡愈長罪犯從事
財物犯罪、烟毒、欺詐、偽造證券者較多。

　莊耀嘉（1986）在國內犯罪研究中發現：犯人的入獄次數、判刑次
數、違警次數，未被追溯的犯罪次數，以及犯罪人初次犯罪的年齡，均
具有高度相關性。

　莊耀嘉的研究結果與法務部（民國七十三年）對竊盜犯的研究結果
類似。國外的研究，例如世界犯罪學權威俄伏幹（Wolfgang, 1985）
的研究，所得到的結論也大致相似。

　莊耀嘉研究的一項重要發現是：初次犯罪的年齡愈低，則成為累犯

的可能性愈高。一九七八年的美國精神醫學會手冊（DSM Ⅲ）也以十五歲以前是否有犯罪紀錄來衡量反社會人格。依據莊耀嘉之研究，初次犯罪年齡愈低，則追求刺激及病態享樂的傾向愈高，其社會化程度愈低，其偏差價值愈高；也就是說，初次犯罪年齡愈低者，具備心理變態的比率愈高。

近年來，犯罪學研究發現少數嚴重罪犯從事多項嚴重罪行，如果我們能將這些罪犯長期囚禁，則可以解決許多嚴重犯罪問題。美國犯罪學權威俄伏幹等人（Wolfgang, 1972; Cohen, 1983）均曾作類似的建議。然而這一項犯罪防治計劃牽涉及許多人權及倫理道德的問題，有待一一解決，乃能正式提出。

## 二、檢驗心理變態人格的方法

㈠行為檢定表

依據以下犯罪之行為特性，而決定是否屬於心理變態：

1. 初次犯罪年齡，
2. 犯罪次數，
3. 判刑次數，
4. 犯罪多元性，
5. 犯罪類型，
6. 濫用藥物。

㈡以問卷方式，包括以下四種測量表（參閱莊耀嘉，1986）

1. 社會化量表（Socialization Scale）

包括以下項目：

(1)缺乏設身處地為別人著想的能力，

(2)對家人充滿怨恨，覺得幼年受虐待，

(3)沮喪及疏離感，對己身及別人缺乏信心，

(4)功課很差，頑強不馴。(Gough, 1960, 1952.)

社會化量表又包含以下五個分量表：

　　①反抗父母量表，

　　②家庭氣氛量表，

　　③反抗社會量表，

　　④情緒困擾量表，

　　⑤忍耐性量表。

2. 無法克制量表 (Disinhibition Scale)

無法克制量表又分為四 (Zuckerman, 1979)：

　　①追求刺激與冒險量表，

　　②追求新奇經驗量表，

　　③無法克制慾望量表，

　　④對事對人易感厭煩量表。

3. 心理變態測量表 (見 DSM Ⅲ)

4. 偏差價值測量表。

偏差價值量表由史密斯 (Smith, 1985) 所製定。

　　筆者依據多項心理變態量表亦訂定一心理變態測量表，請參閱本章末第一二七頁。

## 三、心理變態犯罪的例證（轉載自聯合報76.5.26）

　　高雄有一個玷污女童廿多次紀錄的「精神耗弱」男子，一再懇求醫師爲他作「永絕後患」的任何處置，因爲他知道自己控制不了自己。醫師認爲的確應該替他「處置」一番，但是苦於沒有法律依據，愛莫能助。

　　據警方資料記載，這名卅一歲的林姓男子十五歲時曾玷污鄰家女童，經協調和解，六十一年又對鄰童施暴，六十三年非禮教會的女教友，判刑入獄五年，六十九年假釋出獄。七十三年當兵退伍後，雖然有了安穩工作，也有女友，但自七十三年六月起至七十五年三月，前後玷污廿多個十二歲至十六歲的女童。他對醫師說，事後他都很後悔，甚至痛打自己，但碰到「有機可乘」時却又再犯。

　　去年，他被高雄地方法院途到市立凱旋醫院做精神鑑定，經心理測驗發現他缺乏自信、有情緒困擾、急躁、自我要求高、智力測驗優等、染色體及荷爾蒙測定都正常，顯示不是生理因素作祟；而且他完全能意識到自己的行爲是侵犯，且努力抑制，却控制不了自己。

　　替他作各種測驗及會談的張和平醫師說，林姓男子談吐斯文，而且程度很好，對於醫師的各項詢問及檢查相當合作，甚至一再痛哭流涕希望醫師替他「斷根」，否則他寧願被判死刑。

　　醫師認爲，他是家庭悲劇的受害者，他如今的性心理一直停留在性蕾期到戀母情節之間的三、四歲年齡。他玷污女童沒有得到快感，本身也非性衝動，只是控制不住要去做，是精神醫學上稱的「固定異性戀童症」。

　　凱旋醫院院長郭壽宏說，林姓男子長期處於心理矛盾狀態，導致性行爲偏離，屬於「性倒錯症」，所以鑑定他的精神狀態爲「精神耗弱」。

他認爲監禁不足以防範其累犯，應當給予「建設性治療」，才能將累犯率減至最低。

所謂「建設性的治療」卽人爲的去勢，如今外國已有使用長久的女性避孕針劑「狄波」給男性作爲化學性去勢，但是國內法律不允許此種行爲，醫師也不能將它視爲治療的方法之一。

張和平說，「狄波」會壓抑男性的睪丸激素分泌，減少勃起，但不是沒有性的慾念，應當不算是「重傷害」。但是卽使病人自願，因於法無據，實在愛莫能助。

## 第二節　青少年不良適應症候

在青少年成長過程中，爲了要尋求獨立的自我，以及由於代溝的差距，青少年勢必要否定父母的價值觀及生活方式，以期建立新的價值觀及新的生活方式。在尋求自我的過程中，許多青少年都可能經過迷惘、不知何所適從的過渡時期。在過渡時期中，爲了擺脫父母的價值及上一代的牽制，爲了建立新的人格、自我，青少年會投向心態情況類似的青少年群體，向後者認同，接納後者的價值規範，尋求自我形象及自我意識。這一段成長時期或長或短，短則數年，長則數十年。如果一位在成長的少年向家庭、學校及社會群體認同，則這一段時期較容易渡過。許多青少年在尋找獨立自我的初期，會感到惶恐、挫折、憤憤不安。在這一段時期中，許多少年會產生問題，與家庭、學校、法律爲敵。以下我們將討論在這一段時期中，所產生的各種非適應性症候群。

## 一、少年適應症候群（Adjustment Reaction Syndrome）

少年自十三歲左右開始產生生理變化，隨而產生心態適應問題，為求獨立自主，解決諸多心理、生理需求的問題，例如：男女間愛的需求，性的好奇、需求等等，因而產生嚴重緊張、焦慮的心態。在這一段由兒童成長為青少年的過程中（大約從13歲到19歲），許多青少年由於內在需求、惶恐、衝突矛盾等等因素，產生許多心理問題，這一些因為適應青春時期的特別需求情況，而產生的各種心理問題，是為少年適應症候群。通常，在正常的情況下，這一類症候群，都會隨著歲月，及人格的成長、成熟，而自然消失。針對各種少年的適應症候，父母親應採泰然、緩和的態度以處理之。

依據心理分析學派的觀點，少年適應症候群，所牽涉的不法違規行為，一則並不很嚴重，再而時間很短暫，通常兩、三年的時間；同時這一類症候群，對於少年人格成長，並不構成嚴重障礙。有的少年由於特殊人格，心理、生理因素，或家庭因素，可能產生劇烈顯著的變化，呈現反抗、暴力、忿恨、仇視、逃學、打架，或是抑鬱、退縮、吸毒、性生活氾濫、自殺等等行為。然而，如果他們能够順利渡過這一段暴風雨的時期，則他們能够恢復正常，走上人生的正軌。因此對於這一類型的問題，父母親、師長的關懷、督導、指引及協助都具有重大意義。如果父母親缺乏督導、關懷或缺乏處理的能力，或錯誤的處理，都可能導致嚴重不可收拾的後果。在學的少年，可能因而產生輟學，喪失就學的機會，影響其前途發展。學校輔導人員，應具有輔導的專業知識，成熟的思想及豐富的人生經驗，才能施以善化輔導工作。依據筆者在大學教學的多年經驗，大學生也常常有適應症候現象，如果能加以輔導指引，都可以順利的解決。

少年適應症候群的根源，一部分出於青少年的無知。如果是有經驗而成熟的輔導人員，施以督導、關懷，則可以容易的解決他們的問題。當然大學生的問題較之中學生、國中學生問題容易解決，因爲大學生具備較高理性，人格比較成熟，而中學生、特別是國中生則較茫茫然，不知問題所在，並缺乏理性。同時許多適應問題出自於心理、生理、及家庭因素，非一朝一夕的偶然事件，更非短暫時期可以彌補解決者。例如：一位出自於貧困家庭的少年，養成深度的自卑感，輔導人員難以幫助這位少年，擺脫他的自卑感。如果是一位具生理缺陷的少年，我們也不容易引導他，擺脫其生理缺陷所形成的自卑感。又如果一位少女，因兄弟姊妹過多，自幼缺乏父母的關懷及溫情，因而產生嚴重不安全症候，例如焦慮不安，脾氣惡劣，情緒變化顯著，憎恨、自閉，亦非一朝一夕可以改善者。有的可能需要心理治療專家，歷經數年數月的輔導，才能改善。另外由於父母的冷落、排斥、虐待而形成青少年的人格心理變態，更非輔導人員一朝一夕可以彌補改正者。以上所舉的例子，都是較爲嚴重的適應症候，留待下一節繼續討論。

總之，在面臨一般少年適應症候時，父母親、師長及社區人士的輔導職責重大，特別是父母親的職責，如果父母親對子女的問題不關懷注意，疏於督導及處理不當都可能爲少年帶來嚴重不良的後果。輔導人員，不論是家長、老師或是司法界的人士，都必須切記在心。少年青春期適應症候可能維持數年或十餘年之久，從十三歲而至二十幾歲不等。通常如果父母親、學校師長、司法界人士能够適當處理，幫助青少年渡過這一段成長期的困擾，則青少年自然返回正途。事實上不僅青少年如此，卽使是在成年時期，也常常會發生類似的現象。例如：一位四十餘歲的男士，突然產生婚外情的關係，或是參與賭博，也都可以視爲中年適應症候群的現象。許多這一類的人，如果能够給予時間，善於疏導，

都可以逐漸解除其適應症候而恢復正常。

少年適應症候群（Adjustment Reaction Syndrome）具有以下幾點特徵：

1. 少年在過去並無任何顯著、嚴重的問題或困擾。
2. 在青春期前，在學校的適應良好。
3. 青春期突然產生了心態行為的變化。
4. 與友伴關係正常。
5. 在青春期結交友伴的興緻轉變。
6. 對心理治療之輔導或成人之干預反應良好。
7. 心態行為遭遇困擾之後，能重新恢復正常。

## 二、反叛症候群（Rebel Syndrome）

青春期青少年產生反叛症候群現象者，面臨的雙重問題：第一、為求獨立自主的人格及生活方式，必須背叛父母及家庭。第二、少年的行為思想必須要贏得友人、友伴的支持。在這種心態之下，如果少年遭遇嚴厲、權威性的父母或師長的干預，就可能產生反抗性的行為。這一類反抗性的行為，並非產生於少年的預謀，更無特殊目的。這種反抗症候群多出自於潛意識因素。青少年之反抗行為，不外是展現其獨立自我的需求，及其在價值觀、生活方式與父母、上一代的差異，展示他們不希望受干預，希望建立其獨立自主的人格及生活方式。父母、師長指責愈嚴厲，則反抗愈強，終而演變成不幸的後果。

這一類青少年反抗性，需要年長者正面積極的鼓勵，勝過於負面嚴格的批判。除正面的鼓勵之外，亦應適度的加以規範限制。父母親及師長應避免使用攻擊性的行為，例如：指責、體罰，應鼓勵青少年多參與各種有趣的活動。例如：一位少年喜好打籃球，則鼓勵他參與籃球活動

及其他運動，並參加各種的社交活動。

　　許多父母親在突然遭遇到子女反抗的時候，失去了理性思考的能力及冷靜的態度，以焦慮不安的心情來處理這種問題。通常以嚴格限制性的措施，防範阻止少年參與父母認為不當的行為活動。如果父母親能够冷靜下來，以正面鼓勵方式取代負面消極方式，對待子女，則效果較為顯著。在混亂的反抗階段，青少年內心的困擾、焦慮不安，極易招受外界的引誘，如果在這一階段參與少年不良組織，可能會受後者的影響，在少年認同的心態下，參與不良少年的活動，接納後者的價值規範，不自覺的走向犯罪偏差路徑。這些不良少年集團可能使反抗性青少年走上不歸路。在這時候最值得注意的是，防範青少年採取極端性行為，例如：傷害、搶竊的罪行，或其他嚴重偏差行為，例如：吸毒、酗酒。另外則須防範青少年介入不良組織。所以父母親在這一段時期，應注意青少年的行為及其友伴。此外，校方及司法人員，對於反叛少年的不當處置，也可能導致嚴重的後果。總之，父母親、師長、司法界人士的責任重大。

　　在此，值得一提的是反叛型少女。在過去，不良少女所牽涉的不良行為，都不是很嚴重的問題。問題少女通常構成了犯罪不良少年集團的附庸、跟班或不良少年的性生活侶伴。很少有親身參與嚴重罪行者。然而，在美國社會，自從一九六〇年代開始，由於婦女平權運動，青年學生的反抗運動，許多年輕的婦女，不再以情婦、跟班的身份，出現於犯罪的場合。一九七〇年代，我們見到許多暴力犯罪的集團，其中女性直接參與暴力犯罪，成為其中的重要份子。一九六〇年代，美國所發生的青年反抗運動，是以二十幾歲的大學生為其核心，包括男女份子，這些激進分子在三十多歲後逐漸改邪歸正，再次返回生活軌道。然而，一九六〇年代的演變，許多獨立自主的女性，陸續出現，這些反叛性的青年

少女，其反叛行爲的動機，似乎出自於逃避某一些特殊不良的情況，而不是追求某一些生活目標。

　　通常反叛型的少女們需要心理輔導、心理治療、或精神醫療，她們需要成人對她們諒解，接受她們人格行爲，並且給她們充分的時間去思考反省。

　　對於問題少女的輔導較爲困難，因爲這些少女的心地已開始僵化，她們可能已建立起反社會的人格結構，反抗型少女可能直接與司法衝突，可能會因而受到監禁，直到她們眞正悔改的一日。

## 三、心理病症候群 (Neurotic Reaction Syndrome)

　　心理病症候群屬於個人對於外界不良的情緒反應，包括恐懼、緊張、焦慮不安，情緒上及心理上的緊張反應，以及其他不良的適應性行爲。心理病症候群的內容複雜，通常病人仍能够維持正常工作及生活，維持理性的邏輯思考。而理性邏輯思考，是劃分心理病症候群與精神病的分界，通常精神病患無法維持理性的邏輯思考。

　　具有心理病症候的靑少年與具有適應症候群的靑少年，所展現的心態行爲不一樣。心理病症候群的靑少年具有長期精神情緒困擾的現象，通常情緒不穩定，常以「投射」(Projection)、轉移 (Displacement)等自我防禦的方法，擺脫自己的責任，否定自己的缺陷，指責別人、卸罪於別人。這一類靑少年經常感覺自卑、缺陷、無能、無力，常常抱怨，更常常呈現頭痛、疲倦、身體不適等現象。具有心理病症候的靑少年以多種方法，應付其焦慮及情緒困擾，有的以攻擊性，誇張渲染的行爲，以掩飾其內心的缺陷感。有的以爭強好鬥的姿態，以掩蓋其內心的懦弱無能，以消極反抗的方式對付別人。有的以欺詐方式掩飾自己。有的吸毒、酗酒。有的表現極爲憂慮消沈。也有的心理病症候群以犯罪的

行為方式，來掩蓋（Overcompensation）其焦慮不安，掩飾其無能無力感及自卑缺陷，逃避焦慮緊張的心情；或是以高度冒險性行為或怪異行為，使得具有心理病症候群的青少年，得到部分的滿足及發洩，使得他們能夠感到有所成就，有權力、重要性的感覺，以消除其內在的無能及自卑感。由於神經質類型的少年犯，其癥結出自於人格結構，在幼年時，即已展現怪異的行為心態，神經質的少年具有嚴重的焦慮、恐懼或仇視憤恨。神經質少年出自於問題的家庭，受父母的虐待、冷落，或父母具有心理病或精神病。這一類兒童在學校裡，亦是問題兒童，無法建立完整自我的形象。

　神經質的少年或少年罪犯，需要精神醫生的輔導與協助，以克服其心理障礙。神經質的困擾不會自行消失，具有這一類症候的青少年，也沒有能力自行解決其心理問題。這一類青少年常參與犯罪、吸毒、酗酒、同性戀等偏差行為。學校或是社區處遇對於這一類型的作用不大。

　一般的法治機構，在處遇這一類型的問題少年時，通常是過份寬大，希望幫助這一類少年，解決其情緒及家庭問題。然而這一類型的少年却一而再的違反法律，參與犯罪偏差行為。對於這一類型犯罪少年之處遇，學者專家或是各種處理機構的觀點不一，沒有一致的觀點，因此在處遇上意見分岐。這一類青少年需要嚴格的管制、約束，並需要專人的輔導，通常必須在特殊的治療機構內，進行治療，而且愈早治療愈好，處遇這一類少年犯罪之執法人士，必須具備輔導知識及經驗，參與矯治者必須調查這一類青少年過去家庭背景及成長過程，及學校生活，徹底的解決方法，在於解決其個人及其家庭的情緒問題。這一類少年由於其內在惶恐、焦慮不安、缺陷感，在面臨問題時，常會採取過度補償的方式，展現其極度惶恐失措的心態，或採取極端性行為，例如：凶殺、傷人或自殺等等。如果他採取嚴重的攻擊行為，則應制止，直接送

往醫院或是任何安全所在，給予藥物治療，使他冷靜下來。處理這一類的少年，應避免使用暴力方式，因爲暴力行爲可能導致其惶恐失措的心態，惶恐失措的心態可能導致他失去理性，而產生暴力反應。所以輔導者應一方面約束他們的行爲，另一方面則安慰他，直到他的情緒冷靜下來。如果這一類靑少年企圖逃亡，或採取其他逃避性行爲，則應將他們安置在安全的所在，給予安慰。這一類少年可能會自殺或傷害自己。總之，對神經質少年，應給予保護安慰，而且加以約束，直至他冷靜下來爲止，以後再施以精神治療。

## 四、精神病及精神分裂症

　　精神病的內涵廣泛，指個人的精神、思想、情緒失常，無法維持正常的功能運作，無法體認面對現實生活，或是扭曲事實。精神病與心理病的主要區別，在於前者的「思考」失常，而後者主要在於情緒失常。很顯然的，「思考」較「情緒」具更重要的關鍵，一位精神病患除了具備各種行爲、情緒的困擾之外；更重要的是他們在思想、思考的過程中，展現差誤，無法面對客觀的事實，無法劃分幻想與事實的分野。心理病患者，則能够正確的思考，能够劃分幻想與事實的分野，然而却無能力面對事實。有些精神病患的症狀是全面性的，涵蓋其全部思想、行爲的各個層面。這些精神病患應立卽送往療養院進行治療，最明顯例子是精神分裂症患者。然而大多數的精神病患，其情況並不如精神分裂症嚴重，僅祇涉及生活的某一部分，例如妄想狂（Paranoid）。具精神症狀的靑少年其行爲心態展現方式，變化甚大，種類繁多；其中之一是被迫害妄想狂心態，常以爲是受人迫害，因而採取極端性的暴力行爲。這一類心態導引出許多缺乏理性的犯罪，例如新竹市的一位國小老師，在夜晚時常化粧外出，乘機車強暴婦女，這是一種精神病犯罪現象。最近

國內發生的另一宗精神病犯罪案，一位年輕男性，見到穿短裙的少女則潑強酸，傷害這些少女的腿部，受害者多達二十餘人。這一位人士的外貌文雅、優美，其犯罪行為展示其精神病症候。總之，具有精神病的罪犯，其所從事的犯罪行為，都是聳人聽聞的事件，由於他們的犯罪行為，都是不合理性，而且怪異的行為。

具有精神病的罪犯，無論是出於先天或者是後天的因素，都必須由精神科醫師治療。至於治安人員如果希望與這一類精神病少年犯溝通，是相當困難的，因為具精神病的少年犯，不是生活在實際真實的境界中，他們的語言思想不能以常理來判斷了解。也有少數特殊的精神罪犯，因突然事變而陷溺在精神症狀況，例如突然的車禍、火災，摧毀一位少年的家庭，使他陷入極度的恐慌、恐懼及憂愁，可能進入精神病情況。更有一些精神病人，只有在特殊的情況之下，才會展現精神症狀。

# 第六章　少年犯罪類型

## 導　言

　　研究少年犯罪的專家學者們都希望能夠發現一套簡潔的理論，來解釋少年犯罪現象，然而正如葛魯克（Glueck, 1970）的研究展示，少年犯罪牽涉因素衆多，包括多重生理、心理、社會環境，家庭、學校、社區因素，因此，要想建立簡潔的理論，事實上是不容易的。人類人格的成長、個性的塑造以及行爲的動機，都是極其複雜的現象，無法以簡單的概念解釋。此外，許多學者慣以一、二項主要因素，例如貧困的環境，來解釋少年犯罪，這也不會有顯著的效果。在分析少年犯罪的成因時，我們必須同時考慮導致少年犯罪的潛意識因素。所以，至目前爲止，所有的理論學說都無法完善的解釋少年犯罪的成因。然而在防治少年犯罪方面，目前我們已掌握一套有效的策略，例如葛魯克所創作的少年犯罪預測表。

　　每一個人在生活的過程中，都會遭受雙重的壓力，一方面是以自我爲中心，以一己的利益爲出發點；另一方面是來自社會道德規範，對我們心態行爲的限制。社會上大多數的人由於具有良好的教養及生活環

境，具有溫和理性的性格，因此很少會參與犯罪偏差行為。然而也有的人具有攻擊的性格，火爆的個性，情緒不穩，或是生長於貧困惡劣的環境，則可能產生犯罪偏差行為。以上所列的諸項因素，每一項個別因素均不足以導致少年犯罪。然而當這些因素累積結合在一起，演變到一定嚴重的程度時，就會產生少年犯罪的結果。

許多青少年雖然沒有犯罪的紀錄，然而由於不良個性及環境，而瀕臨犯罪的邊緣，如果不良因素再施加壓力，則這些青少年就有可能走上偏差犯罪的途徑。反之，如果這些青少年能接受良好的引導，例如輔導、就學、工作等等，則可免於犯罪。一旦當青少年走上犯罪之途後，其心態行為開始惡化，如沙里文所說的「惡性轉變」，再想改變這些青少年，就比較困難。而且當青少年走上犯罪的不歸路之後，其心態行為更會日益惡化，從事更多危害社會人群的行為。

俄伏幹（Wolfgang, 1985）的長年追蹤研究，證明犯人犯罪的時期愈長，再次犯罪的可能率愈高，而犯罪的嚴重性亦隨而增加，所以最好的犯罪防治策略是「預防」，從小學、國中開始，透過少年犯罪預測，對少年犯罪可能率高的少年，從事輔導、預防性的工作。

在葛魯克多年的研究中（Glueck, 1950、1956、1962、1970），展示諸多少年犯罪的生理、心理特性，及家庭、社區環境因素。如果及早發覺這些人格個性及成長因素，足以達到診斷、防治、輔導的作用。

## 第一節　少年罪犯分類學

依據格蘭特（Grant, 1963）的研究，少年罪犯的分類法，大約包括以下五種不同的方式：

(1)加州少年局所擬定的依據少年犯出獄後之悔過自新的可能率而

定。這一項分類法源自於格拉賽。

(2)以詹肯氏爲代表，以少年犯的人格特性爲依據的精神醫學分類法。伊利諾州少年感化院及加州少年局均採用這種方法。

(3)以少年犯的參考群體及社會階級爲準而劃分少年犯。例如史拉格（Schlagg）、塞克（Sykes）及米勒（Miller）。

(4)以少年犯的行爲類分。這一類的學者代表人物包括吉朋（Gibbons）、俄林（Warren）等人。

(5)以少年犯的社會認知及人際交往特性劃分。例如古及比得遜（Gough & Peterson）、沙利文及格蘭特（Sullivan and Grant）的研究。

葛魯克（Glueck, 1970）認爲將少年犯罪劃分爲不同類型，不僅可以指示少年罪犯的人格特性，也同時指示少年罪犯不同的社會環境背景，特別是家庭環境的區別。葛魯克認爲少年犯罪是由於社會環境壓力，以及特殊的人格個性，結合而產生的結晶品。

其次，在分析少年犯罪成因時，我們要注意的不僅是少年犯罪的統計數字，更要注意統計數字所反映的情況。例如父親對子女的仇視冷漠，對於男童的成長的傷害，可以由許多不同的觀點來衡量；不論心理分析學、社會學都可以解釋這種因素對於人格成長的損害。其次家庭氣氛，或是少年在幼時缺乏督導管教、缺乏親情等等因素，都足以導致人格偏差，從小受父母排斥的兒童，通常會產生仇視社會人群的心態以及其他偏差的人格。

少年犯罪分類學是結合心理學、心理分析學、精神醫學、社會學等理論，去探討少年犯罪的成因及防治。犯罪分類學的目的，一則探討犯罪的根源，一則在於結合犯罪的各種因素、分析少年少時生活背景及其人格成長的過程、心路歷程、人格因素與犯罪的關係。

自葛魯克以來，有關少年犯罪分類學的研究不下數十起。肯吉 (Kinch, 1962) 指示少年犯罪分類學應具備以下特性：

(1)分類學必須清楚地指示犯罪少年類別的各種特性，並且劃分各種少年罪犯的主要特徵、以及副屬性質特徵。

(2)少年犯罪分類學必須說明犯罪因素以及犯罪行為成長、形成過程；必須詳細說明犯罪因素與犯罪行為之間的關係及流程。

(3)少年犯罪分類學亦必須說明各種少年犯罪類別之間的關聯性。

莫爾等人 (Moles, Lippitt & Withey, 1966) 在分析少年犯罪根源時，指出 E-I-B 模式。其中「E」代表環境，「I」代表個人內在心理因素，而「B」代表行為。分析少年犯罪根源時，莫爾等人劃分犯罪因素為八大項目：

(1)社會組織，

(2)犯罪少年集團及犯罪文化，

(3)家庭組織，

(4)人格因素，

(5)犯罪少年的自我觀及認同，

(6)變態心理及人格，

(7)身體的組織結構，

(8)其他因素。

最後，莫爾等人更整合各種因素，綜合為一套完整的理論體系。

這一套 E-I-B〔環境—心理—犯罪行為〕的研究模式，在大體上說來，是很完整的。然而在實際研究分析過程中，如何詳細據實解釋環境與某些心理人格特性的關係，以及如何由某些人格特質轉變為犯罪行為，描述其間的過程，却是相當困難的。莫爾的分析模式有偏於機械化的傾向，視人類心理作業為機械化作業方式，而事實上人類心靈活動具

有變動、流動（dynamic）性，未必依照一定的機械模式作業。

　　然而，莫爾等人的少年犯罪分析模式仍是非常有價值的，因爲他們能够融滙以往諸家學說，劃分少年犯罪的主要因素——社會文化因素、環境因素、生理因素、人際關係因素、心理因素、情境因素等等；並結合這些因素爲一體系，以分析少年犯罪的成因、過程及類別。

　　莫爾等人更强調少年犯罪之根源與少年犯罪行爲之持續並非是同一個問題。在分析少年犯罪之根源時，我們必須建立一套完整的人格發展理論，以解釋在某一些家庭、環境、人際關係、社會的情境之下，會導致某一種人格個性的發展及犯罪行爲的展現。在分析少年犯罪形成的過程中，我們必須劃分少年人格成長過程爲不同的階段，及每一發展階段的特性。最後在分析解釋少年犯罪因素及少年犯罪的人格形成過程時，我們必須結合社會學、人類學、經濟學、心理學及心理分析學諸多理論爲一體。我們必須詳細解釋貧困的環境以及許多與貧困相關的環境因素，如何導致少年犯罪的心理，以及從這些心理因素又如何導致犯罪行爲；其間的流程都必須加以詳細的解釋說明。（Moles, 1962）

　　在少年犯罪研究論文中，亦常常提及缺乏親情的少年易於走向犯罪的途徑，我們也必須解釋其間的心路歷程。缺乏親情的家庭環境產生了何種的心態反應？而這些心態反應又如何與犯罪行爲掛鈎？

　　葛魯克夫婦（Glueck, 1970）在研究少年犯罪分類學方面，提出幾項重要的研究模式：

(1)分析犯罪少年在兒童時期所展現的特殊人格、心態及行爲，足以導致日後犯罪者。

(2)分析成年（包括青年）罪犯的特殊心理、人格特性，以及其人格成長的歷程。

(3)分析罪犯釋放之後，在社會上的適應狀況，以及各種不同懲治、

處遇罪犯方法之不同後果；例如假釋，對罪犯日後的行爲心態的
影響。

(4)研究罪犯的各種人格心態特性，然後分析其與犯罪行爲的關係。

(5)研究犯罪少年最常參與的罪行，例如偷竊、強盜、傷害等等，追
溯其生活背景以及其人格發展過程。

(6)以預測少年犯罪爲研究主題。例如根據某些跡象，那些少年成長
之後，會從事犯罪行爲，然後分析其發展過程。

## 第二節　少年犯罪人格結構類型

劃分犯罪少年類型的第一種方式是依據犯罪少年在兒童時期所展現
的特殊人格心態，可以詹肯（Jenkins, 1944）的研究爲代表。詹肯在
少年感化院工作多年，致力於分析犯罪少年人格型態，著作甚多，相繼
出版了《犯罪少年人格組織》（1947）、《犯罪少年適應性及非適應性行
爲》（1955）、《犯罪少年動機及挫折》（1957）、《犯罪少年之矯治必須以
犯罪少年類型爲基礎》（1962）、《兒童的行爲問題之類別以及與家庭之
關係》（1968）、《不同少年犯罪行爲及其社會背景》（1967-1968）。此
外，路易士（Lewis, 1963）出版的《受剝削的少年》；依利沙（Elia-
soph, 1963）所寫作的《男性少年犯罪分類學》，以及日本的卡巴亞
士（Kabayashi, et al, 1967）等人所著的《問題兒童—依據其癥候及
行爲的分類》等，都是出自於同一立場，以犯罪少年早期的生活背景及
其童年成長過程爲基礎。

在詹肯（1944）之《少年罪犯人格分類》一書中，他劃分犯罪少年
的人格結構爲三大類型：

### （ I ）過份壓抑的人格型態（Over-inhibited personality）

由於過份抑制，這一類的男性少年壓抑其內在本能衝動，因而時時會產生情緒爆發及內在的衝突矛盾。在兒童時期均呈現害羞、隱蔽、恐懼、肌肉跳動（tic）、失眠、咬指甲、以及其他各種緊張、焦慮癥候。到少年時期以後，這一類兒童會呈現許多緊張焦慮癥候，例如惡夢、緊張症、情緒爆發症、以及不可控制的强制性行爲（Compulsive behavior）。詹肯認爲這一類兒童最主要的問題是在於內在的衝突矛盾。這一類兒童成長的家庭中，通常父母親（或其中之一）過份嚴格、古板、習以壓抑的方式管制其子女。父母親通常屬於情感冷漠、缺乏社交活動；父親個性嚴謹，要求子女甚苛，母親一則對子女加以諸多限制，而又處處顯示其過度的關懷。父母屬中上階層社會、教育水準較高，並具有高度修養、自我控制、經常壓抑一己之情感，母親屬體弱多病型。這一類的兒童亦體弱多病，因而形成明顯的不安全感及依賴個性，對於其他活潑的兄弟姊妹，則抱持嫉妬、常常感到受人冷落，以及人際關係的冷淡。

這一類型兒童個性的形成是出自父母親過度壓抑其本身的情感，由於父母對子女過度的壓制，父母對子女的情懷無法直接流露，因而減低子女的安全感，以及因而形成焦慮，時時恐懼、擔憂喪失父母的愛。在這種家庭中的子女，爲了要贏得父母的愛，必須表現特殊、極度的優良表現、學業操行、有理性、而且極度抑制個人的情感，我國成語中所說的"小大人"或是"少年老成"就是這一類型少年的最好寫照。如果這一類型少年偶而參與情緒爆發、或違反社會規範的行爲時，由於其內在嚴厲良知良能的管制，遂而造成高度焦慮、緊張。爲了要維護「優良」的形象，這一類型少年經常維持著深度抑制性的心態。

在正常人的人格組織中，都具有安全塞的裝置，當內在需要、欲望

的壓力過大時，都會暫時讓內在欲望抒解，例如我們假日出遊、或是參加舞會等娛樂，都是安全塞自動開放的時候，使我們的情緒可以抒解。這裏所謂的「情緒」，就是心理分析學家所說的「本我」，人類的本能欲望，在遭受長期社會道德規範壓制之下，會產生憂鬱、挫折、無聊、無奈等感受，為了要擺脫情緒上的不平衡，須時時開放安全塞。然而對於一個從小受父母嚴厲管制的兒童而言，他們的安全塞已經封閉，等他們成長為少年時，已經無法使用這些安全塞，因此其內在長期遭受壓制的欲望本能所累積的氣焰，正如山洪、火山一樣，一旦爆發，遂不可收拾，遂而產生極端無理性的行為。

莫爾等人所創設的 E-I-B 模式，強調冷漠的父母以及過份的嚴謹管教，導致兒童過份壓抑性的心理，產生焦慮及內在衝突矛盾，因而導致神經質的犯罪偏差行為。然而莫爾等人的模式，也有許多缺陷，首先是父母的教養如何是適當的？如何是過份嚴謹的？其間的界線難以界定；其次，許多神經質的兒童未必參與犯罪行為；以廣泛的社會角度來看，神經質行為與犯罪行為都屬於偏差行為，都是不正常的。因此我們可以說，冷漠的父母親加以嚴格的督導，足以養成神經質的兒童。

### （Ⅱ）缺乏約束、缺乏自我控制的少年犯（Under-inhibited perso-nality）

這一類型犯罪少年在心理、個性上，與第一類型正好相反。許多犯罪學家稱這一類型的少年為「缺乏教養具攻擊性的少年犯」。這一類型的少年犯之本質及形成過程，正好似佛洛依德心理分析學派的分析，人類具有性及攻擊的本能，除了在良好的教養之下，乃能以壓抑、昇華的方式，使得這些本能能夠以合乎社會規範的方式展現。然而在現代工業都市社會中，由於社區組織及家庭組織的破壞，許多貧困社區的兒童無法接受適當的教養，而其內在的本能未能予以適當的壓抑、昇華，而以

赤裸裸的方式展現出來，這一類型的少年犯與心理變態、缺乏良知良能的人格結構極為相近。

詹肯認為這一類型少年犯，出自父母的排斥；這一類的兒童之個性特徵是缺乏內疚感，缺乏懺悔、知錯的意識。二十世紀初葉，義大利犯罪學家加洛法 (Garofale, 1914) 卽曾經指示，在嚴重罪犯之中，許多缺乏懺悔、知錯的意識。這一類的少年對於別人常是採取惡意、攻擊的心態，難以與人相處，常與人爭執、欺侮弱小、自私、自大、嫉妬別人的所有、所長，惡意中傷別人，如果可能的話，總希望奪取、佔有別人的財物、聲名。這些少年反抗學校、老師、以及社會權威；性格粗暴，受挫折時，易於憤怒，不能明辨是非，產生暴力行為；推卸一己之過錯；他們很少有朋友，凡是對他們不利的人，他們深懷仇恨、慣於說謊。這一類型少年犯有從事放火、殺人者，有從事重大經濟犯罪者。小時卽從事偷竊，在家中偷竊、在朋友、學校之間偷竊，平時滿口粗話、性生活放蕩不拘，少年時經常手淫。

社會上所出現的嚴重罪犯，百分之九十五以上是出自這一類型的犯罪人格型態。他們佔全人口總數不多，然而為害社會最為嚴重。正如同我國諺語所說的「害群之馬」，報紙上經常登載傷天害理的案件，也多是由這一類型的人所做。這一類的少年犯通常出自於環境惡劣的社區，然而他們的問題並非始自於惡劣的環境，而是始自於這位兒童的母親之身世背景及其父母的婚姻關係，他們的母親通常是早年離家出走者，由於家庭環境過於惡劣，或是父母虐待、不道德、吸毒等等因素。在國外，這類少年之中有許多是私生子，少年的父母由於生活困難以及婚姻關係之惡劣，對於少年的誕生並無喜悅的感受，特別是少年的母親認為少年的來臨只是增加她的困難。母親的智力、教育水準都很低，教養差、道德水準也低，有從事吸毒、酗酒、不道德行為的經驗及傾向。時

時可能會偷竊，與男性發生關係，或是為了錢財而出賣身體。以我國社會而言，數以萬計的娼妓，除了少數公開的娼妓之外，絕大多數的酒家女、侍應生、理髮師、按摩女等，都屬於這一類型。這些女性的成長，可以說是「先天不良，後天失調」。他們既出自於惡劣貧困的環境，而且自幼離開家庭，從事不道德的職業，結識惡劣的友伴，居住在惡劣的社區環境中；這些惡性少女也都懷有一般人的夢想，希望結婚生子，希望成家立業，希望建立美好的婚姻。然而殊不知他們的本身在習性上已經腐敗了，與他們接觸的人也都會腐爛。

　　這一類型的女性由於其生活習性及生活圈子，通常結識的男性在品行、職業方面，也都類似；結婚之後，這類女性雖然也希望有子女，然而正如以上所指示者，他們在人格、個性各方面都不適於為人之母，她們缺乏責任感，甚至許多根本不願意有子女，特別是她們婚姻關係惡劣，她們從根底厭惡丈夫的品行、職業、生活方式，當然更不願意與他們生育子女；在這些家庭中成長的子女，從他們的父母一代開始，已培植了罪惡的根源。

　　當這些兒童出生以後，父母之間的衝突時起，而且衝突嚴重；這些兒童生長在罪惡的家庭環境之中，又缺乏親情，缺乏關懷督導。其實他們的父母由於己身行為的腐敗，也無法督導子女。

　　這一類型的父母不僅缺乏社會榮譽道德，而且其中之一常是屬於壓迫性的人格，慣於欺侮別人，父母親對於子女都不甚親切，而且對子女潛在的厭惡深刻；這些父母對於子女的厭惡出自於許多因素：第一，他們生活艱苦，子女帶來更多的煩惱、問題；第二，父母的關係惡劣，因此轉嫁其厭惡、仇視對方的心理於子女；第三，這些父母本來就不是安份守己、盡責任的人，他們缺乏為人父母的本質、條件。試問一位娼妓、一位地痞流氓，如何為人之父母。由於己身之缺陷及仇視厭惡子

女，隨而產生內疚，對子女產生許多奇奇怪怪的心態。這些父母常常偏袒他們的子女，如果他們子女與同學、學校師長或司法機構發生衝突，這些父母都會出而偏袒其子女，這種偏差的心態，常出自於他們潛意識的內疚，使得他們的子女也與學校、司法機構對立，無法接受正常的教養。

　　這一類型少年之主要問題，是在於誕生之時，即受父母排斥、冷落，特別是母親；在沒有親情之下成長的少年，兼之以惡劣的生活環境，父母在子女成長的過程中，許多離婚、分居者，許多少年因而由親戚或其他的人托管、照顧。在美國，托管照顧的父母（foster parents）都是出自於財物的需求，而承擔這份照顧兒童的職責，他們本身貧困，對於托管的子女當然缺乏溫情，當這些少男、少女一旦達到十三、四歲之後，許多都會離家出走，參與各種非法、不道德的集團。

　　這些兒童的父母不僅缺乏知識、教養，許多性格暴躁，虐待子女；他們虐待子女，一則出自個性，一則出自於其情緒的發洩，他們遭受過多的挫折，受社會的敵視過甚，內在累積的仇恨、怨恨，隨時可能發作，而家庭中年幼的子女，遂而成為待罪羔羊。這些不正常的父母親，易於產生具有深度怨恨、仇視心態的子女，這些子女時時感覺受人（包括他們的父母）欺負、虐待、冷落，他們自以為是社會群體的犧牲品，他們從小缺乏教養，其人格結構中「超我」無法形成完整的形態，缺乏自我約束的能力，缺乏內疚，無法感受一己的錯誤及不道德的缺失。這些兒童的仇視怨恨，可以說是出自三種根源：

第一，由於他們受父母的虐待、冷落，因而產生者。

第二，由於他們缺乏親情、缺乏溫馨的人際關係，無法產生認同，無法形成「超我」，因而其潛在的本能欲望可以直接爆發。

第三，他們的父母或是監護人，所展示的人格、行為多是自私自利，缺

乏道德水準者。在這種情況下成長的少年，自然形成自私自利、無道德、無同情心、缺乏自制、惡意傷害別人的性格，性情暴躁而有暴力的傾向。他們從小成長的環境導致他們缺乏安全感及嚴重的焦慮，而在這種情況下成長的少年，遂以暴力犯罪、惡性的心態行為來展現他們的焦慮及不安。

### （Ⅲ）疏於管教的少年犯

依據詹肯的研究，犯罪少年之第三種類型在人格結構上與常人相似，然而也有些顯著的特徵。這些少年對於其所屬的幫派忠誠，然而對於外人則殘暴、凶狠。一般少年犯罪的研究，將這一類型的少年犯歸類為受少年犯罪文化影響的少年犯。

從心理分析學的觀點來看，詹肯稱這一類型的少年犯為「假社會型」（Pseudosocial）。然而從社會學的觀點來看，這一類型的少年犯的人格組織及其成長過程，似乎不難以瞭解其行為心態。每一個社會文化的組織都是多元性的，包含許多大同小異的支系。以中國文化為例，正統中國文化的主要價值觀念是忠孝、仁愛、信義、和平，禮義廉恥，而不同的地域環境，不同的職業、年齡、性別等等，產生了眾多不同的支文化體系。以數十年前，風行我國社會的太保、幫派為例，太保們多出自於中層或中下層階級，以軍眷區的子弟為核心，這些青少年崇尚武術，講求忠義，好打不平，以參與太保集團的活動為榮，好打架、好參與朋黨活動，他們不偷不搶，具正義感，忠義的價值規範，他們膽大，然而不好學業，而且更視學術研究為女性化的行為，他們卑視文弱書生。

在中國幾千年的歷史中，武術一直是我國的傳統價值，三國演義更是老少必讀的經典，三國演義中所標榜的英雄人物，也一直是我國所標榜的最高價值規範。目前在臺灣，關公廟宇之多，名列臺灣十大廟宇之

一。我國傳統英雄人物之主要價值觀是忠義，所謂「義薄雲天」，關公象徵中國幾千年來崇高的忠義、膽識、武藝三大價值觀，而三十幾年前，流行臺灣的太保們也是標榜類似的價值。所不幸的是在法治工業都市社會裏，在升學主義、教條主義籠罩之下，不容異端；那些崇尚武術的青少年，被逼走頭無路而流落為太保。如果我們能夠改變我們的教育制度，小學六年級後卽開放為多元化教育，分中學教育為一般性、技術性、體育、武術、音樂、舞蹈等科系，讓青少年各取所好，則不致於造成青少年各種嚴重失調的現象。目前的教育制度，是希望將各種人才均納入同一升學管道，殊不知許多兒童在性向、天資各方面，均不適於當前的教育訓練。

分析民國四十年代，我國太保學生家庭背景，多出自於軍人家庭，子女眾多，生活貧困，父母教育水準低，父母忙於公務、忙於生活，很少在家中管教督導子女，與子女接觸很少，對子女缺乏督導、缺乏關懷，在夜晚，父親也很少在家，多出外應酬，母親也因為生活貧困、子女眾多，每日忙於家務之外，又忙著打麻將和參與朋友無聊的活動。在這種家庭中成長的子女，多缺乏管教、更缺乏認同，子女對父母的疏於督導、關懷，甚為憤恨，與父母的關係冷淡、惡劣；同時由於父親職業無成就、生活艱苦，因此對於父親也產生鄙視的心態。

分析我國太保，一則出自於貧困的中下階層社會，父母親疏於督導管教，父母親本身在人格上並無缺失，也並沒有排斥其子女或是虐待、冷落，然而由於生活、工作，或是其他許多原因，對子女缺乏管教，而且父母親在子女的心目中，無法建立良好的形象，子女們排斥父母。

這一類型少年的主要家庭癥結，出自於父親與子女的疏離，父親無法在子女心目中建立男性模式的形象，當男童在人格成長的過程，進入尋求英雄偶像的階段時，大約是在十二歲至十五歲之間，這段時期的生

理、心理變化甚大，第二性徵也開始明顯發展，個人對於性，感到新奇、刺激，開始對於女性產生興趣。這時期的男童，在生理、心理上均產生急劇的演變，從以往童年時代的中性，演變而進入男性角色，進入男性化的第一時期。在這第一時期之內，男童開始從事各種體育、體能活動，在運動場中見到身體健壯的男性，都會投以羨慕的眼光，產生強烈的認同心態。他們心目中的英雄人物，都是電影、武俠小說中的人物，無論是中國的英雄、美國的牛仔、日本的武士，或是現代的間諜，其主題都是極度男性化的英雄，展示出極端男性化的價值規範及行為。事實上青春前期（十二歲至十五歲）的少年，心目中的男性偶像是神話人物，不論是古代希臘神話中的神祉，或是中國神話故事中的人物，都是超人的男性。佛洛依德及其弟子在他們的著作中，也一再提及希臘神話故事與男性人格成長的密切關係；在幼小男童的心目中，他們幻想著成為神話中巨大無敵、英勇的神祉。由於在他們的家庭中，父母缺乏關懷照顧，父親無法建立起男性英雄的形像，因而導致這些少年更強烈的英雄崇拜狂，在尋求認同、參考群體的需求之下，他們乃加入了少年幫派，以尚武、英雄崇拜為中心目標，在幼稚、狂熱的英雄主義之下，常常捨棄社會法律規範，在他們的心目中，他們以神話人物自居，自以為勇敢無敵、為正義而不惜犧牲性命。由於缺乏家庭溫情，缺乏對家庭、父母的認同，缺乏父母的督導，這種幼稚的英雄主義得以延續發展。

通常，當這些青少年進入青春期以後，由於生活環境的改變，例如加重學術研究、思想成熟、結交新的朋友或女友等，他們都可能擺脫青春前期的意識及生活習慣；然而許許多多崇拜英雄的少年，却未能走入正當的途徑，而流於犯罪偏差組織，成為黑社會或不務正業的一份子。

詹肯認為第三類少年犯是缺乏管教的少年，在心理、行為上類似第

二類（缺乏良知及具有攻擊性的少年犯）。然而不同的是，缺乏管敎的少年在人格組織、社會環境，以及家庭背景上，都與第二類—缺乏良知具攻擊性的少年犯不同。這一類的少年犯，也就是缺乏管敎的少年犯思想幼稚，執著於尚武的價值觀，他們由於對父母不能產生認同，而產生反抗權威的態度，他們不能體認一己的錯誤，在從事違法行爲時，沒有深刻的內疚感；他們也經常逃學，逃學的原因並不是因爲他們沒有朋友，而是出自他們尚武的價值觀，使他們排斥學術性的工作及生活。由於他們所接觸的朋友良莠不齊，因而可能導致他們走向犯罪偏差行爲。

由於父母經常不在家，缺乏督導，所以這一類型的少年犯也經常遊蕩、無所事事、深夜遲歸。由於缺乏父母督導，所以這些少年在行爲上可能發生踰軌，並且未能立即受到制裁，而逐漸養成踰軌的習性。當父母知道子女逃學、犯法時，爲時已晚，父母對子女的指責與管敎也無用，因爲子女從未對父母產生良好的認同形象。

這一類少年也通常出自於子女衆多的家庭。家庭居住環境擁擠，兒童缺乏適當的活動空間。父親對於子女缺乏督導，母親放縱子女、疏於管敎。兒童自幼卽形成嚴重的自卑感、缺陷感及挫折感，無法培養正常、適當的自我，其心態行爲隨本性之所欲而流動，好似一隻缺乏敎養、無拘束的野獸。這一類型的少年在體質上是屬於碩健型，身強力壯，精力過剩，好動，心理分析學家曾經說過：「最可悲的事情，是在貧困的社區中之身強力壯、健康好動、愛好社交活動的男性兒童，因爲參與罪惡社區的各種活動，而成爲少年罪犯。在罪惡叢生的都市貧民窟中，少年耳濡目染，所接觸的都是偏差犯罪行爲模式；同時由於經濟環境的限制，其各種基本需求欲望都無法得到滿足，而且他們在正常的學業管道之中，也無法與中上層子弟競爭，造成情緒上的挫折。由於這種自卑、憂鬱的情緒，配合好動外向的個性，在犯罪社區文化中成長，隨

而發展成問題兒童。」

　　成長在貧困家庭中的少男，從青春前期十二、三歲開始，就以一己物質生活的缺匱，與中層階級比較，而產生自卑、自賤的感覺。一般正常的少年可以自由流露他們的願望，而這些貧困的少年却無法表達或滿足；同時，在學校生活中也會感到格格不入。長期的抑鬱，使這些少年失去理性思考的能力，產生非理性的行為。

　　缺乏管教的少年犯，其犯罪主要根源，是由於父親對他們缺乏適當的管教督導，而父親之疏於管教督導反映他自己的不幸童年生活。除此之外，父親之疏於管教督導子女，也可能出自於不良的身體精神狀況，例如酗酒、生理疾病、殘障或是精神疾病。這一類的父親由於己身缺乏能力或殘障，無法維持家計、無法施予子女適當的教養，無法維持完整的父象，對於他們子女人格成長構成一大危害。其男孩無法自父親處得到男性模式人格的認同，因而必須向外發展；由於父親的無能及冷漠，使得男童傾向尋求「超人」之模式，為一己之參考群體。

　　這一類型少年的母親對於子女多是縱容溺愛，而且處處偏袒他們的子女。這類少年的母親，由於許多不良的嗜好、或是由於工作，不能完善地盡其為人母的職責，使得子女對父親的無能、母親的未盡職責，感到憤恨。

　　缺乏管教的少年的家庭環境與缺乏良知的少年犯，有顯著的區別：

　　(1)缺乏良知的少年犯成長於罪惡的家庭，罪惡的社區之中，直接受罪惡的文化影響；而缺乏管教的少年則出自於貧困的中下層階級，其家庭的價值觀、家庭組織仍舊完整。

　　(2)缺乏管教的少年犯其行為動機，獨特的價值觀，並非出自於不道德、違法的行為，而是出自於父母的管教督導。例如在缺乏良知的少年犯家庭中，父親通常與吸毒等不法行為發生關聯，而缺乏教養的少年犯

則生活在以母親爲中心的家庭中。缺乏管教的少年，父母多健在，父親的冷漠、無能，母親的放縱溺愛，促使兒童背叛父親、自立形象，向「超人」文化認同。

總之，缺乏管教少年的模式英雄人物，爲歷史文化剛強暴烈的英雄，例如我國歷史人物中的關公、張飛及其他英雄好漢。生長在都市貧民窟中的缺乏良知少年犯，其崇拜的人物大多數是缺乏道德、缺乏價值觀的黑社會人物。缺乏管教的少年犯，其父母親時常爭執，其爭執的主要原因是生活困難，以及母親對父親的無能及鄙視；而缺乏良知的少年犯中，父母的爭執不僅是出自於生活困難，最主要是出自於父母或一方的不道德行爲所導致。

## 第三節　少年犯罪癥候類型 (Symptomatic Typology)

筆者於一九七七至一九八二年之間，在美國緬因州少年感化院，從事少年犯罪研究，根據少年犯罪行爲心態癥候，劃分少年犯爲四大類型（見表一）：

### （Ⅰ）缺乏教養兼具攻擊性的少年犯 (Unsocialized Aggressive Delinquents)

在本書的前一、二章中，都一再提及缺乏教養兼具攻擊性的少年犯，這一類的少年不僅構成犯罪人口之重心，佔少年犯罪人口50％以上，而且多從事嚴重犯罪行爲，其犯罪率高，矯治的機率不大。他們是社會的害群之馬，是社會治安的主要破壞者，也是治安機構防治犯罪的主要對象。所以，我們在本章對這一類少年的背景作詳盡的分析，以提供研究少年犯罪者及負責少年犯罪實務的官長、專家們參考。

## 表一: 少年犯罪癥候類型

| 類　　　型 | 特　　　徵 | 佔少年犯比率 |
|---|---|---|
| I 缺乏教養兼具攻擊性少年犯 (Unsocialized aggressive) | 自我中心、衝動、缺乏自制、情感用事、兇暴、反抗父母、反抗社會。 | 50% |
| II 群體性少年犯 (Group Subcultural type) | 自卑、缺陷感、依賴性、無助感、親和需要強烈。 | 24% |
| III 神經質型少年犯 (Neurotic) | 沮喪、焦慮、內疚、內在矛盾衝突、自卑。 | 8% |
| IV 精神病型 (Psychotic & Neurological dsyfunctional) | 具有精神病癥候、思想與現實脫節、腦神經組織有缺陷、先天或後天疾病所導致者。 | 18% |

(N: 326)

資料來源: 美國緬因州少年感化院資料分析結果
Data Collected from Maine Youth Center, Portland, Maine. 1978~1982.

　　人類雖是社會性的動物，不能離群寡居；然而人類也是以一己利益為前提，以自我為中心，希望自我表現，希望依照一己之意願行事，並希望以一己之意志加諸於別人之身（權力慾望）。當個人的慾望、意願遭受挫折時，隨而產生忿恨、攻擊別人的意願。只有在長期優良環境教養之下，人類才逐漸學習與人相處，放棄一己之成見，妥協一己與別人的利益。這種利他性、社會性的品格，是建立在生命的初期，建立在親切的親子關係之上。透過父母循循善誘的教導，透過溫馨的親情，人類乃逐漸捨棄自私自利，捨棄以一己為中心及攻擊的獸性，而逐漸形成仁慈、和諧、親善的人性。

　　人類的道德觀念起源於生命初期對父母的忠誠，為了要取悅父母（特別是母親），兒童接受父母的教導。在長期親切、循循善誘的親子關係中，人類乃逐漸捨棄其自私自利的獸性。

　　人性與社會制度本來是對立的。人類的本能欲望是遵循尋樂主義的

途徑而發展，人類本性貪得無厭、好逸惡勞，事事以一己之自我爲出發點，爲中心，罔視社會人群之福利，而人類社會之建立目的則與人性反道而行，處處力求約束個人之私慾，改正個人好逸惡勞的天性。當個人的私欲遭受社會抑制時，都會自然而然的產生憤怒的心情，希望攻擊、箝制社會及別人。當個人遭受別人壓制時，都希望報復、反抗；這種反應是人類的天性。當我們仍年幼時，這種反應會形之於色，表現於行動言談之中；然而當年歲增長，修養愈深時，我們會抑制憤怒的心情、報復的願望，約束我們的行爲。在敎養的過程中，我們向尊敬的長輩認同，模仿學習，接受他們的價值規範。如果長輩們平時很和善地對待我們，我們更能夠心悅誠服的接受他們的管敎。如果長輩的管敎是合理的、理性的，是和善的，而且長輩在言行方面也能夠處處遵循社會的規範；則雖然在管敎時，我們的欲望遭受挫折，我們感到不愉快、憤恨；我們會了解社會的壓制是公正的、是必須的，我們會轉變心情，接受社會群體及父母的約束。

　　然而，如果在敎養的過程中，我們的長輩（父母、師長）時時指責，懲罰我們，時時壓制我們，使得我們遭受屈辱、遭受挫折，使得我們正常、合理、必要的欲望不能得到滿足；在這種情況之下，人類會產生憤恨、仇視、反叛的心理；抗拒我們的長輩，抗拒社會群體，抗拒一切壓制我們的社會制度及規範，特別是當敎養我們的長輩不能以身示範、樹立良好模樣，處罰獎賞不公平時，使得受敎養的子女感覺到長者不公正，長者缺乏人格，因而對長者鄙視、仇恨，因而養成憤恨仇視的心態人格。

　　其次，我們對於長者以及法律制度的尊敬，主要是由於他們能夠滿足我們的需要，他們維護我們的安全自尊，他們合理而且一致。然而如果我們的長者或是社會制度不僅不能夠滿足我們的迫切需要，反而時時

迫害我們，他們不僅不能為我們的安全提供保障，反而時時威脅我們的安全及尊嚴。當我們的長者及社會制度不再代表社會正義時，我們自然而然地會對他們仇視、鄙視，並且希望攻擊、報復。這些基本教養原則，似乎說明何以在貧困社區中，由於父母本身在心態行為上的偏差，以及社區制度的破壞，使得在其中成長的青少年無法透過認同的方式，接受社會規範、接受社會約束，而形成了反社會攻擊性人格心態。以下是一位缺乏教養而具有攻擊性的少年犯的成長過程：

伍大是一位私生子，他母親在中學三年級的時候懷孕。母親的父母親因之而感到憤怒，而且感到羞恥，同時強迫他們的女兒不能墮胎，必須好好地照顧她的私生子。伍大早了兩個月出世，由於早產，體重僅五磅九盎司，出生時滿身是胎記，而且在氧氣箱內生活了一段時間，對於伍大而言，從他的生命開端，即是一連串的悲劇。

伍大的母親個性放蕩而不穩定，生產伍大不久之後，即與另一男士結識而私奔，將伍大交給外祖母照顧。伍大的母親在外遊蕩，結婚、離婚多次，生產多次。

伍大既是私生子，又是早產，又被親長視為眼中釘，在外祖父母照顧之下，童年時期無法擺脫溺床的習慣。幼年入學之後，遭遇一次車禍，其中一人死亡，外祖母受傷，伍大亦遭受腦震盪。自車禍以後，時時做惡夢，對黑暗恐懼，而且隨時因外祖母之隔離而產生嚴重焦慮不安。伍大與外祖父的關係冷淡，而外祖父也不重視伍大。

伍大的學業進展亦不十分理想。入學之初，即患高度緊張症狀（hyperactive），無法靜止。小學三年級時留級，而又因成績低劣被隔離。十一歲時受心理檢查，心理醫生診斷；伍大對其外祖父恐懼、受外祖父的威脅。伍大並且養成嫁禍別人的惡習，將一己之過錯、無能，均推卸至別人身上。伍大極度缺乏自制力，對於自己的情緒、欲

望無法控制。伍大十二歲時，受精神科醫生檢查，檢驗的結果顯示其智力正常，而學業進展却停滯在三、四年級之間。小學校長對伍大的評語是：「伍大自入學以來，即為學校帶來許多困擾，虐待其他同學，與其他同學無法相處，違反校規，攻擊維持秩序的同學，反抗師長。」

伍大在餐廳中時時與人爭執打鬪，有一次在爭打的時候，管理的老師命令他去見校長，他不僅拒絕，並且大發脾氣。伍大從不說實話，即使是做壞事當場被抓時，他仍舊抵賴，並自稱是被害者。他認為別人都找他麻煩，當他的願望得不到滿足時，亦呈現不悅並發脾氣。伍大乘校車時亦時時騷擾別人，別人問他何以時時找人麻煩、製造問題，他指指自己的頭說：「這裏有問題。」伍大需要別人的幫助，他沒有朋友，由於他常常騷擾別人，沒有人喜歡他。

兒童心理學家認為伍大是注意力不能集中，不能容忍挫折，缺乏控制自我的能力，慣於攻擊別人，不穩定；認為他的監護人（外祖父母）過於嚴格，常常處罰他、對他不關切。兒童心理專家判斷伍大不正常行為心態是出自於不正常的適應反應；建議學校當局與伍大的監護人商量伍大的問題，同時給予伍大服用鎮靜劑。然而不久以後，伍大因違犯校規而被逐出校，而後被送往州立精神病院兒童部治療。在精神病院初期，伍大產生適應困擾，處處為難，但過了一段時期之後，逐漸平靜下來，逐漸能夠控制一己的行為。校方與其外祖父母溝通，希望能領回管教。伍大在精神病院八個月之後返回家中，並再度入學，由學校的心理醫生管理。

以後的兩年時間中，伍大的問題愈來愈多、愈嚴重，時時與人打鬪，不守校規，而且受停學處分。伍大的外祖父母也拒絕扶養伍大，將伍大交給州立精神病院管理。伍大在精神病院處處與人為難；時時偷竊別人財物，被捉到時則說謊；對人仇視而不合作，滿口髒話；由於他的

惡劣行爲而被處罰獨居，卽使是獨居時，伍大也常常破壞醫院的財物。心理測驗顯示，伍大認爲世人都與他爲敵、虐待他，伍大的自視甚劣、自卑感重，當伍大情緒發作的時候，則不可收拾。

病院的負責人繼續對伍大維持善良友好的態度，而伍大對醫院負責人及其他病人的關係也逐漸改善。伍大頗具歌唱天才，因而贏得同院病人的讚賞，伍大的外祖父母也開始探望他。伍大參與病院的清理工作後，病況逐漸趨向好轉。

精神醫生分析伍大問題之根源，第一是伍大的焦慮不安症（Hyperactivity），其次是伍大早產，由於生產時缺氧，而導致腦部神經局部受損。在生活環境方面，伍大出生時不受其父母及親友的歡迎。伍大的外祖父母規定伍大的母親必須養育伍大，以懲罰伍大的母親淫亂的生活；而伍大的母親則以出走的方式，將責任推卸給伍大的外祖父母。伍大的外祖父母對伍大缺乏管敎。除了伍大的先天生理、心理問題外，伍大的家庭環境不盡如人意。伍大自幼遭受別人排斥，不受人歡迎，伍大的外祖父母嚴格批評伍大甚多，而且在沒有辦法管制伍大時，放棄伍大；外祖母情緒不穩定，亦無法管敎伍大。

在少年犯罪研究中，缺乏良知而具有攻擊性的少年犯具有明顯的人格特徵：在學校時破壞學校秩序，好爭執、好鬥，具破壞性、無法管敎，喜誇大，作弄其他同學，不受學校及其他同學的喜好。這一類型的少女犯則具備以下人格特徵：好施用暴力，殘暴、好鬥、難以管敎、脾氣壞、不服從、不聽話、不遵守校規、缺乏禮貌，不受校方歡迎，好說謊、常帶引別人做壞事，破壞性強，而且個性古怪。

倫敦所做的研究顯示，這一類的少年犯多自幼缺乏母愛、父愛，許多缺乏父母而由社會機構照料，有的是私生子。最主要的因素是受父母的排斥、冷落、不受父母歡迎。

美國伊利諾州少年犯罪中心，決定無教養兼具攻擊性少年的標準，爲具備以下六項特性中之兩項者，

(1)破壞性，

(2)善於說謊，

(3)放火，

(4)不聽話而且仇視，

(5)脾氣壞，

(6)好挑釁，好欺侮別人，具攻擊性。

在這一類型少年犯中，84%具破壞性，84％有說謊的習慣，77%曾放火，74%脾氣不好，56%喜歡捉弄、欺詐別人，好强兼具攻擊性。

這一類型（缺乏教養而具攻擊性）青少年多幼年失怙，其親父母分居、離異較多；在美國通常是父親不在，由母親及繼父照應。在子女衆多的家庭中，兄弟排行居中間位置者，受母親照顧的時間較少。

這些少年通常由學校當局交給少年感化機構處理。父母親的職業通常是下層職業，家庭經濟不寬裕。父母在懷孕時多出自於非意願（80％），50％的父母企圖墮胎而未果。母親對於這些少年早期的便溺控制不嚴。這些少年中，有一些早年與異性同胞兄妹共床。在管教方法上，父母運用體罰，限制行動，冷落的方式較多。母親對這些少年的態度多採排斥、嚴格批評、不欣賞，缺乏一致的管教、多懲罰，常常以子女爲其心情發洩的對象。這些管教的方式及態度，足以導致少年犯罪、偏差行爲。母親的情緒問題較多，父親對這些子女的態度亦缺乏一致、不完整。

心理學家認爲這一類型少年的深度憤恨、仇視心理，形之於色，則極易引發其與別人之間關係的惡化，其行爲展現發洩性，發洩其內在

之仇恨、緊張不安，其對於父母的態度亦屬於仇視及攻擊性。這些少年在做心理測驗時，表現不能集中注意力、不能持續、無目的。心理學家認爲這些少年受矯正、改進的可能性不大。

在社會行爲方面，這一類少年通常不聽話、不遵守社會規範、偷竊、逃學、離家出走，許多對性生活具有高度興趣，與兄弟姊妹及別人之間競爭激烈，不能安定，情緒易於激動，幼時遺尿者較多，在餵食方面有困難。

心理分析專家認爲這一類少年展現過多不合社會規範的行爲，亦可能具有人格偏差。這些少年與心理分析專家的關係不良，常呈現過度激動，缺乏自制，或是有意掩飾，自我防禦，以及抵制性心態行爲。在會談時，呈現不穩定的現象，語言思想缺乏連貫一致，這些少年具有深度抑鬱症，心理分析專家認爲他們曾遭遇嚴重心理挫傷。

心理分析專家分析這類型少年的家庭情況及家庭動力因素；家庭成員中（特別是父母）可能曾有變動，曾經失去父母之一，或是接受新的繼父母或兄弟姊妹。父母均工作，家庭情況惡劣，父母對於子女的問題不甚重視，父母對於子女的態度不夠親切、缺乏關懷，甚或是仇視、冷落、虐待。母親對於這一類型少年的態度，可能是過於苛刻，偏向懲罰、缺乏一致性；或是過於寬鬆，明顯的排斥，過度批判、不喜歡、輕視、冷落、忽視。這一類型少年時與親長之一衝突。父母親有時將親職委託給別人，有時與子女爲敵。父親對待這一類型少年的態度、方法與母親相似：排斥、批判、過於嚴厲。父母時與子女對立、爭執，也顯示父母人格不成熟，顯示父母己身不受人接納，以及情感需要未得到滿足。心理分析學家認爲這些父母心理不甚正常，個性上具有明顯衝突起伏，或是心理症狀。父親可能有酗酒症、犯罪、缺乏責任感、工作不正常。父母之間的關係亦非完整親切，常相互指責、排斥，繼父、繼母的

情況較多。

　　在愛荷華大學兒童心理分析中心測驗三百名少年中，其中48名具有缺乏教養兼具攻擊性者，與其他252位少年比較，這48名少年被送往心理分析中心的原因，一則由於嚴重破壞性及攻擊性行為，通常由少年法庭審判裁決送往。其父母親認為這些少年缺乏教養，具攻擊性，殘酷，抗拒權威人物，對事物漠不關心，缺乏體貼、關懷，不誠實、仇恨，具缺陷感，有隱藏的習性，破壞事物，許多曾經離家出走。這些兒童在學校內，常逃學，為學校製造問題。其家庭的顯著特徵是：缺乏完整、安定，父母分居離異，異父、異母或不同父母的兄弟姊妹情況較多。少年的雙親多分居離異，許多都為繼父、繼母，甚至沒有父母。父母在生育這些少年之前，都可能曾經離婚過，或是在子女出生後又再婚。父親認為他與兒童的關係充滿衝突，父母對於子女的教育不重視，無高等教育計劃。少年通常不是父母預計或期望生育者，父母之一情緒上不成熟，而具有懲罰、嚴厲的個性，缺乏一致性，管教過於鬆弛，父母關係缺乏和諧、不穩定，時與子女爭執對立。在這種家庭情況之下，子女難以接受適當完整的教養。父母對子女嚴厲而多體罰，然而又護著他們不讓老師或其他權威管教這些少年，並且當子女犯錯時，又特意掩護他們。在他們的成長過程中，攻擊、侵略行為通常不受約束，反而帶來報酬；因而使他們人格發展陷溺、凝固於無教養、攻擊的階段，無法自拔、超越，最後形成反社會人格心態。

　　這一類型少年犯，在其人格結構上，其「超我」（Superego）及「自我」（ego）都有缺陷。「超我」的發展，有賴於幾項決定性的因素。第一是親切的親子關係，第二是嚴格的督導管教，第三是父母在道德行為上的典範作用，第四是少年在幼時基本需要的滿足。不幸的是，這一類型的犯罪少年，在其生活經歷中，缺乏了這些構成「超我」的必要條

件，因而在其人格結構上，未能建立完整的超我。

生活在貧困惡劣的環境中，缺乏適當的督導及管教，這一類型少年犯的人格結構中，亦難以形成完整的「自我」(ego)。安娜佛洛依德在分析精神病及罪犯的成因時，強調「自我」與「本我」的融滙貫通是一主要因素。由於「自我」不能獨立，無法控制約束「本我」，使得個人思想行為上常常出現赤裸裸的人類慾望。當「自我」與「本我」界線不清時，輕者則形成偏差犯罪行為，重者則形成精神分裂症 (Arieti, 1974, Pao, 1979)。

這一類型的犯罪少年對人殘忍而時時有害人之心，習於指責別人，而不接受別人的指責。缺乏自我反省的能力，亦不承認自己的過錯。在對人態度上，以欺詐取巧為能事。他們認為這個世界是一個「大魚吃小魚，小魚吃蝦子」而且「好人永無出頭的日子」的世界。與人交往中，亦時時尋找別人的弱點加以利用及侵擾。他們的自我觀念很強，充滿自信，對於未來也充滿信心。他們漠視道德法律，對父母及司法機構都採取反抗敵對的態度。性情暴躁，易於與人鬥爭。從精神分析學的觀點來看，這一類少年犯的「自我」仍沈溺在幼童的階段。

從司法行政的角度來看，這一類型的少年犯是最嚴重的問題。由於他們佔據犯罪少年全人口百分之五十以上，而且是頑劣不化，他們對於社會治安的影響巨大，同時也構成在懲治輔導方面最難以處理的一群。司法機構一方面應該將他們與一般少年罪犯分隔。在處理他們時，也必須採取嚴格的態度及方法。

多年來，矯治這一類型少年的觀念沒有多少改變，在方法上則有少許新的發展，主要著重行為修正 (behavior modification)；如果經過嚴密週詳的計劃，從事矯治者多加訓練及經驗，則可能有效 (參閱 Glasser 之實踐治療法)。在矯治這一類型少年時，一方面須要加以壓

力，同時也必須施以溫馨之手，接納這一類型的少年。

## （Ⅱ）受不良群體影響而形成的少年犯（Delinquent Subcultural Type）

　　這一類型的少年犯具有強烈的群體性，希望歸屬參與少年群體的活動。在不良群體的誘導之下，形成不良或犯罪少年。這一類型少年犯在其人格發展過程中，曾受不良的影響及損害。菲迪南（1966）稱這一型少年爲「自我受損」的少年（ego-impaired），俄倫（1971）稱之爲人格不成熟型。這一型佔緬因州少年犯全人口百分之二十四。他們的精神特徵是強烈自卑感及所屬感，對自己無信心，對前途茫茫然不知所從。他們通常出自於中下社會階層，多數家庭經濟困難。許多出自於破裂家庭，有的雖然雙親俱在，但缺乏督導管教。他們強烈的自卑感可能出自於惡劣的經濟環境，也可能出自於生理、心理或任何其他因素。參與少年群體可以滿足他們的所屬感及依賴性。在群體中，他們可以不必作任何的主張，亦不必負任何責任。由於他們強烈的所屬感及缺乏自信，他們對於其所屬的群體忠貞不已，服從他們社群的領袖，祇有在這種情況下，他們才能够維持其自信心，不致於終日茫茫不知所措。參與少年集團對於他們人格發展及其人格完整的維護都有重要的價值及功能。他們好似迷途的羔羊，而少年群體就好似羊群，群體中強有力的領袖人物就好似牧人。對於這些不成熟而自我受損的少年們，在他們人格發展的過程，參與社團活動似乎是一段必經的途徑。如果不幸他們加入了不良犯罪的群體，他們也就變成了不良犯罪份子。

　　除了自卑感及所屬感較強，這一類型少年犯在人格結構上其他方面與常人並無差異。他們之所以成爲不良或犯罪少年，是由於貧困家庭環境內缺乏溫暖及缺乏嚴格的督導管理，使得他們向外發展，希望能在群體中消除他們的自卑，維護他們的自信心，滿足他們的所屬感。他們仍

具有完整的傳統道德價值觀念，他們尙武，愛好體能活動，對人對事常採取直接而單純的態度。他們缺乏自制力，容易與人發生正面的衝突。在他們的潛意識中，他們的群黨取代了他們的家庭。群黨中强有力的領袖及友伴，也就是他們潛意識中的父兄。這種群黨及有力的領導者，正是他們所希望的家庭組織。所以他們希望參與這些組織，一旦加入後，他們對於其群體及領導者忠貞服從。他們以其群體爲榮，自然而然地參與他們的一切活動，接受他們的價值規範。當他們的群體行爲與社會規範抵觸時，或是對他們個人利益有嚴重後果時，他們也不計較，一味跟隨服從群體的活動。

除了貧困及家庭管敎疏忽而外，構成這一類型不良少年的另一主要社會因素是現行敎育制度的缺失。在我國，不論靑少年的品質及傾向，一律施以同一方式的敎育。最近聽說，我們更準備仿效西方國家，延長義務敎育至十二年。義務敎育的出發點及其哲學基礎都是正確的。然而在施行上，我們可以考慮變通的方法。在六年的通才敎育之後，我們可以依學生的智力、興趣，劃分入不同類別的中等學校，使得各種少年犯能各得其所，發展其所好所長。對於許多對讀書無興趣的靑少年，如勉爲其難，不僅事倍功半，而且會產生反效果，促使他們走上偏差的途徑。

### （Ⅲ）神經質型的少年犯（Neurotic-Passive Delinquent）

這一類型的少年，在心理上具有强烈的自卑感。在情緒上，他們表現抑鬱、憂慮不安、內疚、强烈的內在衝突矛盾。他們時時陷溺在幻想的境界中，不能集中注意力，沈默寡言，行爲思想幼稚，而對一切事務都無興趣。對於他們，面臨的各種問題都很複雜而難以應付。他們在思想行爲上常是紊亂而不一致。對於外界及外人採取疏離的態度。由於他們的神經質及不穩定的個性，他們常常會作出一些偏差或違法發洩性的

行為。過後,他們也會感到悔恨不安。然而他們對自己缺乏控制,在精神情緒的壓力下, 他們時而犯之, 一而再的做出違反社會規範的行為。這一類型少年犯罪的根源, 在安娜‧佛洛依德的著作中描寫的最清楚。由於不良環境, 缺乏良好管教或是父母溺愛,這一類型少年犯在人格成長過程中, 未能發展出一套完整獨立的「自我」體系。他們的「自我」不夠堅强, 不能約束其「本我」的行動。同時, 在他們的「自我」及「本我」間, 也未能建立起一道清晰堅固的圍牆, 所以「本我」時時可以參與「自我」, 在思想行為中出現。雖然他們的「自我」軟弱無能, 不能防範約制那些本我中好似洪水猛獸的野性, 然而他們仍具有完整的「超我」(Superego)。當他們犯了錯誤時,「超我」會隨時提醒他們。使得他們時時沮喪、內疚, 而憂鬱不安。

## （Ⅳ）具有精神病狀的少年犯 (Psychotic and Neurological Dysfunctional Delinquents）

在緬因州研究中發現的第四類型是屬於具有精神病狀的少年犯。他們佔緬因州少年犯全人口百分之十八, 可以說是相當大的一個比數。精神病的根源通常分為兩類, 後天性的及先天性的。在這群少年犯中, 三分之二是屬於後天性的, 而三分之一是屬於先天性的, 這一類型的少年犯, 在思想行為上, 都已脫離一般的常軌, 不能以常理去解釋他們。先天性的精神病是由於大腦受損或生病。在胚胎期, 由於母體吸毒、飲酒、意外事件, 以及許多不能預料的因素都可能造成嬰孩大腦受損。後天性精神病則可能是在幼年時期, 遭受一些極端嚴重的打擊 (trauma), 因而影響及其精神組織, 思想步驟, 以及反常的行為表現。

由於精神不正常而引發的行為表現, 包羅萬象, 而且不可能預測。許多精神不正常的行為都具有抽象, 象徵性的意義。一般人無法從常理

的觀點去推斷這些行為。精神不正常的行為中也包括退化性的行為,其目的在於滿足原始性的生理動機,或者是退化至童年及嬰孩時期的思想行為方式。

## 第四節　其他分類法

除以上兩大分類法之外,近年來,國內外以犯罪類型劃分少年罪犯者不乏。國內對於毒品犯、暴力犯之研究著作甚多。美國犯罪學家羅伯克 (Roebuck, 1962) 分析美國黑人毒犯,認為每一種犯罪類型與特殊人格結構以及社會背景密切相關。羅伯克依據罪犯的犯罪歷史,劃分罪犯為四種:

(1)單一犯罪。主要牽涉及一種罪行。

(2)雙重犯罪行為,以兩種主要罪行為主。

(3)多重犯罪類型,多種罪行、無一定型態。

(4)無法分析者。

羅伯克復以五十位黑人吸毒犯與五百五十位其他黑人罪犯比較其人格及社會背景,得到以下的結論:吸毒者之所以犯罪,主要出自於吸毒的習慣及個人的缺陷。與一般罪犯比較,他們年歲較輕、教育水準較高、智力較高,他們的家庭背景、經濟情況較優;在幼年時,較少與法律或社會道德規範起直接衝突;在年少時,他們也很少發生嚴重罪行,較少具有監禁的背景。然而,在他們成長之前,與年歲較長者的罪犯交往較多,參與犯罪行為時,多屬於群體性者;他們的母親通常是具有支配慾的女人,因而使他們形成被動、依賴的性格;當他們年輕的時候,他們的年長罪犯友伴教導他們吸食嗎啡等毒品。在吸毒之前,他們很少參與犯罪行為。他們心目中的英雄是現代爵士音樂家。或者正因為如

此，因爲這種好靜、被動的個性，因而感染吸毒的習慣，與乎其他少年犯或成年犯，在人格、背景、行爲上，均有顯著的差異。

羅伯克認爲依據犯罪類型所作的分類是有意義的。可以很清楚地劃分罪犯的人格及社會背景。

羅伯克和强生（Roebuck & Johnson）更應用類似方法分析美國黑人酗酒而侵犯別人的罪犯，賭博、欺詐罪犯，强盜，以及參與多種罪行的罪犯；其人格、社會背景。羅伯克的設想是有道理的，正好似是正常職業之中，每一項職業所要求的人格及社會背景都不同。例如醫生，必須具有高度的智慧、冷靜的頭腦、靈活的手脚以及中上社會階層背景，好靜而非好動，瘦長的體型而非健碩的體型。又例如文員，必須具備中度的智慧、高度的耐性、依賴性，缺乏創造性，缺乏獨特的個性，出自於中下社會階級；其他每一個行業也都是如此。一位毒犯因吸毒而犯罪與另一位罪犯因犯案而吸毒，二者在人格結構及社會背景上都可能有顯著的差異。

葛魯克在其研究中發現，罪犯的某些個性特徵以及家庭背景，都與其出獄後的發展相關。例如罪犯是否勤奮、對於金銀財富能否控制，及其家庭內部關係是否融洽；住屋的類型是租的或買的，以及居住的區域，假釋後的休閒娛樂等均足以預測罪犯再次犯罪的可能率。

泰伯（Tappar）强調一般犯罪分類學出自於法律學專家，是有清楚明白的概念及分野，易於辨識，有應用的價值。

總之，羅伯克的分析方法雖然未必可以應用於各種犯罪類型，然而對於一些特殊的罪行分析是有價值的。最後，值得一提的是羅伯克的分析方法適用於人格已成長的成年犯，而不適用於人格未成熟的少年犯。

又有以罪犯的自我意識、參考群體爲基礎的分類法。以吉朋等人（Gibbons & Garity, 1986）爲主的犯罪專家强調罪犯的自我意識及

參考群體各異，因而可以了解其人格結構，甚至其家庭社會背景。吉朋等以罪犯之自我意識爲依據，分罪犯爲八種類型：

1. 職業竊盜。
2. 職業性嚴重罪犯（涉及强盜、搶刼者。）
3. 非職業性的偷竊犯。（犯罪年齡小、技能低、而涉及的財物價值低）
4. 汽車偷竊犯。
5. 簡單的塗改支票。
6. 白領犯罪。
7. 貪污等等。

吉朋等人復以七項人格因素決定這些不同犯罪類型的分野：

1. 個人的意識，視一己爲職業性犯罪者；或非。
2. 個人的社會背景，是出自於都市的貧民窟或是出自於中產階級的背景者。
3. 家庭的背景，其中包含：
   (1)父母親缺乏督導管敎、缺乏關懷。
   (2)受父母親排斥。
   (3)家庭內氣氛惡劣，父母之關係及其他家庭成員之關係好似戰場。
4. 個人交往的背景。
5. 個人少年犯罪及成年犯罪的紀錄及經驗。
6. 個人監禁的歷史經驗。
7. 個人繼續犯罪的可能性。（由專家判斷）

依據吉朋等的看法，如此的分類是可行的。犯罪的自我意識，與乎其人格、社會背景相關。吉朋等認爲這種分類法有助於罪犯的矯治。

# 第五節　少年罪犯案例

　　在以下幾項少年罪犯的案例中，我們不難看出犯罪少年的社會，家庭背景，人格，心理特徵，心理變態，以及不良適應癥候。同時我們也可以看到不同犯罪類型少年具有不同的背景及人格心態。

（參閱：法務部，民七一年少年輔育學生個案分析）

## 一、少年竊盜犯

**案例一**

(一)個案基本資料

　　1. 性別：男

　　2. 出生年月：民國四十九年六月

　　3. 本案非行時年齡：十五歲

　　4. 居住地：基隆市安樂區樂一路

　　5. 本案非行時之教育程度：國中二年級肄業

　　6. 本案非行時之身分：無業

(二)非行經過

　　少年與其年僅七歲之妹妹，經常相偕逃家在外流浪，民國六十三年間因教唆其妹竊盜，經基隆地方法院少年法庭判處免刑，令入感化教育處所施以感化教育，以保護管束代之。執行中又乘機偷竊某商店之手電筒，復自民國六十四年底至六十五年四月間連續與其妹四次至基隆市南榮路其妹同學家，由其妹下手竊取現款新臺幣共五千四百元，得手後兄妹二人相偕至電動玩具店花用。復於六十五年四月十六日以同一手法至同址行竊時，為其家人當場扭獲，案由檢察官移送法院審理。

(三)個案簡史

1. 家庭狀況

(1)家庭組織關係圖

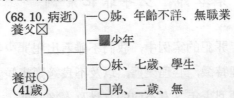

```
（68.10.病逝）    ─○姊、年齡不詳、無職業
    養父⊠
                ─■少年

                ─○妹、七歲、學生
    養母○
    （41歲）    ─□弟、二歲、無
```

(2)父母管教態度: 少年係一養子，養父因在報社任工友職務，平日多
不在家，管教責任則落在養母，惟其養母愛慕虛榮，對子女採放任
態度，缺乏管教方法，自己經常外出打牌，對於少年及其弟妹等之
生活起居，則給予少許金錢任其自行解決。

(3)手足關係: 少年由於係養子，與姊妹及其弟之間相處不甚融洽，再
於其幼時罹患小兒痲痺，雙腿行走困難，只能慢行，自卑感頗重，
更不能與姊弟一起活動，手足之情較淡薄。

(4)鄰里關係: 少年之養父因為工作需要，不常在家；養母又愛好虛榮
所結交之友人多為遊手好閒不務正業之牌友，鄰里親友不屑與之
來往；少年平日卽好四處流浪及行竊，鄰人對之評語十分不佳。

(5)少年在桃園少年輔育院近三年的時間，除其姊每隔數月前來探視
外，其養母僅來兩次，養父却一次也未前往；在養父母心中，少年
已是個無藥可救的少年，將其送入輔育院等於卸下一個重包袱。

2. 社會生活

(1)家居環境: 少年家庭住所位於基隆近郊山區，近鄰多為工人，環境
複雜，常有不良分子在附近遊蕩，水準較為低落。

(2)學校生活: 在小學時代，少年表現尚可，學業雖在及格邊緣，但無
任何非行行為；至升入國中二年級，則因學業成績不良而遭退學，
另在國中時期，少年常與同學逃課，因為身體不良於行，未曾參與
鬥毆，但常逃至電動玩具店滯留。

(3)交遊場所、人物: 少年平日多在電動玩具店遊樂；由於個性孤僻，

不喜與人交談，經常獨來獨往。

(4)不良嗜好：少年自國小六年級卽染上抽香煙習慣，煙癮雖不大，但已不易戒除。

㈣個案分析

1. 人格特徵：依據基氏人格測驗結果顯示，少年個性似指導型，情緒較穩定，社會適應性尚稱普通，能與別人合作；能够容忍、不挑剔，惟較不聽師長的話，反抗性較強、好動、外向，甚少反省，思慮未週，無憂慮。

2. 家庭因素：少年家庭結構不十分正常，由於養父無暇照顧輔導，加上養母疏於管教，自然易染上不良習性，又因其家庭經濟狀況不佳，無法滿足其物質上的慾望，爲了滿足玩電動玩具，鋌而走險，嗾使或相偕其妹，竊取他人金錢物品。少年生母雖曾想將少年帶回自行敎養，但因其家庭複雜而作罷。

3. 生活環境：由於住居處所環境不良，在耳濡目染之情況下，自易引起少年犯案心理。

4. 交友：少年因幼時患小兒麻痺症，行動不便，自卑感很重，不喜與人交往，故其行爲鮮少受他人影響，由於家境清寒，遇有金錢短缺，則會自行設法取得，無人加以規勸或從旁輔導。

5. 工作：少年雖身體有缺陷，但家人仍期望其能獲得正當職業，努力工作以幫助家庭，惟因學識不高加以行動不便，屢遭僱主辭退，迄無固定職業；少年爲此耿耿於懷，自認爲無用之人，其唯一能獲取金錢方式卽爲竊取他人財物，故一犯再犯。

6. 學校生活：在國小及國中一年之期間裡，少年雖然學業及品行表現均不佳，但或由於其先天上缺陷，師長對其總是帶有一些憐閔心理，不忍過分苛責，同學間則認其不會做壞事，在此種情況下，姑息的結果造成他僥倖心理，還有機會，常思下手偷取他人東西。

㈤處遇經過

1. 入院經過：民國六十五年六月二十一日，少年因竊盜案件爲基隆地方法院少年法庭裁定令入感化教育處所施以感化教育而入臺灣省立桃園少年輔育院，接受感化教育；預定感化期間爲三年。

2. 處遇情形：少年在院受教期間，曾在輔育院建教合作之塑膠工廠習藝一年二個月，後又編入該院厚德補習學校就讀國中二年級，學業成績尚能及格。此外在受教期間尚知服從守規，和睦相處。

3. 出院經過：少年於民國六十八年五月二十二日，因期滿而出院，計在輔育院受教期間計二年又十一個月。

㈥追踪訪問結果

少年與其養母間感情不深，出院後決定與姊姊共同居住，因其姊生活經濟較優，且允爲他代找適當工作。六十八年十月，少年養父因病去逝，養母帶領其弟與人姘居，惟據其養母稱：少年於其養父去逝前數日，卽自其姊處出走，去向不明，亦無音訊，經報警查尋，迄今尚無消息。

### 案例二

㈠個案基本資料

1. 性別：男
2. 出生年月：民國五十四年二月
3. 本案非行時年齡：十三歲
4. 居住地：新竹市南大里竹連街
5. 本案非行時之教育程度：國中一年級肄業
6. 本案非行時之身份：無業

㈡非行經過

少年曾犯搶奪罪，經執行完畢，不知悔改，與另一少年共謀行竊，在桃園市一不詳名稱之鎖店購打鑰匙二把後共同意圖爲自己不法之所有，先後於六十七年十一月十四日起至十五日止，在桃園市、中壢市、觀音鄉大同村

等地，連續竊取被害人等所有之機車三輛，得手後逃逸，爲警查獲，經臺灣桃園地方法院少年法庭參酌該院觀護人之調查報告，裁定諭知感化教育處分。

㈢個案簡史

1. 家庭狀況

(1)家庭組織關係圖：

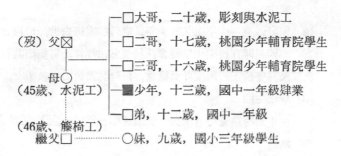

```
                    ┌─□大哥，二十歲，彫刻與水泥工
                    │
  （歿）父☒          ├─□二哥，十七歲，桃園少年輔育院學生
        │           │
        │           ├─□三哥，十六歲，桃園少年輔育院學生
     母○            │
  （45歲、水泥工）    ├─■少年，十三歲，國中一年級肄業
                    │
                    └─□弟，十二歲，國中一年級
  （46歲、籐椅工）
    繼父□··········○妹，九歲，國小三年級學生
```

(2)父母管教態度：

少年之生父，於少年二歲時，即因病去世，學歷、職業皆不詳。繼父，現做籐椅工，其母與生父生有五個兒子，少年排行第四，其母與繼父生有一個妹妹，母不識字，現做水泥工，家境並不寬裕。

(3)手足關係：

少年有三位哥哥，大哥二十歲從事彫刻工與水泥工，二哥、三哥皆因犯罪入桃園少年輔育院接受感化教育，弟弟爲國中一年級學生，母與繼父所生之妹爲小學三年級學生，手足關係尚好。少年一直表示家庭氣氛和睦與溫暖。

(4)非行後家人態度：

二哥及大哥經常探視他，其母與繼父偶爾看視他，手足之情似乎重於母子、父子親情。

2. 社會生活

(1)家居環境：

少年居住於市政府公地上所建之違章建築，住宅附近為竹運市場，較吵雜髒亂。

(2)少年交往對象為附近鄰居。

㈣個案分析

1. 人格特徵：少年本性愛玩，看武打電影，喜去街道、庭院、公園處逗留，喜讀武俠小說，所喜歡的運動是遊戲、游泳、打球。不喜歡留在家中。

2. 家庭因素：少年生父於少年二歲時即因病去世，母再嫁，有二位哥哥亦因犯罪在桃園少年輔育院接受感化教育，可能因其母係水泥工，繼父為籐椅工，因家計負擔重，無時間與精力管教子女。

3. 學校生活

少年對學業覺得有困難，就讀國中一年級時，因犯罪入獄而學業中斷。

㈤處遇經過

1. 入院經過：少年因竊盜，經臺灣桃園地方法院少年法庭裁定施以感化教育，於民國六十七年十二月二十二日進入臺灣桃園少年輔育院接受感化教育，在院期間計二年四個月，於七十年四月免除執行而出院。

2. 處遇經過：

少年初至該院，情緒不穩，對該院生活不太適應，生活散漫，性情粗野，後經管教人員加以疏導，漸能適應。學習編織地毯有二年一個月之久。漸適應生活後，擔任公差勤務，尚稱努力，亦能聽管教人員之教導。友愛同學，相處和睦，學藝努力，熱心服務，表現良好，經檢定免除執行。

㈥追踪訪問結果

少年出院後，回家與親母繼父共同居住，並在××電燈公司當作業員，因少年家庭貧困，故所賺得薪資均供家用。少年家境雖貧，但父母兄妹均相處融洽，故對家庭生活滿足。少年所交往對象大半為附近鄰居，交往良

好。鄰里認爲少年改變良多，印象甚佳。目前的嗜好爲看電影，並無不良嗜好，交遊人物單純。已改過向善，重作新民。

## 案例三

㈠個案基本資料

　　1. 性別：男

　　2. 出生年月：五十年一月

　　3. 本案非行時年齡：十六歲

　　4. 居住地：基隆市東明路

　　5. 本案非行時之教育程度：五專一年級

　　6. 本案非行時之身份：學生

㈡非行經過

少年素行不良，有犯罪習慣，於民國六十四年間曾先後犯竊盜、傷害罪，經基隆地方法院先後諭知交付保護管束及判處徒刑三月，緩刑三年，於緩刑期中交付保護管束各在案，復於六十六年五月二十六日凌晨一時左右，夥同楊××共同意圖爲自己不法之所有，前往基隆市東信路×巷×號樓梯旁，由楊××在場，少年下手行竊被害人邱××置於該處本田牌一二五西西機車一輛，得手後共同騎至臺北市將機車改裝後，在永和市違規，經警查獲，案由基隆市警察局第×分局移送法辦，並經檢察官偵查起訴被判「共同竊盜，處有期徒刑四月，於刑之執行前，令入感化教育處所，施以感化教育二年」。

㈢個案簡史

　　1. 家庭狀況

　　　　(1)家庭組織關係圖：

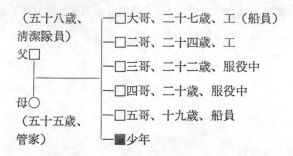

  (2)少年父母對子女放任。兄長幾乎全部長期在外工作，致少年更加放
　　　縱。兄長雖多，唯五哥與少年感情最好，相處最爲融洽，少年由於
　　　習性不良，屢有偸竊行爲，鄰居對其觀感甚爲惡劣。

2. 社會（學校）生活

  (1)父親雖係市公所清潔隊隊員，收入極爲有限，但兄長大多已有工
　　　作，且收入頗豐，經濟情況尙可，所住地區亦屬一般住宅區，環境
　　　極爲單純。因少年習性不良，鄰居對其印象不佳。

  (2)少年係家中么兒，做事較無主見，依賴性強。其在少年輔育院所寫
　　　自傳中說到「楊××（本案共犯）自從他到我們學校班上以後，完
　　　全影響我的功課，而且我所犯的錯亦是他一手造成的」。由於所結
　　　交朋友不良，學會了抽烟、打彈子，逗留遊樂場所，乃至做出違法
　　　情事。

㈣個案分析

　　按基氏人格測驗所顯示，少年人格特質係屬平均型，卽情緒穩定，社會適
應性良好，唯協調精神稍差，個性較外向，但遇事尙能多加思考。人格特
徵旣爲平均型，家庭經濟又不須顧慮，分析其之所以犯罪原因，可歸納爲
下列二點：一爲家庭因素：由於家中子女衆多，父母無法一一管教，致不
得不採取放任態度，再加上兄長長期在外工作，無法代父母勸導，形成無人
且無法管教狀況。二爲朋友因素：少年個性外向，好交朋友，因所交朋友
均非良善之人，不但影響其在校功課，甚至聯合做出非法行爲，所謂「近

朱者赤，近墨者黑」交友不愼是其觸犯法網之最主要原因。

㈤處遇經過

1. 入院經過：少年於民國六十六年八月八日因竊盜案件，判處有期徒刑四月，於執行以前，進入桃園少年輔育院施以感化教育。感化期間自六十六年八月八日起至六十八年五月二十九日止計一年十月，再加上感化前羈押及收容期間七十日共計二年。但因其中間曾保外就醫一月，故於六十八年元月三十日始出院。

2. 處遇情形：

(1)少年入院之初，情緒甚爲穩定，亦能遵守院規，所交與各項工作均能努力完成。入院後二、三個月其母親與大哥經常來院探視，勸勉其「聽從師長指導，遵守紀律，努力改過向善」，對少年以後在院期間之學期情緒，影響甚大。

(2)少年在院上課、出操、寫週記、練守及勞動服務等方面，均努力認眞學習。

(3)六十八年元月起，少年擔任學生幹部，無論輪流站崗，領導勞動服務，擔任糾察員、小組長等職，均甚認眞負責，表現優良。尤其青年節健身操比賽，擔任×班指揮，獲全院優勝第二名，並獲獎勵。

3. 出院經過：少年在院接受感化教育，恪守院規，接受教導，發奮上進，成績良好，言行顯著進步，曾由院方發函請求基隆地方法院，以其悔悟向善，免除其有期徒刑之執行，惟未獲核准。於六十八年六月三十日期滿出院解還基隆地方法院檢察處執行其竊盜案所處有期徒刑四月。

㈥追踪訪問結果

少年出獄時，其父親已自市府清潔隊退休，但其大哥任商船二管，月薪三、四萬元，二哥三哥亦均有工作，家庭經濟狀況尚佳，不須少年擔負家計，但少年仍擔任建築零工工作幷將部分所得交母親，少年對家庭生活甚感滿足。至於身體方面，雖曾於感化期間患脊椎神經疼痛，惟經住院治療後業

已痊癒。家人對少年目前狀況甚爲滿意安慰，期望其能徹底痛改前非，成爲有用之人。

## 二、少年暴力犯

暴力犯：

### 案　例

(一)個案基本資料

1. 性別：男

2. 出生年月：五十二年九月

3. 本案非行時年齡：十五歲

4. 居住地：桃園市慈文路

5. 本案非行時之教育程度：國小三年級肄業

6. 本案非行時之身分：無業

(二)非行經過

少年曾因參加不良幫派，經地方法院少年法庭諭知保護管束，執行中，仍不知悔知，於六十八年元月先後在桃園國小花園內、桃園華國戲院後巷內以目前沒有工作需錢爲詞，向少年勒索現款三百五十元、五百三十元不等，又夥同另一不良少年，在桃園市中正路尾向少年揚言伊等係逃犯需路費等語，恐嚇勒索八百五十元，復在桃園中正路洋洋服飾公司後巷內企圖向行人勒索金錢時，爲警查獲，案經桃園警察分局移送桃園地方法院少年法庭諭知感化教育處分。

(三)個案簡史

1. 家庭狀況

(1)家庭組織關係圖：

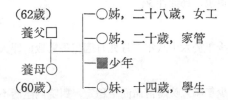

(2)父母管敎態度：少年之父母雙目均失明，且年老力衰，無法管敎少年，少年寄居在大姊夫家，其姊對少年亦疏於管敎，因此少年時常四處遊蕩，顯見少年自幼生長在不正常之家庭環境。

2. 社會生活

   (1)家居環境：少年家居新社區，份子較爲複雜，少年經常與不良朋友爲伍。

   (2)鄰里交往情形：因少年有吸食強力膠習性，且經常與不良份子往來，故鄰里對其觀感不佳。

   (3)學校生活：少年在學校對讀書不感興趣，成績欠佳，至國小三年級卽輟學在家，未受良好教育。

㈣個案分析：

1. 人格特徵：少年個性尙稱溫和，屬平均型，社會適應良好，個性不偏外向也不偏內向，惟稍有自卑感，不知反省自己。

2. 家庭因素：少年父母均雙目失明，無法管敎少年，是造成少年犯罪的主要因素，且少年之親生父母不詳，可能爲私生子或棄嬰，現行父母僅爲養父母，顯見少年處於不正常的環境，無法得到正常家庭應有的管敎與溫暖。

3. 生活環境：由於父母雙目失明，父親僅靠按摩賺取微薄生活費，少年寄養在大姊家，大姊在洋傘公司當女工，姊夫開計程車，經濟不甚富裕，平日爲生計奔波忙碌，無暇關照少年。

4. 交遊情形：少年因不喜讀書，僅讀到國小三年級卽輟學，從此到處遊

蕩，其間雖曾在洋傘公司工作三個月，卽離職，其後故態復萌，與不良少年四處遊蕩，爲非作歹。

(五)處遇經過

1. 入院經過：少年於六十八年三月九日因犯恐嚇取財罪入院，入院時年齡十五歲。

2. 處遇情形：少年剛入院時情緒尙不穩定，對院內生活不太適應，又因教育程度不高，頭腦不太靈活，動作顯得遲緩，但不失老實忠厚，日久漸有改善，在院中安份守己，熱心公益，照顧弱小，擔任小組長任勞任怨，表現良好，習藝認眞，獲放榮譽假皆能按時返院，奉准提前出院。

3. 出院經過：少年於六十九年十二月十二日獲准停止執行提前出院，計在院一年又九個月。

(六)追踪訪問結果

少年出院後卽進入桃園一家電子工廠，從事電子天線工作，月入六千餘元，部份支助家用，目前與姊姊、姊夫同住，生活尙稱正常，顯已改過向善。

# 第七章 少女犯罪問題

## 第一節 少女犯罪的背景

女性少年犯，由於在生理，心理，敎養，及生活習慣各方面均與男性少年犯不同，因而在犯罪心態行為方面也有顯著差異。女性少年犯在犯罪人口中所佔的比數甚低。在我國，男女少年罪犯的比例大約是 5:1（83％男性，13％女性）（法務部，1987）。在歐美工業先進國家，例如美國、英國，男女少年犯的比數較為接近，大約是 3:1（Cavan and Ferdinand, 1982）。此外，女性犯罪的案情較輕，對社會安定、人民生命財產影響輕微，因此女性少年犯罪的研究較少。我國至目前為止，尚未見到有正式女性少年犯罪研究出版；由於女性少年犯罪涉及心理因素較多，因此本書特別提出討論。

自從一九六〇年代以來，由於女權迅速擴張，男女的價值規範及心態行為逐漸接近，女性在犯罪行為方面也有顯著的改變。近年歐美的犯罪統計數字顯示，女性犯罪的數字激增（參閱 Trojanowicz, 1979）。從一九六〇年至一九七三年之間，少女暴力犯罪增加了四倍，少女財物犯罪增加了三倍半。在同一時期之內，男性少年暴力犯罪祇增加了二倍多

(2.36倍)，而男性少年財物犯罪增加不及一倍（0.82倍）。在所有嚴重犯罪中，也有同樣的趨勢，女性犯罪的比數日益增加。

目前，國內女性犯罪的問題仍不很嚴重（參閱，法務部，1984，女性犯罪的研究）。我國的傳統價值規範，對於女性的束縛嚴謹，女性參與犯罪偏差行為者，仍屬少數。然而西風東漸，加以工業都市社會發展的趨向，我國少女犯罪問題也會日趨嚴重。

從區位學的觀點來看，女性少年犯罪的分佈情況與男性少年犯相似。多集中在大都市城中區，在社會組織鬆弛，道德沒落，貧困，犯罪，偏差行為猖獗之所在。

犯罪少女多出自貧困、道德沒落的家庭。在我國，養女制度是女性少年犯罪主要根源之一。養女出生自極端貧困的家庭，父母無以為生，無力養育子女，因而出售女兒給以收養女性為業的家庭。而收養少女者，亦以少女為搖錢樹，當少女成長至十二、三歲時，卽被養父母賣給妓女戶，從此淪落為娼妓，更而從事犯罪、吸毒及其他不法、不道德的勾當。

除了養女制度之外，許多貧困少女受生活所迫，不得不離家，外出自行謀生。然而由於學歷之所限，都祇能從事無技能之低薪職業，例如餐館侍應生、工廠女工、公司商店的僱員等。許多少女，由於受物質的引誘，也會走上犯罪偏差行為的途徑。

在臺灣，或是在西方社會，傳統價值規範所塑造的「仕女」模式，大致上是相同的，強調溫文、優雅、貞潔、勤儉等德行。如果一位少女在心態行為上，脫離了仕女的形象，就會遭受社會譴責，指為不良少女。這種「不良少女」的標籤，對於少女的成長，影響深遠。這種標籤使得他們不受社會人士容納，在學校中受老師、同學的排斥；親戚朋友對之另眼相看、冷諷熱嘲，斷絕了他們的正常人際交流，更造成他們內

心深刻的創傷。由於受社會群體的排斥，因而產生憤怒、怨恨、抑鬱、焦慮的心情，遂而採取以牙還牙的方式，與社會人群爲敵，向社會道德規範挑戰。

　　這些受排斥的少女，參與非法、不正當的群體，以滿足他們親和、歸屬的需求，在參與的過程中，遂而接納後者之價值規範，參與後者的行動，成爲其中的一份子。是而在社會標籤壓力之下，他們邁向沙里文所說的「惡性轉變」的途徑，轉變成爲不良少女。

# 第二節　少女犯罪因素分析

## 一、生理、心理因素

　　遠在一八九五年，著名的意大利犯罪學家郎布索已經發表有關少女犯罪的理論 (Lombroso, 1920, The Female Offender)。他認爲女性在演化過程中較男性落後，屬較低層次的動物。因此智力較低，在心態行爲方面較幼稚，較爲情緒化。從事娼妓及其他性犯罪的婦女，在體質上與一般婦女不同，較多體毛及皺紋。在體質及體型方面，犯罪女性與男性較爲相似。

　　一九二三年，美國社會心理學家湯姆士 (W. I. Thomas) 出版《不正常的少女》(The Unadjusted Girl) 一書，認爲男女在生理上有顯著差異。基本上，男性具有原始性的衝動本能：破壞性、攻擊性及創造能力；而女性則具有靜止的個性：安靜、保守、缺乏動力。

　　湯姆士認爲人類行爲均出自四大基本願望，卽尋求安全、親和、榮譽、及新奇經驗的需求。許許多多出自貧困、不幸背景的男女，爲了滿足這些基本需求，不得其門而入，而走上犯罪偏差的途徑。依據湯姆士

的看法，女性犯罪常牽涉及性行為，以性為餌，釣取其生活之需求。

一九五〇年，波拉克 (Pollak) 出版《女性犯罪》一書 (*The Criminality of Women*)，認為女性犯罪者甚多，然而因為社會人士對女性犯罪多抱以寬懷、同情的心理，使得許多女性犯罪得免於受懲罰。以一九八一年，美國新墨西哥州的一項案件為例，一位中學女教師與一位中學生通姦，被學生家長提出控訴。結果法院審判團判決該女教師無罪，認為她的行為是實施性教育。同時，在許多女性犯罪事件中，特別是性犯罪行為，許多男性受害人不願提出控訴，以免損及個人的地位及聲譽。波拉克認為女性較為奸詐，由於其奸詐，女性罪犯得免於遭受逮捕懲罰。

波拉克認為女性罪犯具有兩大特徵。第一是生理上較一般少女早熟；第二，具有較多性經驗，較早接觸男性，發生關係。早熟的少女接觸不道德行為的機會較多。

少女罪犯的家庭背景特殊，父母參與不道德行為者較衆，較多出自破裂家庭。由於缺乏溫情、督導，少女自幼即向外發展，因而易於接觸不良份子，參與不道德及犯罪行為。目前，國內雛妓問題嚴重。國內雛妓的來源有二：第一，是遭其親生父母或養父母出賣為娼。第二，是因為離家出走，受壞人引誘利用而陷為娼妓。

佛洛依德 (Freud, 1949) 從人格成長的觀點，分析少女犯罪的因素，認為主要出自於幼年成長之困擾及對於男性的嫉忌。如果女性在成長過程中，不能超越嫉忌男性的階段，在潛意識中堅持要變成男性，則可能發展為同性戀，或展現許多男性特徵。少女犯罪，特別是性犯罪及暴力犯罪，都展現少女潛意識變成男性的願望。

郭諾克 (Konopka, 1966)，在《矛盾的少女》(*Adolescent Girl in Conflict*) 一書中，一則強調佛洛依德的觀點，同時也重視社會化過程

及友伴對於少女的影響。成長中的少女，如缺乏自我肯定及生活孤單寂寞，都足以構成犯罪，偏差行爲的導因。

在青春期，少女最主要的願望是受男性注意。如果少女的家庭環境惡劣，缺乏親情友伴，則很可能以「性」爲餌，吸引男性的關懷。然而由於濫交，導至社會的不齒，更增強其孤獨自卑的感覺，更因而參與濫交，以吸引男性的重視及關懷。

一九七〇年，維德及薩莫維（Vedder and Somerville）亦持類似的論調，認爲少女犯罪主要出自對家庭問題及對社會壓力的不良反應。在其《犯罪少女》一書中，兩位作者指出百分之七十五的犯罪少女出自於問題家庭。

瓦騰堡及桑德士（Wattenberg and Saunders, 1954）分析美國底特律城四千五百餘名少年罪犯，發覺女性少年罪犯多屬「性」犯罪，不受管教，及逃學離家等罪行，且多出自破裂家庭。當警方遣送被釋放的少女返家時，多受其父母的排斥拒絕。吉朋等（Gibbons, et al, 1972）的研究亦得到類似的結論。這與國內的情況頗爲相似。許多被政府及私人慈善機構解救的雛妓，被送返家中之後，又再度被其父母出售。許多專門爲犯罪少女及雛妓設立的習藝所及收容所，都無法爲這些落難的少女解決善後問題。當這些少女在習藝所或收容所居住一段時期之後，無法打發她們。如果是被賣爲娼的少女，回家之後又面臨被賣的命運。同時，經營娼館的黑道人物，也不會人財兩失，善自罷休。他們時時探聽少女的下落，當這些少女一旦走出政府監護機構之後，立刻受黑道人物的挾持，重操舊業。

在《五百名少女罪犯》（Five Hundred Delinquent Women）一書中，葛魯克夫婦（Glueck, 1934）研究犯罪少女的成長歷程，發覺許多犯罪少女自幼即參與不道德的性行爲。葛魯克也強調少女非行及非適

應症候，主要出自於惡劣家庭環境。

克拉因 (Klein, 1973) 認為少女犯罪主要出自他們對於婦女角色行為的反抗心理，或是出自變態心理 (Perversion)。

根據費力士等 (Felice, et al, 1971) 的研究，犯罪少女的智力多介於中等 (IQ 90—109) 及愚鈍 (IQ 80—89) 級。韋史納 (Wechsler) 之研究發覺缺乏良知良能的少女犯，其體能及手藝超越其語言文字的能力。賈介維 (Jurjevich and Capwell) 之研究，運用明尼蘇達人格性向測量表，發覺少女犯罪者具有較多情緒問題，較多屬缺乏良知良能 (Sociopath) 者，及具有妄想狂症候。在體型方面，較多發育不成熟，以及在發展成長中有問題者。許多少女犯因為不道德及違法的性行為，因而產生情緒問題。在性向測驗中，顯現她們重視當前慾望需求的滿足，不能延擱其慾求，或是為長期目標着想。許多犯罪少女也抱持與一般少女相似的白馬王子及家庭主婦的願望。

許多研究顯示犯罪少女在十二、三歲時，已展現犯罪及偏差行為心態，而男性少年犯則在八、九歲時已展現犯罪偏差的癥候。

蓋爾文及柯諾克 (Galvin, 1956, and Konopka, 1966) 認為少女參與性犯罪行為並非出自滿足性慾的動機，而是為了表現對男性無恐懼。然而事實上，在她們的潛意識中則深懷恐懼及罪惡感。

布羅士 (Blos, 1970) 認為少女罪犯可以劃分為二大類型：第一型是退化至戀父情結前期的心態行為；另一則為固着於戀父情結的心態行為。高夫曼 (Kaufman, 1959) 亦劃分犯罪少女為二型：一為固着於口腔無性期；另一則為固着於肛門兩性期。艾許洪 (Aichhorn, 1949) 之研究顯示犯罪少女與神經質的女性具有相似之處，都具有不成熟的個性，固着於嬰孩期的本能慾望 (infantile instinctual fixation)。犯罪少女通常是一個孤獨的少女，其女性認同心態，因惡劣的母女關係而產

生偏差，其人格發展多固着於口腔期及肛門期。

## 二、社會文化因素

一般而言，婦女較男性更遵從社會價值及道德規範。在傳統社會文化中，社會價值強調男性的成就、地位。生活在貧困，都市社區的男性，由於缺乏正當的管道以達成「成就」的願望，遂鋌而走險，參與犯罪。然而在傳統社會中成長的女性，却沒有這一份壓力，因此參與犯罪者較少。

顧德（Gold, 1970）分析學校成績對於少年心態行為之影響，發覺成績對男性少年影響較深，因為成績意味成就，也同時影響少年未來的學業及前途。

麥爾頓（Merton, 1938）的社會無規範理論，強調社會文化結構與犯罪偏差行為之間的關係。這一項理論也是以男性為對象；對女性犯罪的解釋力不大。

同時，少男與少女接觸犯罪，偏差行為管道的機會不等，少女接觸機會遠較男性為少。由於社會及家庭對少女的控制較嚴，少女學習犯罪或參與犯罪的機會亦因而降低。蘇德蘭（Sutherland, 1954）的差異結合理論，強調犯罪的成因，主要出自與犯罪文化的接觸；接觸的機會愈多，則犯罪的可能率愈高。男女由於教養方式的不同，社會、家庭限制的不等，男性接觸犯罪文化的可能率，遠較女性為高，因此男性從事犯罪、偏差行為之可能性亦遠較女性為大。

少女參與不法幫派的可能率亦遠低於男性。其他如擁有犯罪工具，例如刀、槍之可能性亦遠不及男性。

社會對於少女之控制、保護，遠甚於男性，因此，吉朋等（Gibbons, 1986）認為少女犯罪既然較少出自於社會化過程，或社會環境因

素，則必然多出自於家庭因素。

　　事實上，犯罪少女多出自貧困不良社會背景，因家庭貧困而產生種種問題。此外，因爲父母親具有精神情緒問題，子女受害者衆，特別是少女，因爲少女的人格成長受家庭環境影響較深。

　　在美國社會，30％至40％的不良少女爲私生子，父母具吸毒、酗酒習慣者衆。此外，許多犯罪少女出自沒有父親的家庭，或是父親殘暴不仁，具有變態心理。

　　根據維克斯（Weeks, 1940）的研究，68％的犯罪少女來自破裂家庭，而犯罪少男中則僅祗40％來自破裂家庭。特理斯（Trese）的研究，發現73％的犯罪少女來自破裂家庭。

## 第三節　少女犯罪類型

　　少男、少女由於生理、心理及社會化過程間的差異，在犯罪行爲方面具有顯著的區別。以下，我們首先來看少男、少女在各種犯罪行爲中所佔的比例（見表一）。

　　從表一中，我們可見男女少年在犯罪類型方面差別很大。男性牽涉及暴力及嚴重犯罪（危害社會治安、生命財產）的比率遠超過少女。在所有罪行中，祗有「娼妓」及「離家出走」兩項，女性佔多數，其他各種罪行都以男性爲主。分析主要少女犯罪類型的性質，都以「無受害人」及「非暴力犯罪」爲主；這些罪行對社會群體的危害較低。

　　其次，我們討論幾項主要少女犯罪類型的內涵及背景。

（參閱：Greene and Esselstyn, 1972）

**表一:** 少男、少女犯罪類型比較

| | 犯罪類型 Offense Charged | 男(%) | 女(%) | |
|---|---|---|---|---|
| | | | | 100% |
| 第一類犯罪 | 謀殺 Murder and non-negligent manslaughter | 88.9 | 11.1 | |
| | 強姦 Forcible rape | 98.4 | 1.6 | |
| | 強盜 Robbery | 93.2 | 6.8 | |
| | 傷害 Aggravated assault | 85.1 | 14.9 | |
| | 刼盜 Burglary | 93.8 | 6.2 | |
| | 偷竊 Larceny | 71.7 | 28.3 | |
| | 偷竊汽車 Motor vehicle theft | 89.9 | 10.1 | |
| | 以上七項罪行總百分比 Subtotal of above offenses | 81.2 | 18.8 | |
| 第二類犯罪 | 其他暴力犯罪 Other assaults | 79.8 | 20.2 | |
| | 放火 Arson | 90.5 | 9.5 | |
| | 偽造文書 Forgery and counterfeiting | 69.5 | 30.5 | |
| | 欺詐 Fraud | 70.1 | 29.9 | |
| | 貪污、舞弊 Embezzlement | 73.5 | 26.5 | |
| | 收購贓物 Stolen property: buying, receiving, or possessing | 90.8 | 9.2 | |
| | 破壞財物 Vandalism | 92.4 | 7.6 | |
| | 私藏武器 Weapons: carrying, possessing | 94.0 | 6.0 | |
| | 娼妓 Prostitution and commercialized vice | 30.5 | 69.5* | |
| | 其他性犯罪（除強姦、娼妓外）Sex offenes (except for rape and prostitution) | 90.9 | 9.1 | |
| | 毒品 Drug abuse violations | 83.1 | 16.9 | |
| | 賭博 Gambling | 95.4 | 4.6 | |
| | 妨害家庭 Offenses against family and children | 64.2 | 35.8 | |
| | 飲酒駕車 Driving under the influence | 90.4 | 9.6 | |
| | 醉酒 Drunkenness | 86.3 | 13.7 | |
| | 不遵守社會法規 Disorderly conduct | 82.7 | 17.3 | |
| | 夜遊、流蕩 Vagrancy | 82.6 | 17.4 | |
| | 第二類罪行總百分比 All other offenses (except traffic) | 78.3 | 21.7 | |
| | 離家出走 Runaways | 42.5 | 57.5* | |
| | 總百分比 Total | 78.6 | 21.4 | |

\* 女性少年犯佔多數

參閱: *Uniform Crime Reports of the United States, 1978*, Federal Bureau of Investigation, Washington, D.C., 1979, p. 193, Table 31.

## 一、性犯罪

少女性犯罪並非表示她們對於社會規範的無視，而是展現其內心的焦慮、無奈、尋找自我、尋找自我肯定及解脫的動機。這一類型的少女自幼缺乏愛及關懷，其基本需求不能得到滿足。她們無法建立對於別人的信心，在面臨生活困擾時，以性行爲舒洩內心的情懷。

## 二、離家出走者

在離家出走的少女中，又可以劃分爲四種類型：

**（I）第一類是無根無依，缺乏敎養，而具有攻擊性者。**

這些少女爲了尋求快樂，滿足本能慾望而無視於行爲的嚴重後果。她們的自我觀念強烈，一切以一己之利益及主觀的觀點爲出發點，無內疚感，對人缺乏深度情感或是信賴；無自制力，自以爲是，喜愛玩弄手段，自作聰明；慣於逃學、曉工、吸毒，而性生活放蕩；慣於利用別人的缺陷，玩弄、陷害別人。

這一類少女在孩提時期，受父母溺愛、放縱、姑息。她們享受過多的自由，而未建立責任感。在成長過程中，由於父母的溺愛，而養成深度的自我中心主義。在她們內心深處，她們並不認爲他們的父母眞正關懷他們，而這也可能是事實。她們的父母未能滿足這些少女親情、依賴及安全的需求。在幼年時，她們常是抑鬱不樂，及至青春期之後，雖然生理上她們已成熟，然而心理上，她們仍很幼稚。在青春期，當她們展現各種偏差不法的心態行爲時，她們的父母開始惶恐，開始爲他們的女兒擔憂，然而爲時已晚。當父母勸阻或懲罰她們不當的行爲時，她們反抗、脫逃。而在外爲生活所迫，或不良份子之威迫利誘，更深一層的參與不道德、不法的行爲。最後，這些少女的一部份爲警察所逮捕而進入

監護所。她們的父母又出面干預，企圖扼阻司法機構對於其女兒的制裁及監禁。然而，無論如何，這些少女無論是在人格結構，或生活習慣方面，都已罪惡深沉，積習難改。要想改造她們，返回正當的生活途徑，已非易事。

### （Ⅱ）焦慮型（The Anxious）

這一類型的少女出自問題重多的家庭。在家中，她們承擔過重的壓力。父親常是失業、酗酒、殘暴不仁。這些少女對於他們自己及其家庭都感到羞恥，深知他們自己及其家庭問題重重。時常離家出走，寄居於友人處，與親友討論他們己身的各種問題。他們在學校內成績低劣，情緒低沉，落落寡歡，很少朋友，也很少參與活動。她們希望結婚生子，無職業願望，無長期計劃，對一切均持悲觀的態度，不抱以希望。對於男女關係及性關係，抱着好奇、盼望的心態，然而同時又恐懼、畏縮，不知如何開口，如何着手。總之，這一類型的少女是現代都市社會，典型下層社會階級家庭的產品。

### （Ⅲ）受驚嚇型（The Terrified）

這些少女通常在幼時遭受父親、養父，或其他親屬的迫害、強暴，因而形成恐懼驚慌的心態。在父親的迫害之下，有的離家出走。

這些少女的母親對於其本身的婚姻、家庭，以及他們的子女都採取抱怨的態度，認為他們的婚姻及子女是他們的絆腳石，阻礙了他們美好的發展及前程。這些少女的母親，由於不如意的婚姻，而沉溺在他們少女時代的夢幻中，不願面對事實，與他們的丈夫關係冷淡。

這些少女的父親，有的有工作，有的沒有工作，受妻子的排斥、冷落，許多都有精神情緒問題。他們與女兒的關係親密，勝過他們與妻子的關係。在這種環境中成長的少女，一或因為遭受父親之強暴而驚嚇，一或因為與父親過度親密的關係，而無法擺脫戀父情結的各種情緒問

題。在她們的潛意識中，時時以破壞家庭者自居，以爲她們與父親的特殊關係而破壞了她們自己的家庭。這些少女落落寡歡，自視極低，具强烈內疚感，間以自殺的念頭。

她們對成人的世界失却信心，卽使是福利機構人士希望幫助他們，也難以喚起她們對於人類久已失落的信心及興趣。他們排斥社會人士，排斥社會福利機構的幫助，因爲她們不願意揭露家醜，損害家人及自己的聲譽。

### （Ⅳ） 無可救藥型（The Incorrigible）

這一類型的少女罪犯通常是出自父母管教不當所致。他們的父母，有的疏於管教，有的極其嚴厲。父母之一，憎惡對方，而以子女爲出氣筒，以子女隱喩對方，將內心的憤恨、仇視，以及對方的缺陷，都加諸於無辜的子女身上。事實上，這種家庭結構不在少數，父母不和，雙方積怨深重，然而碍於對方的兇暴及報復，不能直接表露其憤怒，於是以子女爲渲洩情緖的對象。

在沙里文（Sullivan）的人格成長理論中，他强調人格成長之一大障礙是因爲父母之間相互仇視，而以子女爲出氣筒。父母在教養子女的過程中，時時隱射另一方的缺點。在子女的心目中，父母之一既然是缺陷重重，自然不足以爲人模範；他們無法向父母認同，更而對父母產生卑視的心理，反抗父母似乎是理所當然之事（參閱：張華葆，1983）。

在這種環境中成長的少女，其人格結構，不論是「超我」，或「自我」部門，均具有明顯的缺陷。他們人格不成熟，而性情暴躁，是家庭中的暴君。他們的性格中具有明顯的野性，無理取鬧，主觀，不能爲別人着想，損傷別人而無內疚，具反抗心理，反抗任何的約束。他們對無助者施以虐待，對別人時時加以干擾。總之，這一類型的少女犯，祇有

在嚴厲的管制之下，乃能約束之。

## 結　論

　　女性少年犯罪，無論是在罪行的本質方面，或是犯罪者的人格結構方面，都與男性少年犯罪有顯著的差異。許多男性少年犯罪是出自貧困罪惡社區的影響，或是不良幫派的影響；然而絕大多數少女犯罪，則主要出自於不良家庭因素。少女犯罪，因爲具備較多的心理因素，因此一般少年犯罪書籍都以單獨的一章來討論。筆者認爲研究少年犯罪心理學的人士，都必須探討少女犯罪的心理。至目前爲止，由於女性少年犯罪佔犯罪總人數的比例甚小，而且對社會治安影響不大，因此，很少學者專家以少女犯罪爲專題研究。然而從犯罪心理學的觀點來看，少女犯罪是一項很獨特的現象，值得研究，而且也是一項非常深奧的研究主題。此外，少女犯罪雖然對社會的直接危害不大，然而這些少女成長之後，也會建立家庭，爲人妻母，對於家庭以及下一代的影響則極爲深遠。

# 第八章　少年暴力犯罪

## 第一節　少年暴力犯罪理論

近年來，國內犯罪增加迅速，民國六十六年至七十五年之間，臺灣人口成長百分之十六，而犯罪數字却增加了百分之八十三。同一時期內，犯罪率由 28.7/10,000，增加為 48.14/10,000，十年之間，犯罪率幾乎增加了 20/10,000，速度驚人。近一、二年之中，犯罪率成長更速，民國七十四年的犯罪案件為 60,707 件，而民國七十五年則增加為 93,181 件，一年之間增加了 53%（警政署，民七十六年）。少年犯罪增加之迅速，不亞於成年犯罪。過去十二年之間，臺灣少年犯罪率由民國六十四年之23.1/10,000，增加為民國七十五年之36.6/10,000。民國七十四年至七十五年之間，少年傷害罪增加了77%，而少年竊盜罪增加了64%（警政署，民七十六年）。

在所有犯罪案件中，暴力犯罪所佔的比例甚大。以民國七十五年我國犯罪統計數字為例，暴力犯罪約佔全國犯罪案件之40%（警政署，民七十六年）。在少年犯罪方面，民國七十五年少年法庭判案中，暴力犯罪佔42%（法務部，民七十六年）。

　　暴力犯罪對於人類社會構成嚴重的威脅，其對於治安機構的困擾亦最深。每一次暴力犯罪，不僅直接造成受害人嚴重生理、心理的傷害，更爲全社會人士帶來驚動震盪。多數人在思及暴力犯罪時都會感到惶恐不安。民國七十五年臺北一位陳姓男士，爲了錢財而殺害分屍其岳父母的案件，使得全臺灣一千九百多萬人的心理均爲之悲憤震盪了幾個星期之久。民國七十五年報載新竹一家四口，傍晚自外旅遊返家時，在其住宅內遭遇竊賊，結果一家四口兩人受難，兩人重傷，這件事也使得全國人民震盪數日之久。同時在一九八六年的暑假，美國洛山磯城出現了一位惡性殘暴的殺人犯，陸續傷害數名女性，使得整個暑假中，洛山磯的居民均爲此惶恐不安，夜夜不能成眠。全社會的震盪，維持數月，直至破案之後乃停止。從這些暴力案件中，可以見到暴力犯罪爲人類社會所帶來的嚴重後果。

　　依據心理分析學理論，暴力犯罪之根源可能有二：一是出自於人類暴力的本能，再而是出自於人類因本能慾望受挫折而產生之反應（Cavan et al, 1975）。姑不論其根源、暴力的驅力對個人產生強大壓力，迫使個人從事暴力行爲。通常，暴力行爲的動力與乎個人受挫折之深淺成正比之關係，個人受挫折愈深，則其暴力的傾向愈強烈。同時，個人在兒童時期的生活經驗也產生重大影響，決定個人在遭遇挫折時，是否會採取暴力反應，或是採取其他適應性措施。

　　暴力攻擊行爲亦常以轉移目標的方式展現，採取暴力行動者常以無抵抗力的老弱婦孺，或是無關的人士，例如少數民族，作爲其發洩的對象，這些受害人與攻擊者所受之挫折毫無關係。

　　在少年犯罪研究中，對於暴力犯罪研究，我們所得到的結論是：少數嚴重罪犯從事多項嚴重犯罪行爲，這些嚴重罪犯無論在社會、家庭背景、學校生活與人格、個性方面，均與正常少年有顯著的區別（California Youth Authority, 1983)。惡性少年犯通常來自於貧困的生活背景，具有特殊的人格個性 (Haapanen & Jesness, 1982)。近年來，俄伏幹 (Wolfgang, 1972) 韓伯仁 (Hamparian, 1982) 在暴力犯罪方面的研究證實，暴力犯罪並非出自於專業性暴力罪犯，並非這些人終日無所事事，專門從事暴力犯罪；事實上，暴力罪犯及少年暴力犯乃嚴重慣性罪犯，他們經常從事各種嚴重罪行。俄伏幹的研究也證實，犯罪並無專業化的傾向，並非分門別類地從事各種不同犯罪行為。同時，他們也證實，由罪犯過去的犯罪紀錄，無法預測其下次犯罪行為之類型。俄伏幹等更證明，嚴重罪犯再次犯罪的機率很高，而每次犯罪的嚴重性也隨時日而俱增。

　　過去少年犯罪研究發現，最嚴重的少年犯是屬於缺乏管教、缺乏良知良能的類型。這一類型的少年犯也構成少年犯人口中最大的比數，約佔少年犯全人口百分之五十以上。依據詹肯 (Jenkins, 1973) 之研究，這一類型少年犯在人格結構上，缺乏強健的自我及超我，不能控制本能慾望，因而其本能慾望時時得以透露展現於其個人意識層面，更而直接流露於其行為之中。這一類少年犯多心理變態者。

　　依據詹肯之研究，嚴重少年罪犯多出自受父母排斥之子女，他們缺乏內疚感，缺乏悔過的心意。早期意大利犯罪學家加拉芬洛 (Garafalo) 曾經說過"缺乏悔過情操似乎是嚴重罪犯主要特徵之一"。這一類罪犯之主要問題在於他們對人殘酷凶狠。在他們年幼時，他們無法與其他兒童友善相處，時起爭執，經常壓制迫害其他兒童，自私、誇張而善忌，對師長反抗，無禮，當其私慾不能得逞時，即怒火爆發，對一己之缺失從不認錯。他們少有朋友，在被詢問時很少據實回答，易於記仇懷恨。在詹肯的研究記錄中，有的少年犯曾經放火殺人，許多經常從事偷竊，慣於運用骯髒語言，性生活放肆。這一類少年犯多出自於惡劣環境背景，

然而他們的問題似乎是出自於更早的根源，這些少年犯的母親也多來自惡劣環境背景，她們很早離家出走，結識少年犯的父親，少年犯常是未婚子，其母親對懷孕深懷厭惡，母親遭受各種社會及精神壓力，在少年犯未出世以前已經受到他母親的排斥。

這一類型少年犯之母親，多數智力較低，具酗酒、吸毒習慣，無意接受親職的職責，少年犯的父母的性關係通常惡劣，父母之一慣於壓制子女，另一則逃避責任，父母雙方在管教子女上意見不一，雙方對子女均缺乏施以溫馨之親情，常是仇視憤恨或是冷落無情，然而平時則又袒護其子女，少年犯之家庭在社會鄰里之間聲名不佳，不受歡迎。

這一類少年犯受母親明顯的排斥冷落，母親自始卽拒以親情。如果少年的父母親是結了婚的，則其離婚率高，少年犯則轉交由親屬或外人領養，如果父母親尚未分居，則二者之間情感惡劣，時起爭鬪，母親情緒不穩，父親亦復如是，二者均具有惡劣脾氣，而慣於虐待殘害別人。

在這種家庭情況之下所產生的子女，遂而心懷無底的怨恨及仇視，這些少年自幼感覺受人欺侮愚弄，以受害人自居，完全缺乏自制能力，慣於攻擊別人。在其超我結構中，缺乏內疚感，無法對其一己之過錯悔認。我們了解其怨恨出自於三種不同的根源：第一：每一個人均有享受母愛的需要及權利，然而他們却自幼受母親的排斥。子女因受母親的排斥而產生仇視怨恨的情緒是極其自然的反應。其次，由於他們與成年人之間未曾建立親切關係，因而無法認同父母，無法內化後者的社會道德價值規範，無法建立完整的超我。第三：展現在少年之前的成年人（父母），其心態行為都是自私自利、殘暴不仁的惡劣模式，在這種情況之下成長的少年，乃自然產生仇視，缺乏自制的人格個性，為滿足一己之私慾，或是在遭受挫折時，慣於以暴力攻擊方式解決問題。在他們成長之過程中，諸多的家庭因素導致他們缺乏安全感，及高度焦慮的性格，

而其缺乏安全感及高度焦慮性格則又以暴力攻擊之行爲展現發洩。

在葛魯克的研究中（Glueck & Glueck, 1970），他們發現惡性少年犯（暴力罪犯）與輕度之少年犯之間，在社會背景及個性上具有許多嚴重差異。（見表一）

表一: 惡性暴力少年犯與輕度少年犯在社會背景及個性上的差異

| 一、個性（Traits） | 嚴重少年犯 | 輕微少年犯 |
|---|---|---|
| 1. 反抗性（Defiance） | 52.1% | 30.3% |
| 2. 對社會權威不屈服（Nonsubmissiveness to Authority） | 76.4 | 56.3 |
| 3. 缺乏無助感（Absence of Feeling of Helplessness） | 59.7 | 38.7 |
| 4. 缺乏自虐性（Absence of Masochistic Trends） | 87.5 | 62.1 |
| 5. 好冒險（Adventurousness） | 56.4 | 35.3 |
| 6. 財物慾望大（Acquisitiveness） | 22.8 | 8.8 |
| 7. 不重視社會傳統（Unconventionality） | 76.6 | 52.9 |
| 8. 缺乏良知（Lack of Conscientiousness） | 94.2 | 67.6 |
| 二、社會背景（Social Factors） | 嚴重少年犯 | 輕度少年犯 |
| 1. 父親行爲違法不道德（Delinquency of Father） | 75.8 | 38.2 |
| 2. 父親酗酒（Alcoholism of Father） | 70.3 | 35.3 |
| 3. 父親情緒困擾（Emotional Disturbance of Father） | 48.4 | 26.5 |
| 4. 母親行爲違法不道德（Delinquency of Mother） | 53.3 | 17.6 |
| 5. 母親酗酒（Alcoholism of Mother） | 28.8 | 5.9 |
| 6. 母親情緒困擾（Emotional Disturbance of Mother） | 45.2 | 2.9 |
| 7. 家庭經濟窘困（Financial Dependence of Family） | 39.8 | 17.6 |

| | | |
|---|---|---|
| 8. 家庭經濟管理不當 (Poor Management of Family Income) | 79.6 | 20.6 |
| 9. 家庭骯髒不整齊 (Unclean and Disorderly Home) | 61.3 | 26.5 |
| 10. 家庭作業紊亂(Careless Household Routine) | 85.6 | 39.4 |
| 11. 家庭缺乏文化氣息 (Lack of Cultural Refinement in Home) | 95.9 | 76.5 |
| 12. 家庭關係殘缺 (Rearing in Broken Home) （父母之一去世或離異） | 70.3 | 35.3 |
| 13. 受親屬或外人撫養長大 (Rearing by Parent Substitutes) | 52.2 | 32.4 |
| 14. 經常搬動 (Frequent Moving) | 60.8 | 29.4 |
| 15. 家庭缺乏自尊自信 (Lack of Family Self-Respect) | 53.6 | 5.9 |
| 16. 家庭對未來缺乏信仰 (Lack of Family Ambition) | 95.1 | 55.9 |
| 17. 家庭成員品行不良 (Poor Conduct Standards of Family) | 97.7 | 52.9 |
| 18. 父親工作不定 (Poor Work Habits of Father) | 72.0 | 23.5 |
| 19. 父母不和諧 (Incompatibility of Parents) | 75.3 | 23.5 |
| 20. 家庭內缺乏休閑設備 (Meager Recreational Facilities in Home) | 58.5 | 38.2 |
| 21. 家庭缺乏整合向心力 (Lack of Family Cohesiveness) | 100.0 | 29.4 |
| 22. 父親對兒子仇視冷落 (Indifference or Hostility of Father to Boy) | 68.9 | 26.5 |
| 23. 母親對兒子仇視冷落 (Indifference or Hostility of Mother to Boy) | 34.4 | 11.8 |
| 24. 兄弟姐妹對男童仇視冷落 (Indifference or Hostility of Siblings to Boy) | 33.9 | 15.6 |
| 25. 男童對父親仇視冷落 (Indifference or Hostility of Boy to Father) | 72.0 | 47.1 |

| | | |
|---|---|---|
| 26. 父親人格行為不足以為典範 (Unacceptability of Father to Boy for Emulation) | 34.8 | 6.5 |
| 27. 母親對男童督導不當 (Unsuitable Supervision of Boy by Mother) | 70.0 | 32.4 |
| 28. 父親對男童管教不當 (Unsuitable Discipline of Boy by Father) | 97.2 | 75.8 |
| 29. 母親對男童管教不當 (Unsuitable Discipline of Boy by Mother) | 100.0 | 47.1 |

　　表一中顯示惡性少年犯，無論在心性或家庭背景方面，均展現許多特異之處，較多具有犯罪個性及犯罪家庭背景、惡性少年犯與輕度少年犯之間差異顯著。

## 第二節　臺灣少年暴力犯罪研究

　　近年來，由於法治機構之鼓勵，中央政府之支助，及大量我國學者專家之投入，國內犯罪研究層出不窮，日新月異，呈現一片大好景象。民國七十五年，莊耀嘉著作之《心理病態性格與犯罪行為》，對罪犯變態心理研究，甚有貢獻。同年，林茂榮及馬傳鎮合作之少年暴力犯罪研究，詳細分析暴力少年犯之人格心態，並以之與非暴力少年犯及中學生作比較。民國七十三年，林榮耀主持之少年暴力犯罪研究，比較暴力少年犯與非暴力少年犯之家庭社會背景，都有許多重要的發現。此外，林正文對暴力少年犯心理研究，賴葆禎的少年犯罪心理研究，對國內少年暴力犯罪現象，都提供許多線索。

　　本研究取材自民國七十五年林茂榮與馬傳鎮，及民國七十三年林榮耀的研究資料，結合二者為一體，對暴力少年罪犯之社會背景及人格心

態，提出綜合的分析報導。

　　七十五年及七十三年兩次研究調查，均由官方專業人員負責，因此得以搜集充分的樣本，在林榮耀的研究中，犯罪少年的樣本多達兩千一百五十人，非犯罪樣本更高達一萬餘學生。林茂榮及馬傳鎮教授之樣本也很龐大，同時這些樣本來自國內各少年監護所及各地中學，具有充份代表性，使得這些研究分析也具有代表性的意義，以下我們將分別討論我國少年暴力罪犯的社會家庭背景及人格個性。

### 一、臺灣少年暴力罪犯的社會、家庭背景

**（I）性別:**

　　在性別方面，國內少年犯罪統計數字顯示，少年暴力犯罪主要是以男性爲主，在成年暴力犯中，男性佔87％，而少年暴力犯中，男性佔95％。仔細分析女性暴力犯罪的本質，其中牽涉及情殺的比率甚高。情殺具有特殊的意義，非一般性暴力犯罪，因此，我們可以說，一般暴力犯罪主要是由男性所爲。

**（II）年齡:**

　　在年齡方面，這次研究所得的結果顯示：少年暴力犯較其他少年犯之年歲較長。（見表二）

　　表二中顯示60％的少年暴力犯爲十六歲及十七歲，而非暴力犯在這兩個年歲中祇佔42％，又暴力犯中在十四歲以下者，祇佔18％，而在非暴力犯罪中却佔37％。這一項比較顯示年齡與暴力犯罪具有顯著的相關性，其原因不外有二：第一：暴力犯罪與少年身體發育成長關係密切，年歲較長的少年犯乃具備暴力犯罪的生理條件。其次，根據俄伏幹等人的研究證明，從事犯罪的時間愈久者，則犯罪的情況愈嚴重，暴力犯罪只是嚴重罪行的一種，所以少年犯罪年歲愈長，犯罪時期愈久，罪行愈

表二：　少年暴力犯及非暴力犯年齡分佈

| 年　　　　齡 | 少 年 暴 力 犯 | 非暴力少年犯 |
|---|---|---|
| 17歲 | 30% | 18% |
| 16歲 | 31 | 24 |
| 15歲 | 21 | 21 |
| 14歲 | 10 | 15 |
| 13歲 | 5 | 11 |
| 12歲 | 2 | 6 |
| 12歲以下 | * | 5 |
| | 100% | 100% |
| | ($N=2,153$) | ($N=10,097$) |

*少於 1%

資料來源：林榮耀，1984

形嚴重，因而牽涉暴力犯罪的可能率也更多。

**（Ⅲ）家庭經濟狀況：**

　　這次廣泛性的調查發覺暴力犯與非暴力少年犯在家庭經濟背景方面無顯著差異。

**（Ⅳ）雙親之間的關係：**

　　諸多少年犯罪研究都強調少年家庭背景，其中要素之一是雙親之間情感。在這次研究中，我們將少年暴力犯罪劃分為四個不同的等級，而雙親之間的關係又劃分為三個不同的等級，然後測量二者間之相關性，（見表三）。

　　表三中顯示少年罪犯參與暴力程度與父母親之間之關係密切，暴力犯罪成份較高者，其父母之間的關係較惡劣，暴力犯罪成份較低者，其父母之間的關係較親切，這一項研究結果似乎證實了許多社會學、心理學以及心理分析學有關少年犯罪的理論，即家庭內部的人際關係，特別

表三: 暴力及非暴力少年犯之雙親之間關係

| 雙親關係<br>少年犯罪等級程度 | 非常親切 | 普 通 | 惡 劣 | 總　　　　數 |
|---|---|---|---|---|
| 低　度　暴　力 | 55.3% | 37.0% | 7.7% | 100%(414) |
| 中　度　暴　力 | 50.4% | 37.4 | 12.2 | 100%(1308) |
| 高　度　暴　力 | 42.6% | 43.2 | 14.8 | 100%(755) |
| 最　高　度　暴　力 | 36.8% | 47.1 | 16.1 | 100%(87) |
| | $X^2=31.94$　df=6　P<.001 | | | |

是父母親之間的關係，對子女的人格個性影響深遠，父母親之間不和，足以導致子女心態不平衡、性情乖張，易於從事暴力及其他嚴重犯罪。

### (V) 父母教養子女的方法:

這次研究結果顯示暴力及非暴力少年犯之父母，在教養子女方面也

表四: 父母教養子女方法與少年暴力及非暴力犯罪

| 父親教養子女方法 | 暴力少年犯 | 非暴力少年犯 |
|---|---|---|
| 寬　鬆 | 5.7% | 4.1% |
| 適　中 | 57.5% | 51.5% |
| 嚴　格 | 37.0% | 44.0% |
| | 100%(N=1466)<br>$X^2=16.7$　df=2 | 100%(N=1096)<br>P<.001 |
| 母親教養子女方法 | 暴力少年犯 | 非暴力少年犯 |
| 寬　鬆 | 8.1% | 7.1% |
| 適　中 | 65.2% | 61.6% |
| 嚴　格 | 26.7% | 31.3% |
| | 100%(N=1456)<br>$X^2=6.94$　df=2 | 100%(N=1092)<br>PC=.05 |

有顯著的差異。(見表四)

從表四中可見，非暴力少年犯之父母管敎子女較爲嚴格，如果以暴力犯罪爲嚴重犯罪之指標，父母管敎足以代表社會管制，則以上的統計數字，似乎間接說明社會管制理論之正確性。卽父母管敎愈嚴者，子女從事暴力嚴重犯罪的可能性愈低。

**(Ⅵ) 父母體罰子女:**

在少年犯罪研究中，體罰一直被認爲是一項重要因素，西方學者強調體罰對於子女人格成長之負面影響，認爲體罰足以導致挫折、抑鬱、羞恥、自卑及憤恨等心情，因而產生反抗逃避等行爲，然而在幾千年的東方社會中，體罰一直是一項重要管敎子女之工具，而傳統東方社會少年，以中國人、日本人爲代表，在品行方面都表現良好，不僅使我們懷疑西方學說理論對體罰之仇視，祇是一種文化背景的觀點。

**表五:** 父母施用體罰與少年暴力及非暴力犯罪之關係

| 父親施用體罰 | 少年暴力犯 | 少年非暴力犯 |
|---|---|---|
| 經　常 | 6.8% | 8.5% |
| 有　時 | 65.5% | 73.1% |
| 很　少 | 27.7% | 18.4% |
| $X^2=31$　　df$=2$　　P$<.001$ | 100%<br>(N$=1468$) | 100%<br>(N$=1095$) |
| 母親施用體罰 | 暴力少年犯 | 非暴力少年犯 |
| 經　常 | 4.1% | 5.3% |
| 有　時 | 59.0% | 67.0% |
| 很　少 | 37.0% | 28.0% |
| $X^2=23$　　df$=2$　　P$<.001$ | 100%<br>(N$=14687$) | 100%<br>(N$=1095$) |

在這次研究中，我們比較暴力及非暴力少年罪犯的父母，在施用體罰上的差異。（見表五）

表五中顯示，少年暴力犯的父母施用體罰較少，而少年非暴力犯的父母使用體罰較多，體罰與子女暴力犯罪關係顯著。父母多用體罰則子女較少參與暴力犯罪。這項研究結果證實目前犯罪學界盛行社會管制理論，如果以體罰代表社會管制，則社會管制愈嚴格，少年從事暴力嚴重犯罪的可能性愈低。

**（Ⅶ）朋友是否參與暴力犯罪：**

在強生的《少年犯罪因素分析》（Johnson, 1979）一書中指示，導致少年犯罪最重要的因素，似乎是朋友的引導，這也與當前少年犯罪社會學理論不謀而合。在這次研究中，我們詢問每一位少年犯，在他們的朋友中，是否有人曾經參與暴力犯罪，以下是我們所得到的答案。（見表六）

**表六：** 朋友是否參與暴力犯罪，與少年暴力及非暴力犯罪之間的關係

| 朋友是否參與犯罪 | 暴力少年犯 | 非暴力少年犯 |
|---|---|---|
| 很多朋友參與 | 17.2% | 9.6% |
| 一些朋友參與 | 55.4% | 51.2% |
| 無朋友參與 | 27.4% | 39.2% |
| | 100%<br>（N＝1486） | 100%<br>（N＝1116） |
| $X^2$＝56.4　df＝2 | | P<.001 |

表六中顯示暴力少年犯之朋友參與暴力犯罪者較多，而朋友是否參與暴力犯罪與少年本身是否從事暴力犯罪之間關係顯著，我們可以說這次研究的結果也應證了當前社會學有關少年犯罪的理論。特別是蘇德蘭

的差別結合理論（Sutherland, 1939）。

**（Ⅷ）紋身：**

在東方社會，紋身一直被視爲職業罪犯的標誌，根據赫許（Hirschi）的指示，紋身也同時是西方犯罪人口之顯著標誌。紋身展示犯罪人之心態，在標籤理論中提及的第二層次犯罪偏差行爲（Secondary deviance），罪犯之犯罪行爲出自於對犯罪群體文化之認同，罪犯之價值規範及自我觀都已脫離正常心態行爲之範疇。這次研究也調查少年犯是否紋身，以下是我們所得到的答案。（見表七）

表七: 紋身與少年暴力及非暴力犯罪之關係

| 紋　身 | 少年暴力犯 | 少年非暴力犯 |
|---|---|---|
| 有 | 53% | 43% |
| 無 | 47% | 57% |
| | 100%<br>（N＝1484） | 100%<br>（N＝1113） |
| | $X^2=25.4$　　df＝2 | P<.001 |

表七中顯示，我國犯罪少年紋身者甚衆，幾乎二分之一的少年犯都具有紋身。這項數字顯示我國犯罪少年已深度參與犯罪職業，向犯罪群體文化認同，以犯罪者自居，這是相當嚴重的問題。表七中同時也顯示，暴力少年犯紋身之比率較多，紋身與暴力犯罪之關係顯著，如果暴力犯罪代表嚴重犯罪，則從事嚴重犯罪者投入犯罪職業較深，向犯罪文化群體認同也較多。

**（Ⅸ）參與幫派：**

參與幫派一直被認爲是少年犯罪主要原因之一（參閱 Johnson,

1979)，參與幫派也同時顯示少年犯參與投入犯罪組織與犯罪偏差文化之深切。在這次研究中，我們詢問每一位少年犯是否曾參與幫派組織，表八中展示我們所得到的答案。

**表八：參與幫派組織與少年暴力及非暴力犯罪**

| 是否曾參與幫派組織 | 少年暴力犯 | 少年非暴力犯 |
|---|---|---|
| 是 | 14.4% | 10.9% |
| 否 | 85.6% | 89.1% |
| | 100%<br>（N=1487） | 100%<br>（N=1117） |
| $X^2$=6.53 | df=1 | P<.05 |

表八中顯示14.4%之少年暴力犯曾參與幫派組織，少年暴力犯較非暴力犯參與幫派者較多。有關幫派與犯罪之間的關係，與上一節中所討論之紋身相似。然而，由於參與幫派組織是一項敏感的問題，也可能為監禁的少年犯帶來許多困擾，因此我們相信許多少年犯在這一項回答中可能並未據實回答，實際參與幫派之少年犯可能比數更多。

以上九項問題中，主要在探測少年罪犯之社會家庭背景，以及暴力及非暴力少年犯在這些方面的差異，由以上的研究結果顯示少年犯之許多社會背景特性，也同時顯示少年暴力及非暴力犯的許多差異。以下我們將討論少年暴力及非暴力罪犯在人格心態方面的差異。

**二、臺灣暴力少年犯之心理特徵**

在研究暴力少年犯之人格組織心態時，我們選擇了幾組樣本以做比較。第一組是少年暴力犯，共一百九十八名；第二組是少年非暴力犯，

共一百六十一名；第三組是國中學生，共六百一十七名，第四組是高中學生，共一千一百二十二名，（林茂榮、馬傳鎮，1986）。犯罪少年樣本取自臺灣八所輔育院及觀護所，而中學生則取自全國各地中學。這次搜集的樣本具有充份代表性，以下我們逐項分析我國少年暴力犯之心理特徵以及與非暴力少年罪犯、國中生、高中生之間的差異。在未分析之前我們必須特別強調，我國高中學生，無論在社會家庭背景，以及人格個性方面，均與一般青少年有顯著的差異。

## （Ⅰ）焦慮（Anxiety）

依據以往少年犯罪研究理論，焦慮一則是少年犯罪的成因，也同時是少年犯罪心理癥候之一，更是反社會病態心理人格的特徵之一。在社會心理學領域內，焦慮被視為行為之次要動機根源，足以導致各種病態偏差行為（張華葆，民七十三年《社會心理學》）。出自於焦慮的行為，其目的不在於滿足基本需求，而在於排出內心的緊張焦慮，因此常導致發洩性的犯罪偏差行為。在這次研究中，我們比較各種少年的焦慮感，發覺少年罪犯較正常少年具有較多的焦慮。（見表九）

**表九：** 比較少年暴力犯、少年非暴力犯、國中生及高中生的焦慮感

| 少　年　類　型 | 焦慮感積分 | Ⅰ | Ⅱ | Ⅲ | Ⅳ |
|---|---|---|---|---|---|
| Ⅰ高中生 | 6.14 | (一)$^\phi$ | 1.06** | 2.02*** | 2.47*** |
| Ⅱ國中生 | 7.20 | | | 0.96** | 1.40*** |
| Ⅲ少年非暴力犯 | 8.16 | | | | 0.45 |
| Ⅳ少年暴力犯 | 8.60 | | | | |

$\phi$ =t-value
** P<.01
*** P<.001

表九中顯示少年暴力犯的焦慮感最深，少年非暴力犯次之，國中生又次之，而高中生的焦慮感最低。以上統計數字更證明，少年罪犯，不論是暴力或是非暴力少年罪犯，較之一般少年具有顯著的焦慮感；然而暴力及非暴力少年犯之間，在焦慮感方面，則沒有顯著的差異。

## （Ⅱ）疏離感（feelings of alienation）

根據以往的研究，疏離感不僅是犯罪偏差人口的心理癥候，也同時是反社會病態心理特徵之一。這次研究，我們分別測量不同少年群體的疏離感，其結果如下（見表十）

**表十：** 比較少年暴力犯，少年非暴力犯、國中生、高
中生在疏離感方面的差異

| 少　年　類　型 | 疏離感積分 | Ⅰ | Ⅱ | Ⅲ | Ⅳ |
|---|---|---|---|---|---|
| Ⅰ高中生 | 5.74 | (t-value) | 0.93** | 1.82*** | 1.90*** |
| Ⅱ國中生 | 6.68 | | | 0.89** | 0.97** |
| Ⅲ少年非暴力犯 | 7.57 | | | | 0.08 |
| Ⅳ少年暴力犯 | 7.64 | | | | |

表十中顯示高中生疏離感最低，國中生較高，少年非暴力犯更高，而少年暴力犯的疏離感最深。由以上之統計數字，我們更可以見到犯罪少年與正常少年之間在疏離感方面具有顯著的差異，然而少年暴力犯與少年非暴力犯之間則無顯著的差異。

## （Ⅲ）自卑感（Feelings of Inferior Complex）

過去研究證實犯罪少年具較深的自卑感，而自卑感似乎又是偏差犯罪行為的主要心理因素之一。自卑感足以促使個人從事無理性、發洩性行為，無視於社會道德及法律，無視於其後果。在這次研究中，我們比較少年暴力犯、少年非暴力犯、國中生、高中生的自卑感程度，以下是

研究結果（見表十一）。

表十一: 比較少年暴力犯、少年非暴力犯、國中生及
高中生在自卑感方面的差異:

| 少年類型 | 自卑感分數 | I | II | III | IV |
|---|---|---|---|---|---|
| I 高中生 | 5.86 | (t-value) 1.25*** | 3.44*** | 3.74*** | |
| II 國中生 | 7.10 | | | 2.19*** | 2.49*** |
| III 少年非暴力犯 | 9.29 | | | | 0.30 |
| IV 少年暴力犯 | 9.59 | | | | |

***＝P＜.001

表十一中顯示，高中生之自卑感最低，國中生較高，少年非暴力犯
又高，而少年暴力犯的自卑感最重。表十一中的統計數字亦顯示，犯罪
少年與中學生之間具有顯著的差異，而少年暴力犯與少年非暴力犯之間
在自卑感方面，則無顯著差異。

## (IV) 缺乏安全感 (Insecurity)

根據以往研究，缺乏安全感也是少年罪犯的特徵之一。在這次研究
中，我們發現犯罪少年，無論是暴力或非暴力犯，較之正常少年均顯著
缺乏安全感。（見表十二）。

表十二: 比較少年暴力、非暴力犯、國中生、高中生
在 "缺乏安全感" 性格上的差異:

| 少年類型 | 缺乏安全感分數 | I | II | III | IV |
|---|---|---|---|---|---|
| I 高中生 | 4.61 | (t-value) 0.91** | 2.12*** | 2.72*** | |
| II 國中生 | 5.58 | | | 1.20*** | 1.81*** |
| III 少年暴力犯 | 6.79 | | | | 0.60 |
| IV 少年非暴力犯 | 7.39 | | | | |

** P＜.01
*** P＜.001

表十二中顯示少年非暴力犯在缺乏安全感方面最爲嚴重，其次是少年暴力犯，國中生及高中學生更次之。少年罪犯與中學生在這方面差異顯著，然而少年暴力犯與少年非暴力犯之間則無顯著差異。

## （Ｖ）疑心病（Suspiciousness）

過去研究證明，疑心病是少年罪犯癥候之一，同時也屬於反社會人格特徵之一。這次研究分析發現，少年非暴力犯的疑心病最重，少年暴力犯次之，國中生又次之，而高中學生最低。（見表十三）

表十三：　比較少年暴力、非暴力犯、國中生及高中生
在疑心病性格上的差異：

| 少年類型 | 疑心病分數 | Ⅰ | Ⅱ | Ⅲ | Ⅳ |
|---|---|---|---|---|---|
| Ⅰ高中生 | 5.17 | (t-value) 1.91*** | 2.44*** | 3.16*** | |
| Ⅱ國中生 | 7.08 | | 0.53 | 1.25*** | |
| Ⅲ少年暴力犯 | 7.61 | | | 0.72* | |
| Ⅳ少年非暴力犯 | 8.33 | | | | |

* P<.05
** P<.01
*** P<.001

從常理判斷，少年非暴力犯具有嚴重的疑心病是顯而易見的，他們的職業牽涉及偷竊、欺詐等罪行，其生活行業處處涉及欺詐疑慮，因此養成他們的疑心病。

## （Ⅵ）攻擊性（Aggressiveness）

多數少年犯罪理論均强調，少年犯罪出自於强烈的攻擊個性。攻擊個性可能出自於先天遺傳因素，也可能出自於後天遭受挫折的經驗。在這次研究中，我們發覺少年暴力犯具有最强烈的攻擊個性，而且在這一方面，犯罪少年與中學生具有顯著的差異，非暴力與暴力犯罪少年間則

無顯著差異（見表十四）。

**表十四：** 比較少年暴力、非暴力犯及國中、高中生在
攻擊個性上的差異：

| 少年類型 | 攻擊性分數 | I | II | III | IV |
|---|---|---|---|---|---|
| I 高中生 | 6.13 | (t-value) 0.32$^\phi$ | 2.41*** | 3.9 *** | |
| II 國中生 | 6.45 | | | 2.09*** | 2.78*** |
| III 少年非暴力犯 | 8.54 | | | | 0.68 |
| IV 少年暴力犯 | 9.22 | | | | |

$\phi$ =t-value

***=P＜.001

　　據常理判斷，少年暴力犯具有高度的攻擊性。然而表十三中顯示，暴力及非暴力少年犯在這一方面並無顯著的差異，而少年罪犯，不論是暴力或是非暴力犯，與中學生之間的差異顯著。

　　如果少年暴力犯與少年非暴力犯在攻擊個性上沒有顯著的差異，則又將如何解釋暴力犯罪現象以及暴力犯罪的因素？我們有理由相信，目前法務機構在劃分暴力及非暴力犯罪時所依據的標準，缺乏理論的根據，與乎矯治少年犯罪亦無關。根據俄伏幹等人的研究，多數惡性少年罪犯，都曾從事各種罪行，而犯罪愈嚴重者，從事暴力犯罪的可能愈大。因此，暴力犯罪只是惡性犯罪的癥候之一，而從事惡性犯罪的少年，並無專業化的趨勢。惡性罪犯被法務機構所加諸之標籤，端視乎其被捕時所犯罪行。因此，法務機構劃分暴力犯罪及非暴力犯罪，只是出自於偶然的機會，即少年犯在被補的時候所犯的罪行。作者認為，在劃分少年犯罪類型時，必須依據少年犯罪理論，或是矯治罪犯的理論，重新劃分，才有意義。這一項問題，留待結論時再仔細討論。

**（VII）強制個性（Compulsiveness）**

在討論反社會病態人格時，我們曾經提及强制個性，是反社會病態人格的癥候之一。在這次研究中，我們比較各組少年在這一方面的差異（見表十五）。

表十五： 比較少年暴力、非暴力犯及中學生在强制個性方面的差異：

| 少年類型 | 「强制個性」分數 | I | II | III | IV |
|---|---|---|---|---|---|
| I 高中生 | 8.93 | (t-value) 0.88* | 1.36*** | 1.61*** |
| II 國中生 | 9.81 | | | 0.48 | 0.73 |
| III 少年非暴力犯 | 10.29 | | | | 0.25 |
| IV 少年暴力犯 | 10.54 | | | | |

\* P<.05
\*\*\* P<.001

上表中顯示，犯罪少年與高中生在這一方面有顯著的差異，與國中生則無顯著差異，暴力少年犯與非暴力少年犯之間亦無顯著差異。這次研究結果，似乎說明强制個性並不構成少年罪犯心態特徵之一。

## (VII) 男性化性格 (Masculineness)

表十六： 比較少年暴力、非暴力犯及中學生在男性化性格方面的差異：

| 少年類型 | 男性化分數 | I | II | III | IV |
|---|---|---|---|---|---|
| I 高中生 | 14.36 | ($\phi$) | 1.29* | 3.94*** | 4.01*** |
| II 國中生 | 15.66 | | | 2.64*** | 2.72*** |
| III 非暴力少年犯 | 18.30 | | | | 0.08 |
| IV 暴力少年犯 | 18.37 | | | | |

$\phi$ t-value
\* P<.05
\*\*\* P<.001

從米勒（Miller 1958）的〈少年犯罪次文化〉一文中，顯示犯罪少年及下層社會少年，具有較強烈的男性化性格。這次研究中，我們比較數組少年在這一方面的差異（見表十六）。

表十六中顯示：少年罪犯較之正常少年，在性格上具有顯著的男性化特色，然而暴力及非暴力少年犯之間，在這一方面則無顯著差異。

## （Ⅸ）外向性格（Extrovertness）

根據犯罪人格結構理論，犯罪少年較之一般少年，具有較明顯的外向性格。這次研究中，我們比較數組少年在這一方面的差異，研究結果顯示，犯罪少年與正常少年在這一方面具顯著差異，而少年暴力犯與少年非暴力犯之間則無顯著差異（見表十七）。

**表十七**：比較少年暴力及非暴力犯，國中生及高中學生在「外向性」方面的差異：

| 少年類型 | 外向性格分數 | Ⅰ | Ⅱ | Ⅲ | Ⅳ |
|---|---|---|---|---|---|
| Ⅰ高中生 | 17.07 | (t-value) 1.08** | 2.33*** | 2.64*** |
| Ⅱ國中生 | 18.15 | | | 1.25** | 1.56*** |
| Ⅲ少年非暴力犯 | 19.40 | | | | 0.31 |
| Ⅳ少年暴力犯 | 19.71 | | | | |

**=P<.01
***=P<.001

## （Ⅹ）激動性（Excitability）

所謂激動性，指個人易於受事物、情境、人際關係的刺激，而產生強烈反應。根據以往的研究，犯罪少年具有明顯的激動性。在這次研究中，我們測量數組少年的激動性，發覺犯罪少年較之正常少年，具有強烈激動性；然而，少年暴力犯與少年非暴力犯之間則無顯著差異（見表十八）。

**表十八**：比較少年暴力、非暴力犯及中學生在激動性
方面之差異：

| 少年類型 | 激動性分數 | Ⅰ | Ⅱ | Ⅲ | Ⅳ |
|---|---|---|---|---|---|
| Ⅰ高中生 | 21.61 | (t-value) 1.81* | 10.52*** | 10.54*** | |
| Ⅱ國中生 | 23.42 | | | 8.72*** | 8.74*** |
| Ⅲ少年非暴力犯 | 32.14 | | | | 0.02 |
| Ⅳ少年暴力犯 | 32.16 | | | | |

    \* P<.05
  \*\* P<.01
\*\*\* P<.001

## （XI）心理病（Neurotic Reaction）

在這次研究中，我們比較少年暴力、非暴力犯及中學生在心理病癥
候方面的差異（見表十九）。

**表十九**：比較少年暴力、非暴力犯及中學生在心理病
方面的差異：

| 少年類型 | 心理病癥候分數 | Ⅰ | Ⅱ | Ⅲ | Ⅳ |
|---|---|---|---|---|---|
| Ⅰ高中生 | 2.50 | (t-value) 1.00*** | 1.36*** | 1.95*** | |
| Ⅱ國中生 | 3.50 | | | 0.36 | 0.95*** |
| Ⅲ少年暴力犯 | 3.86 | | | | 0.59** |
| Ⅳ少年非暴力犯 | 4.45 | | | | |

    \* P<.05
  \*\* P<.01
\*\*\* P<.001

表十九中顯示高中學生與犯罪少年之間，在心理病方面具有顯著差
異，而少年非暴力犯心理病癥候最為顯著，國中生與暴力少年犯之間無
顯著差異。

## (XII) 精神病癥候 (Psychotic Reaction)

在這次研究中，我們比較少年暴力犯，少年非暴力犯及中學生在精神病癥候方面的差異（見表二十）。

表二十： *比較少年暴力、非暴力犯及中學生在精神病*
*癥候方面的差異：*

| 少年類型 | 精神病癥候分數 | I | II | III | IV |
|---|---|---|---|---|---|
| I 高中生 | 2.02 | (t-value) 0.44* | 0.58** | 1.06*** |  |
| II 國中生 | 2.46 |  |  | 0.14 | 0.62*** |
| III 少年暴力犯 | 2.60 |  |  |  | 1.49** |
| IV 少年非暴力犯 | 3.08 |  |  |  |  |

*　　P<.05
**　　P<.01
***　　P<.001

表二十中顯示少年罪犯較之中學生具有較明顯的精神病癥候，其中又以少年非暴力犯的精神病癥候最為顯著。

## 第三節　結　論

這次研究結果顯示，犯罪少年，不論是暴力或非暴力犯，在社會家庭背景及人格個性各方面，與正常少年（國中生及高中生）均具有許多顯著的差異。其次，少年暴力犯與少年非暴力犯之間，在社會家庭背景方面，亦具有許多顯著差異，然而二者在人格個性方面則很接近。第三，我們探討少年暴力犯在人格個性方面，是否具有反社會病態心理的癥候，第四，我們比較我國少年犯與美國少年犯在人格個性上的差異。首先，我們討論犯罪少年與正常少年在人格個性上的差別（見表二十一）。

表二十一: 少年暴力犯、少年非暴力犯、國中生及高
中生在人格個性方面之差異:

| 人格個性特徵 | I 暴力少年犯 非暴力少年犯 | II 暴力少年犯 國中生 | III 暴力少年犯 高中生 | IV 非暴力少年犯 國中生 | V 非暴力少年犯 高中生 | VI 國中生 高中生 |
|---|---|---|---|---|---|---|
| 焦慮感(Anxiety) | / | * | * | * | * | * |
| 疏離感(Alienation) | / | * | * | * | * | * |
| 自卑感 (Inferior complex) | / | * | * | * | * | * |
| 缺乏安全感 (Insecurity) | / | * | * | * | * | * |
| 男性化性格 (Masculineness) | / | * | * | * | * | * |
| 外向性格 (Extrovertness) | / | * | * | * | * | * |
| 激動性 (Excitability) | / | * | * | * | * | * |
| 攻擊性 (Aggressiveness) | / | * | * | * | * | / |
| 强制性 (Compulsiveness) | / | / | * | / | * | * |
| 疑心病 (Suspiciousness) | * | / | * | * | * | * |
| 心理病癥候 (Neurotic Reaction) | * | / | * | * | * | * |
| 精神病癥候 (Psychotic React-ion) | * | / | * | * | * | * |

/　無顯著差異

*　顯著差異

表二十一中顯示：

第一：　在各項人格個性特徵中，犯罪少年與正常少年之間差異顯著，犯罪少年具顯著焦慮感、疏離感、自卑感、缺乏安全感、具男性化性格、外向、易於激動、具攻擊性、疑心病、心理病癥候及精神病癥候。這些發現印證以往許多少年犯罪理論及研究結果，證明犯罪少年確實具備了多種人格特質，通常都是負面的人格特性。依據社會心理學之動機次要根源觀念 (Secondary Source of Motivation)，這一類心理因素足以導致發洩，衝動，非理性行為，及與社會群體、社會規範為敵的行為。

第二：　國中學生與高中學生在各種人格個性方面，亦具有顯著差異，這一項研究結果出乎我們預料之外。與高中生相比較，國中生具有顯著的焦慮感、疏離感、自卑感、缺乏安全感、男性化個性、外向個性、激動性、強制個性等等，在這篇研究論文之始，我們已經提示國內高中學生，不論是在社會家庭背景及人格、個性方面，均與國中生有別。我國義務教育為九年制，所以少年不分家庭背景及人格個性，都必須完成國中教育，而國內升學制度極為嚴格，能夠進入高中者，除了家庭經濟較優之外，父母的職業，價值觀念也都與眾不同。同時，高中生在智力、人格個性方面也都特別優異。

第三：　表二十一中顯示，少年暴力犯與少年非暴力犯在人格個性上除了疑心病、心理病及精神病癥候之外，並無其他顯著差異。由於這些發現，使我們產生許多疑問，最主要的疑問是，何以少年暴力犯及少年非暴力犯在人格個性上無顯著差異，而少年犯與正常少年之間，國中生與高中生之間，則有顯著差異？是否如俄伏幹等研究結果所顯示，犯罪行為並無專業化的趨向。如果俄伏幹及我們這一次研究結果是正確的，則顯示目前法務機構在犯罪分類方面，劃分暴力犯罪與非暴力犯罪，是一項沒有意義的舉動。在劃分犯罪類型時，一般人（包括社會科學家及實務人

員）慣以暴力及非暴力犯罪分野，然而事實上，在研究犯罪的成因或處遇犯罪時，這種分類是沒有意義的。從這次研究中，我們可以見到，少年暴力犯在人格個性方面與其它犯罪少年無顯著差異，暴力犯罪並無專業化的傾向。然而，暴力犯罪屬於嚴重罪行，對社會群體及法治機構構成嚴重的騷擾，遠甚於財物犯罪。我們可以視暴力犯罪為嚴重犯罪的指標。暴力犯罪少年的社會家庭背景，也足以指示嚴重犯罪少年的社會家庭背景。

除此之外，這次研究亦比較少年暴力犯與少年非暴力犯的社會家庭背景，我們發現，二者之間具有下列各項差異：

(1)少年暴力犯之中，男性所佔比例較大。

(2)少年暴力犯較少年非暴力犯年歲較長。

(3)在教養子女方面，少年非暴力犯的父母較少年暴力犯的父母為嚴格。

(4)少年非暴力犯的父母較少年暴力犯的父母更常運用體罰教導子女。

(5)少年暴力犯的朋友中牽涉及暴力犯罪者較多。

(6)少年犯之中，幾乎半數以上具有紋身，而少年暴力犯之中，紋身的比例更高。

(7)少年暴力犯參與幫派者，較少年非暴力犯為多。

(8)少年暴力犯的父母之間的情感，較之少年非暴力犯之父母情感惡劣。

(9)少年非暴力犯在個性方面具有較強烈之激動性。

(10)少年非暴力犯較暴力少年犯具有較深心理病癥候。

(11)少年非暴力犯較暴力少年犯具較深精神病癥候。

從以上比較中，我們對於暴力少年犯的社會家庭背景也得到一些粗

淺的認識。

第四：作者比較中國少年罪犯與美國少年罪犯在人格個性方面的異同，有關美國少年罪犯的研究甚多，筆者選擇其二，第一是筆者於1977年至1982年在緬因州少年感化院（Maine Youth Center)所做的研究；第二是葛魯克夫婦（Glueck and Glueck, 1950, 1970）長年所做的少年犯罪研究，三項研究比較如下（見表二十二）。

表二十二：中美少年罪犯在個性上的異同：

| (1)中國少年犯個性特徵 | (2)美國少年犯個性特徵 | |
|---|---|---|
| 這次研究（1987） | (a)張華葆緬因州的研究（1983） | (b)葛魯克夫婦的研究 Glueck（1970） |
| 焦慮、攻擊性、疏離性、自卑感、缺乏安全感、男性化個性、外向性、激動性 | 低智能、自卑感、缺乏自我控制、自我中心、對權威及父母反抗、憂鬱感 | 反抗性,不遵從社會權威、缺乏無助感、缺乏自虐感,冒險性，具有較深的財物需求，不尊重傳統，缺乏良知 |

　　表二十二中顯示中國少年犯與美國少年犯在人格個性上，具有相似之處甚多，此外，諸多國際比較研究亦顯示少年罪犯，不論國籍，具有若干共同社會背景特徵。因此，我們可以說，世界各國的少年罪犯在人格個性及社會背景上，具有許多相似共同之處。

　　此外，中外少年罪犯研究，在敎養子女的理論上，則具有若干顯著的差異。例如這次研究發現，我國少年非暴力罪犯的父母親較之少年暴力罪犯的父母親，管敎子女較爲嚴格，而且使用體罰較多。依據筆者的看法，從社會控制理論的觀點來看，似乎嚴格敎養及體罰，對於少年的成長有幫助，減低其暴力犯罪的可能性。然而，西方的理論不同，他們從心理分析學的觀點來看管敎子女、體罰，及其與子女人格成長之關

係，他們認為嚴格管敎及體罰對子女人格成長有負面的影響。

　　東西方文化在這一方面的爭執，也牽涉及一些方法論上的疑問。西方少年犯罪研究，（例 Glueck, 1950），在分析父母管敎子女方法時，慣以「嚴格」、「適中」、「寬鬆」三種類型分劃。事實上，如何決定「嚴格」、「適中」及「寬鬆」的界線，是相當困難的。如果我們能以「正面增強」及「負面增強」來劃分管敎子女的方法，則可能更簡單，而意義更清楚。因為根據心理學理論及少年犯罪研究，正面增強管敎足以帶來許多正面的效果。反之，負面增強的管敎，帶來許多不良的後遺症，其中包括少年犯罪及精神情緒困擾。所以有關管敎子女及體罰與少年犯罪之間的關係，至今仍不甚清楚，我們必須明確界定、劃分不同敎養方法、肯定其意義，然後才能決定其與少年犯罪之間的關係。

第五：我們也比較少年罪犯與反社會病態性格之間的關係，在犯罪少年的諸多人格個性特點中，諸如焦慮、疏離、自卑、缺乏安全感、激動性、攻擊性、强制性以及疑心病等等，似乎也都是反社會病態心理人格的特徵，在這種情況之下，我們有理由相信，犯罪少年較之正常少年具有較多的反社會病態心理特徵。如果，這一些反社會病態心理特質，足以促使個人走向犯罪偏差行為的途徑，則犯罪少年之所以從事犯罪偏差行為與乎他們具備這一些反社會病態心理特徵有明顯的關係。

　　最後，作者必須强調，這次分析研究之主要出發點，是以暴力犯罪為嚴重犯罪的表徵。目前，多數從事少年犯罪及成年犯罪防治研究的學者專家們，都將重心放在嚴重罪行之上。我們認為，嚴重少年犯罪構成社會治安的主要威脅，也是治安機構防治少年犯罪最困難的問題。在防治少年犯罪方面，我們一則要實施預防計劃，防治少年罪犯的形成；在處置少年罪犯方面，我們也應該重新商榷，將少年罪犯劃分為兩種不同的類型。對於輕度少年犯，我們可以從事矯治的工作；然而，對於惡性

少年犯，依據近年的研究發現，似乎各種矯治處遇，都沒有產生正面的效果。在目前的情況下，似乎對於惡性少年犯，唯一有效的處遇是長期監禁。這次研究報告的目的，主要在指示惡性少年犯之家庭社會背景以及其人格個性的特徵，做為學者及實務官員們，在探討矯治少年罪犯時參考之用，以期能建立有效防治少年犯罪的策略、方法，以維護社會安寧。

# 第九章　少年吸毒問題

## 第一節　國內毒品問題現況分析

　　吸毒一則是嚴重的犯罪行爲，同時也反映吸毒者的心理疾病，是研究犯罪心理學的主要項目之一。吸毒者不僅在人格結構、人格成長過程方面，卽使是在生活經驗、社會家庭背景各方面，都具有顯著的特色，與正常青少年大相迥異。

　　我國由於嚴厲戒毒法的限制，國內使用鴉片、海洛因、古柯鹼及迷幻藥等嚴重毒品的人數很少，較之歐美各國吸食嚴重毒品的人數，差距尙遠。

　　廣泛的「吸毒」，包含濫用藥物。所謂「藥物」，是指能够改變人的精神情緒狀況的藥品，例如：鎭靜劑及興奮劑。這些藥品本來是爲治病而用的，通常藥房裡都可以買得到。但是，許多人不是爲了治病，而是爲了尋找刺激、逃避現實，或其他不正當的理由使用這些藥品，這就是藥物濫用。由於法律對藥物濫用處罰較輕，所以濫用藥物的人數很多。藥物濫用對於國民身體、國家財富的危害則非常嚴重。

　　既然毒品、藥物殘害人類身體及心理健康、耗費錢財，而且又是犯

法的事，爲什麼許多人一定要使用呢？這是因爲在現代工業都市社會
裡，生活緊張、競爭激烈、人際關係疏離，許多人遭受嚴重的打擊、挫
折，因而感覺到沉重的精神壓力。這些人無法透過正當的管道去舒解精
神壓力，而使用毒品及藥物。同時，在我們的社會裡也有許多人，由於
他們的職業性質特殊，他們精神上的壓力很大，這些人也會使用毒品及
藥物，以逃避現實。例如，我國有數目龐大的犯罪，黑社會人物及娼
妓，這些人因爲時時刻刻與法律、道德與社會群體爲敵，所以感受沉重
的壓力，必須運用毒品及藥物，以舒解精神。此外，還有無數的貧困青
少年，由於好奇、逃避現實，或是濫交朋友而染上吸毒、濫用藥物的習
慣。在正常人之中，也有因爲事業遭受挫折，婚姻關係破裂，或其他嚴
重打擊的，也都可能使用藥物、毒品，以舒解精神、情緒的困擾。

目前國內最暢行的藥物，大約可以劃分爲三類：第一類是速賜康。
俗稱「孫悟空」，是一種鎮靜劑。普通使用速賜康的人都以靜脈注射方
式，以期功效神速。一枝速賜康的時價大約是七、八十元，常用速賜康
的人每天都要注射幾枝。注射半小時之後，可以使得心情輕鬆愉快。在
民國六十八年以前，國內使用速賜康的人數很多，幾乎佔全國吸毒、濫
用藥物人口之半數。民國六十八年，政府有鑑於速賜康之猖獗及其危害
之大，乃採取嚴厲法律禁止其使用，將速賜康納入毒品管制。自民國六
十八年以後，速賜康銷售迅速下降，目前使用速賜康的人數大約佔全國
吸毒、濫用藥物人口18％。

國內暢行的第二種藥物是強力膠。強力膠是一種普通工業用品，費
用低廉，購買容易。如果將強力膠加熱，吸取其氣體，也會產生迷幻、
興奮、心情愉快的感覺。強力膠在一九六〇年代流行美國下層社會階
級，以後流傳至日本，而後流傳入我國。由於強力膠價廉，購買方便，
很快就變成青少年吸毒的主要對象。民國六十六年時，全國濫用藥物的

人口中，三分之一使用強力膠。而民國七十年使用強力膠的人數，竟然增加至全國吸毒人口之三分之二。

我國使用的強力膠，內含44％的甲苯，是一種化學藥品，會破壞身體內部粘膜組織。長期使用之後，足以損害大腦神經及末梢神經、肺部、肝臟及腎臟。政府爲了防止強力膠的濫用，規定小包裝的強力膠必須添加芥子油，芥子油味辛辣，可以減少吸食的人數。但是許多商人並未遵照規定辦理，而且許多吸食強力膠的人，也可以採購大罐裝的強力膠再分裝爲小包使用，所以政府的這項措施並未能達到阻止強力膠流暢的目的。許多年青人祇圖短期的快樂、享受，不計後果，而使用強力膠。

國內盛行的第三類藥物，種類很多，包括「紅中」、「白板」、「青發」、「粉紅豹」等鎮靜劑及興奮劑，在普通的藥房內都可以買到。這些藥物的名稱是由於它們的顏色、外形而定。使用這些藥物約佔全國吸毒、藥物濫用人口之12％。由於這些藥物購買方便，雖然價錢比較貴，但是黑社會人士及娼妓等使用者很多。

除了以上三種藥物之外，國內有少數不法之徒使用嚴重的毒品，如海洛因、嗎啡等。但是這些毒品一則費用昂貴；再則政府嚴格限制，所以使用的人並不多。但是近年來，使用嚴重毒品的人士，有迅速增加的趨勢。

最近一、二年，國內使用大麻及種植大麻之消息時有傳聞。大麻是一種野生草本植物，極易繁殖，卽使是焚燒後剩餘的種子也能繁殖，而且成長迅速。在美國鄉間，我們常常可以在路邊見到大麻。近二十幾年來，大麻在美國流暢迅速，據估計，目前美國青少年之中，百分之七十都曾經吸食過大麻。

大麻是一種眞正的迷幻藥，它可以改變、混淆我們的視覺、聽覺等感覺。有一位美國醫生，經過十餘年診治吸毒犯之後，在讀者文摘雜誌

上提出一篇對於大麻使用者之警告。他強調大麻會損害我們的心智，破壞我們的意志力。我以前曾經遇見許多美國青年，本來都是年輕才俊，但是由於長期使用迷幻藥，而摧殘了他們的心智及意志力，最後流落爲沒有用的人。目前美國迷幻藥之風行，其後患是無法預料的。在我國，使用大麻的風氣已漸漸開始。由於大麻種植容易迅速，而且利潤非常高，所以黑社會不法之徒，可能會經營這種毒品，我國政府必須密切注意，及早思考對策才是。

毒品之所以非常可怕，除了它能殘害人體健康，浪費錢財之外；另一項原因是吸毒會上癮。吸毒者對毒品產生生理及心理的依賴關係。一旦上癮之後，幾乎就無法擺脫吸毒的習慣，從此之後，吸毒者就變成毒品的奴隸。

除此之外，多數毒品都有耐藥性，也就是當一個人使用某種毒品一段時期之後，他需要毒品的數量會不斷的增加，例如一個使用速賜康的人，開始時是一天一枝速賜康，不久以後是每天兩枝、三枝。據我們所知，慣用速賜康的毒犯，每日用量由幾枝而到幾十枝不等，不僅是浪費錢財，而且這些毒犯也喪失了獨立的心智，沒有藥物就不能活下去了。由於這種種原因，每一國政府都嚴厲禁止毒品及藥物濫用。

毒品、藥物濫用除了直接危害社會、人民身體健康之外；它們與犯罪、不道德行爲以及黑社會組織之間，也形成密切的關係。首先，由於毒品的耗費甚大，通常吸毒的人都必須以非法手段獲取錢財以購買毒品。而毒癮是永不停止、永不間斷的。所以每隔二十四小時，吸毒的人必須要想出方法得到足夠的錢，以購買毒品，否則毒癮發作時，生理及心理上的痛苦是無法忍受的。去年（1986）來我國參加中美犯罪會議的美國大法官麥克布萊德曾經宣佈：「美國加州首府沙加緬度城，每年犯罪事件中有百分之七十都直接或間接與吸毒有關。」紐約市內參與犯罪

者，50％至70％爲毒犯（高金桂，1983）。由這一些例子，可見毒品與犯罪之深切關係。

　　第二，在歐美社會，黑社會組織用毒品控制娼妓，每年數以萬計的年輕無知少女離家出走，或是到大都市中謀求職業，這些少女都可能掉入黑社會的陷阱。黑社會組織以美麗的外裝，提供這些少女居住地方及食物，而且答應爲她們尋找職業，但是他們在提供給少女的飲食、香煙中，滲加毒品，大約祇要半個月的時間，這些少女就會感染上毒癮。當少女感染上毒癮之後，無法忍受毒癮的壓力，祇好參與娼妓的工作，而黑社會組織又控制毒品的來源，可以盡量剝削這些少女，所以絕大多數的娼妓在黑社會控制下，都是處在一種求生不得、求死不能的境界，其心情之惡劣是可想而知的。由於惡劣的心情，他們需要更多的毒品，出賣更多的靈肉，受黑社會更深的欺侮及控制。

　　毒品與黑社會組織之間還有一層更重要的關係。由於世界各國政府對毒品嚴厲的規定，然而，世界上吸毒的人却很多，這種情況使得毒品的價格昂貴，而毒品的利潤更是一本萬利，毒品的銷售便成爲黑社會組織的專利。根據美國大法官麥克布萊德的報導，一九八六年美國毒品銷售的總數達一百二十五億美元。毒品的利潤是黑社會組織的主要收入來源，由於毒品的運銷，也製造了許多黑社會組織。所以，黑社會組織的成長及發展，與毒品之運銷關係密切。

## 第二節　吸毒犯之心理及社會背景

　　希爾（Hill, 1976）認爲吸毒是由於生活挫折，而產生焦慮、緊張，因而產生之非適應性行爲。吸毒者具有孤獨的個性，其家庭及人際關係不良；具自卑、缺陷感；衝動、不計後果及好冒險的個性；具反抗社會

權威及社會規範的傾向。

皮爾（Peele, 1973）認為吸毒者出自於人格結構問題，吸毒者之自我（Ego）脆弱，對於一切事物均感到無能力解決，惶恐而無助，故使用藥物以減低內心之惶恐、焦慮、無助、無力感。

格藍德（Grinder, 1973）認為吸毒者是出自於現實生活中受挫，而期望以毒品、藥物來解除內心之不平衡，以獲取心靈上之安寧及幸福感。

米倫（Millon, 1974）認為吸毒之目的在於提升自我意識，解除抑制之仇視、敵意、憤恨，減低罪惡感，降低實際生活中產生之挫折、無望的感覺。例如失業、婚姻方面之挫折；第四，吸毒者亦可能是變相的自虐狂，基於自我毀滅的動機。

普林士（Prince）認為使用強烈毒品者，更涉及於變態的人格結構；家庭成員具精神疾病者眾，而家庭糾紛困擾繁多。

一般吸毒者均具有以下的人格特徵：

1. 無能、無力、無助感。
2. 人格不成熟。
3. 被動性、依賴性。
4. 無能力延擱其本能欲望、衝動。
5. 退化的補償行為。
6. 強烈的情緒緊張及不平衡的生活經驗。

使用藥物，亦出自於心靈內在的衝突矛盾，以及人際關係之衝突；包括價值規範之衝突，以及內在需求、自我期望之衝突矛盾及挫折。

韋恩伯（Weinberg, 1970）研究證明：

第一：吸毒是一種學習過程；在學習過程中，朋友扮演重要的角色。

第二：　吸毒已成癮者對學習吸毒者的影響很大。

第三：　學習吸毒者受吸毒群體的影響，以及犯罪偏差集團的影響很大。

第四：　吸毒者對於吸毒次文化的認同，更因而反抗整體社會的價值規範。

## 第三節　　國內青少年吸毒問題研究

根據蘇東平（1981）研究，在二百一十二位國內青少年吸毒犯中，三分之二以上吸毒前曾有犯罪紀錄，其中31％涉及人身犯罪，44％涉及財物犯罪。

濫用藥物的動機，依據蘇東平的研究：96％是出自於好奇；58％出自於生活經驗中遭受挫折而產生的非適應性感受；25％是為了尋求刺激；21％是為了反抗權威；18％出自於被忽視及失落的感受。

依據法務部一九八二年出版的《青少年濫用藥物》一書，在一九八一年時，全國濫用藥物人口中，12—18歲少年佔全部吸毒犯之78％。而在少年虞犯中，因濫用藥物而被捕者佔全部少年虞犯人口之76％。更而在女性少年虞犯中，藥物濫用佔全部女性虞犯之96％。

少年濫用藥物的教育程度，國中生佔71％。青少年濫用藥物者的職業狀況，失業或無業者佔全部青少年吸毒者之40—50％；勞工階級佔30％；學生佔17％。在吸毒的青少年中，男女的比例是 5：1。

與正常青少年比較，青少年吸毒犯的心態具有以下的特徵：

1. 過一天、算一天的人生觀。
2. 學業目標不明顯。
3. 重視目前需求、欲望的滿足。

4. 感到前途黯淡。

5. 心情悲觀、沮喪。

6. 身體健康較差。

7. 家庭困擾較多。

8. 對自我不滿較深。

根據法務部的研究，吸毒者與父親關係融洽者，僅佔54%；而正常少年中，則佔71%。母子之間的關係，吸毒者與母親融洽者，佔58%；而正常青少年與母親關係融洽者，佔82%。開始使用毒品的年齡愈早者，使用毒品的需要量愈大。

高金桂於一九八三年研究國內二百三十一位青少年吸毒犯，並以之與三百三十八位正常青少年比較，比較的結果如下：

㈠家庭狀況，父母的婚姻狀況及存亡。（見表一）

表一：吸毒者的父母親婚姻關係及存亡

|  | 吸毒青少年(N＝231) | 正常青少年(N＝338) |
|---|---|---|
| 1. 父母親俱存而居住一起者 | 63% | 89% |
| 2. 父母分居或離婚者 | 17% | 2% |
| 3. 父母離婚而再婚者 | 6.5% | 1% |
| 4. 父母之一去世或雙親去世者 | 14% | 8% |

資料來源：高金桂，1983，P. 96.

根據表一可見，吸毒犯的家庭環境與正常青少年差別甚大，父母分居、離異、再婚或去世者，遠較正常青少年為多。

其次，在高金桂的研究中，少年吸毒犯的父母親之間情感較疏離。（見表二）

**表二:　少年吸毒犯的父母情感**

|  | 吸毒青少年 | 正常青少年 |
|---|---|---|
| 父母情感和睦 | 75% | 91% |
| 父母情感不和睦 | 25% | 9% |

資料來源: 高金桂, 1983

表二中顯示，吸毒犯與正常青少年的家庭環境，在父母間的情感方面，也具有顯著的差異。

再比較吸毒青少年與正常青少年對家庭生活是否滿意。（見表三）

**表三:　對家庭生活滿意與否**

|  | 吸毒青少年（N=231） | 正常青少年 |
|---|---|---|
| 對家庭生活滿意 | 70% | 79% |
| 對家庭生活不滿意 | 30% | 21% |

資料來源: 高金桂, 1983, P. 103.

表三中顯示吸毒少年對家庭不滿者，較正常少年多。

第四，在職業生活的適應方面。（見表四）

**表四:　吸毒及正常青少年轉換職業或工作地點之次數**

| 次數＼少年 | 吸毒青少年（N=214） | 正常青少年（N=178） |
|---|---|---|
| 三次以上 | 58.4% | 34.8% |
| 二　次 | 21.0% | 20.8% |
| 一　次 | 9.4% | 12.9% |
| 未曾轉換 | 11.2% | 31.5% |

由表四中可見，吸毒青少年轉換工作，有三次以上者，幾達60%；

而正常青少年中，則只有35%。相對地，吸毒青少年未曾轉換者，僅佔11.2%；而在正常青少年中，未曾變換職業或工作地點者，則佔32%。由此可見，吸毒青少年與正常青少年在轉換職業及工作地點方面，有顯著的差異。

第五是青少年逃家、逃學的經驗。（表五）

(一)逃家經驗

表五-1: 青少年逃家經驗

| 少年<br>未經父母許可,外出不歸 | 吸毒青少年 (N＝232) | 正常青少年 (N＝330) |
|---|---|---|
| 經　　　常 | 40% | 1.5% |
| 偶　　　而 | 46.5% | 12% |
| 未　曾　有　過 | 13.5% | 86.4% |

資料來源: 高金桂, 1983, P. 120.

從以上的數字可見，吸毒少年犯中，偶而或經常逃家者佔87%，而在正常青少年中，經常或偶而逃家者僅佔13%，其差異顯著。

此外，在逃學經驗方面（見下表）：

(二)逃學經驗

表五-2: 青少年逃學經驗

| 逃學經驗　　少年 | 吸毒青少年 (N＝231) | 正常青少年 (N＝333) |
|---|---|---|
| 經　　　常 | 31.6% | 1.8% |
| 偶　　　而 | 50.2% | 24.0% |
| 從　　　未 | 18.2% | 74.2% |

資料來源: 高金桂, 1983, P. 122.

由以上統計數字中可見，吸毒少年與正常少年在逃學經驗方面，具

有顯著的差異。

第六是吸毒與吸烟飲酒習慣。（見表六-1）

表六-1： 吸毒少年吸煙習慣

| 吸煙習慣 ＼ 少 年 | 吸毒青少年 （N＝229） | 正常青少年 （N＝322） |
|---|---|---|
| 有　　癮 | 59.8% | 3.1% |
| 偶　　而 | 38% | 16.8% |
| 從 不 吸 煙 | 2.2% | 80.1% |

資料來源： 高金桂，1983

由以上統計數字可見，吸毒青少年與正常青少年在吸煙習慣上，差異顯著。有98%的吸毒青少年具有吸煙的經驗。而在正常青少年中，有煙癮者僅3.1%；偶而吸煙者佔16.8%；從不吸煙者佔80.1%。

另外，在飲酒習慣方面，也劃分為三個不同層次：

表六-2： 吸毒青少年飲酒習慣

| 飲酒習慣 ＼ 少 年 | 吸毒青少年 （N＝229） | 正常青少年 （N＝322） |
|---|---|---|
| 有　　癮 | 14% | 1% |
| 偶　　而 | 70% | 35.4% |
| 從　　未 | 16.2% | 63.7% |

資料來源： 高金桂，1983

由以上飲酒習慣的統計資料顯現，飲酒成癮或偶而飲酒佔吸毒人口之84%，而在正常青少年中，飲酒上癮或偶而飲酒者，僅佔1%及35.4%，而從未飲酒者佔63.7%。故吸毒青少年與正常青少年在吸煙、飲酒方面，差異顯著。

第七是嫖妓及賭博。（見表七-1）

**表七-1: 吸毒青少年嫖妓習慣**

| 嫖妓 ＼ 少年 | 吸毒青少年 | 正常青少年 |
|---|---|---|
| 經　　　常 | 11% | 1% |
| 偶　　　而 | 48% | 2.8% |
| 從　　　未 | 41% | 96.3% |

從以上嫖妓的統計數字可見，偶而或經常嫖妓者，佔青少年吸毒人口的60%；而在正常青少年中僅3％。二者差異顯著。

**表七-2: 吸毒及正常青少年賭博的習慣**

| 賭博 ＼ 少年 | 吸毒青少年 | 正常青少年 |
|---|---|---|
| 經　　　常 | 4.7% | 1.6% |
| 偶　　　而 | 57.3% | 37.7% |
| 從　　　未 | 40.0% | 60.1% |

資料來源: 高金桂, 1983, p. 124-126.

從賭博的統計數字上見到，吸毒青少年與正常青少年的差異顯著。

第八是其他的不良行為習慣。（見表八）

**表八: 吸毒青少年其他不良習慣**

| 涉足電動玩具場所 ＼ 少年 | 吸毒青少年 (N=229) | 正常青少年 (N=180) |
|---|---|---|
| 經　　　常 | 24.5% | 3.9% |
| 偶　　　而 | 47.2% | 11.7% |
| 從　　　未 | 28.4% | 84.4% |

| 少年<br>婚前性行為 | 吸毒青少年 | 正常青少年 |
|---|---|---|
| 與三位異性以上發生關係 | 32.6% | 2.6% |
| 二　位　異　性 | 14% | 3.9% |
| 一　位　異　性 | 22.7% | 8.0% |
| 未　曾　有　過 | 30.6% | 85.6% |

資料來源: 高金桂, 1983, p. 128-129.

　　由涉足電動玩具場所的統計數字來看，吸毒青少年與正常青少年的差異顯著。

　　由以上婚前性行為統計數字可見，吸毒青少年與正常青少年，在婚前性行為方面，差異顯著。吸毒青少年具有婚前性行為者，佔青少年吸毒人口70%左右；而在正常青少年中，具有婚前性行為經驗佔15%。同時，根據高金桂的研究，吸毒青少年在十八歲以前即有婚前性行為者，佔吸毒人口的64%。可見吸毒青少年在早年，即具有各種不正當的生活經驗。

　　根據法務部及高金桂的研究，我們可以見到青少年吸毒者，無論是在人格結構、成長過程、家庭、學校、社會背景及生活經驗各方面，都與正常少年有顯著差異。由於吸毒青少年的特殊家庭社會背景，而產生了特殊的人際網絡、特殊的生活經驗、以及特殊的人格結構。

　　根據國內、國外戒毒所的經驗，戒毒的成效很低。一則由於毒品毒性強烈，吸毒者產生嚴重的依賴性及戒毒症狀，很難擺脫毒品。再則吸毒的習慣與吸毒者的人格結構、生活環境具有密切關係。吸毒的習慣事實上是反映吸毒者的人格結構、生活環境及生活經驗中的嚴重問題。在沒有解除吸毒者的人格偏差，以及生活環境上的障礙，就無法解除吸毒的習慣。

## 第四節　少年吸毒犯個案分析

(參閱: 法務部, 71年, 少年輔育院學生個案分析)

案例一

㈠個案基本資料

1. 性別: 男

2. 出生年月: 五十三年四月

3. 本案非行時年齡: 十五歲

4. 居住地: 新竹市錦華街

5. 本案非行時之教育程度: 國中二年級肄業

6. 本案非行時之身分: 油漆工

㈡非行經過

　　少年經常與不良少年爲伍，曾吸食強力膠數次，經少年法庭諭知訓誡及交付保護管束，於保護管束中又於六十八年二月在新竹市新新戲院內吸食強力膠，案經新竹縣警察局移送新竹地方法院少年法庭裁定付感化教育。

㈢個案簡史

1. 家庭狀況

　　(1)家庭組織關係圖:

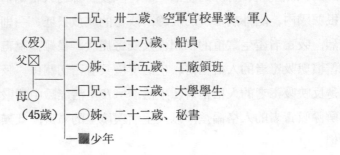

(2)父母管教態度：少年五歲時父親早逝，自幼由母親撫養長大，惟其母最近患輕微精神病，管教力不從心，家裏兄弟又多，管教頗有疏忽，幸賴兄姊皆能聽從教誨，正常的就學就業，僅少年因係老么，可能平時受溺寵，以致行為不知檢點。

(3)手足關係：自從少年之母患精神病後，對少年的教養由兄長負責，但少年不聽從教誨，本案之發生卽因少年與兄長發生口角，氣憤之餘在戲院吸食強力膠，可見手足關係並不融洽。

2. 社會生活

(1)家居環境：少年住家周圍屬軍眷舍區，外圍為行政區，環境尚稱良好。

(2)交遊情形：少年常與鄰居幾位同年齡的少年在一起，並與工廠同事往來。

(3)學校生活：少年在校學業成績欠佳，對讀書不感興趣，因曠課太多，只讀到國中二年級卽離校。

㈣個案分析

1. 人格特徵：根據對少年所作的基氏人格測驗顯示，少年顯屬平均型，個性中和，惟情緒稍趨抑鬱，有輕微神經質，與他人不容易協調。

2. 家庭因素：少年父親早逝，母親又患輕微精神病，家裡兄弟又多難於管教，是造成少年非行的主要因素，雖有長兄從旁代管，但管教方法不甚恰當，常與少年發生口角，而少年的姊姊均已出嫁，二兄出外當海員，無法給少年適當之輔導，致少年生活墮落，行跡不檢。

3. 生活環境：少年因缺乏意志力與決心，於學校休學後回家休息，偶而到裝潢公司學習裝潢工作，但不認眞，生活散漫，而染上吸食強力膠之惡習。

㈤處遇經過

1. 入院經過：少年於六十八年三月七日因吸食強力膠進入輔育院，入院時年齡十五歲。

2. 處遇情形：少年入院之初在新生班接受新生訓練，學習日常生活禮儀，正確人生觀及軍訓操練，成績未臻理想，可能係情緒尚未穩定，後經輔導員勸導及啓廸，少年才逐漸安定下來，成績日有進步，且知悔改向善，學習馬達製作及儀隊操練均很認眞，且能吃苦耐勞，擔任公差及大門口服務生時，尤為師長讚譽，與同學相處亦稱和睦，並主動協助同學排解糾紛，因表現良好，獲准榮譽提前出院。

3. 出院經過：少年於七十年六月廿四日奉准免除執行提前出院，計在院二年又三個月。

㈥追踪訪問結果

少年出院後曾往就業輔導站求職，經介紹製紙工作，但因故轉回住家附近汽車修護廠當練習生，工作尚稱勝任愉快，工作供膳宿，月薪三千元，生活正常，顯已改過向善。

## 案例二

㈠個案基本資料

1. 性別：男

2. 出生年月：四十八年八月

3. 本案非行時年齡：十七歲

4. 居住地：新竹縣竹東鎭

5. 本案非行時之教育程度：國中三年級肄業

6. 本案非行時之身份：油漆工人

㈡非行經過

少年曾犯妨害自由罪，經新竹地方法院少年法庭裁定交付保護管束，尚在執行中，仍不知悔改，又於六十六年六月十日晚上，在其住宅吸食强力膠，為警查獲，移送新竹地方法院少年法庭諭知付感化教育。

㈢個案簡史

1. 家庭狀況

　(1)家庭組織關係圖

2. 父母管教態度：其父於少年十二歲時因病逝世，少年家中無人賺錢，只靠少年一人賺錢。因爲父親早逝，由其母管敎，母親不識字缺乏主見及管敎方法，對其子所做所爲甚少過問。

3. 手足關係：二個姊姊均已出嫁，哥哥在服役，其姊、兄幾乎每一個月便去輔育院探望，顯示手足情感深厚。

4. 社會生活：

　(1)家居環境：少年家居住的周圍環境是貧民區，經濟不好。

　(2)交友情形：常與工人在一起玩樂。

㈣個案分析

1. 人格特徵：少年智力屬中等，心理正常，身體健康，處人態度外向、倔强、節儉、急躁，有少量吸煙習慣。喜歡流行歌曲、電視、撞球，精神正常，根據基氏人格測驗的結果顯示，少年感情變化大，略帶自卑感，社會適應尙佳，屬準平均型。

2. 家庭因素：少年幼年喪父，由其寡母扶養長大，又係么兒難免溺愛過度，在管敎上不免發生偏差，以致養成其放蕩習性。

3. 生活環境：家境經濟僅靠該生做油漆工維持，經濟狀況不好，使少年感到壓力很重。

4. 工作：少年因不喜讀書，於讀國中三年時，卽往油漆行做油漆工賺錢維持家庭生活。

5. 交友: 交友不慎是少年誤入岐途主要原因。

(生)處遇經過

1. 入院經過: 少年在六十六年十一月二日入院,當時年齡為十八歲。

2. 處遇情形: 少年態度樂觀、服從、守規,學習努力,作業認真,責任感強,在院期間擔任自治幹部認真負責,表現良好。

3. 出院經過: 少年在院表現良好,經報准提前出院。

(六)追踪訪問結果

出院後,少年已獲得適當工作,每月收入約六千元,將二千元交與母親,貼補家用,足見少年已改過向善。

## 案例三

(一)個案基本資料

1. 性別: 男

2. 出生年月: 民國五十一年一月

3. 本案非行時年齡: 十七歲

4. 居住地: 基隆市七堵區

5. 本案非行時之教育程度: 五專一年級肄業

6. 本案非行時之身分: 商

(二)非行經過

少年於十四歲時先後犯傷害罪與竊盜罪,經少年法庭諭知交付保護管束,猶不知悔改,於六十八年五月三日與二位少年,在寢室內共同吸食強力膠,當場為警查獲。案由基隆市警察局移送基隆地方法院少年法庭經裁定付感化教育。

(三)個案簡史

1. 家庭狀況

(1)家庭組織關係圖

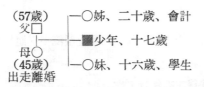

(2)父母管教態度

少年之父，服役軍中，退役後在國軍福利站設攤賣牛肉，生活尚可，其母初中畢業，於十年前，少年僅六歲時，因與其父感情不和，而離婚，如今不知去向。

(3)手足關係

少年有一姊，家職畢業，在某電子公司任會計，於少年入輔育院時結婚，其妹國中畢業，準備升學，少年入院後，其姊曾多次看望，手足關係尚佳。

(4)非行後家人態度

少年入院後，其父曾多次探視，並常携帶日常用品、胃藥、水菓等物品給少年，其姊與親戚亦多次探視，對少年甚爲關懷。

2. 社會生活

(1)家居環境

少年所住屬眷村，大都是違章建築，房屋破舊，活動場所小。

(2)少年與眷區鄰里交往尚屬融恰。鄰里亦認爲少年生性善良，尚知上進。

(四)個案分析

1. 人格特徵：依基氏人格測驗結果顯示，少年較偏向情緒不穩定，有自卑感，社會適應不好，不協調的傾向，比較外向。

2. 家庭因素：少年父母於少年六歲時卽因感情不和，而告離婚，當其需要母親照顧的童年起，卽失去母愛，對少年之影響遠大。

3. 交友情形: 因失去母愛，父親又忙於工作，少年個性偏向外向，故易結交不良少年，在朋友之引誘之下，吸食強力膠。

4. 學校生活

少年就讀海事專科學校一年級，因家庭環境不好而且不喜讀書，自動退學。

5. 工作: 少年退學後在唱片行工作。

㈤處遇經過

1. 入院經過: 少年因吸食強力膠，經臺灣基隆地方法院少年法庭裁定付感化教育，於民國六十八年七月十七日入臺灣省立桃園少年輔育院接受感化教育。

2. 處遇經過: 少年在輔育院期間，知恥奮發，力爭上游，個性直爽，富正義感，急公好義，熱心助人，表現甚爲良好。在院內工廠所習技能爲天線裝配及塑膠鞋製作。工廠習藝認眞，頗爲師長同學讚賞。

㈥追踪訪問結果

少年出院後，白日於其姊夫所經營工廠作事，從事汽車零件製造，夜間就讀海事專科夜間部，學業成績尚可，其父退休，每月領退休金尚可維持家計，少年不需負家庭經濟責任，家人相處融洽，鄰里認爲少年生性善良，尚知上進，顯已改過向善。

案例四

㈠個案基本資料

1. 性別: 男

2. 出生年月: 民國五十三年五月

3. 本案非行時年齡: 十四歲

4. 居住地: 基隆市七堵區

　　5. 本案非行時之教育程度：國中二年級肄業

　　6. 本案非行時之身份：工

㈡非行經過

　　少年曾犯恐嚇取財未遂罪，並吸食強力膠，經警查獲移送基隆地方法院少
　年法庭審理中，又因吸食強力膠，經巡邏警員當場查獲移送基隆地方法院
　少年法庭裁定付感化教育。

㈢個案簡史

　1. 家庭狀況

　　　(1)家庭組織關係圖：

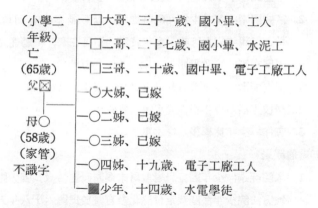

（小學二
年級）
亡
（65歲）
父⊠

母○
（58歲）
（家管）
不識字

┌─□大哥、三十一歲、國小畢、工人

├─□二哥、二十七歲、國小畢、水泥工

├─□三哥、二十歲、國中畢、電子工廠工人

├─○大姊、已嫁

├─○二姊、已嫁

├─○三姊、已嫁

├─○四姊、十九歲、電子工廠工人

└─▓少年、十四歲、水電學徒

　　　(2)父母管教態度

　　　　少年之父，於少年九歲時因腦溢血去世，育有八子女，少年是老
　　　么。其母五十八歲不識字，對少年溺愛。

　　　(3)手足關係

　　　　少年上有三位哥哥，四位姊姊，大哥已婚，在臺北做事，不住家
　　　中，三位年長的姊姊亦皆已出嫁。家中有二位哥哥和四姊。兄姊教
　　　育程度均不高，為工人。兄姊常管教少年，少年則不太聽其勸告。

　　　(4)非行後家人態度：其母偶爾會去探視，兄、姊、親戚探視次數較
　　　多，家人還算是關心少年。

2. 社會生活

(1)家居環境：

少年居住環境爲工業區，住家靠近大馬路，近鄰多半做生意，環境較複雜。

(2)少年貪玩，不愛在家，喜與鄰里不良少年來往。

(四)個案分析

1. 人格特徵：依基氏人格測驗結果顯示，少年情緒不穩定，感情變易大，有自卑感。社會適應，屬傾向不好型；較具攻擊性，與社會適應不協調，少年較偏內向性，亦屬不反省型。

2. 家庭因素：父於少年九歲時亡故，母不識字，有四位姊姊，三位哥哥。母親無能力管教，少年貪玩，不喜在家，不聽從兄長勸勉，不喜逗留在家，肇致犯罪。

3. 交友情形：少年常與鄰里不良少年來往，易被引誘犯罪。

4. 學校生活：少年不喜愛念書，常逃學。

5. 工作：少年休學後，作水電工。

(五)處遇經過

1. 入院經過：少年因犯恐嚇取財未遂罪與連續吸食強力膠，經臺灣基隆地方法院少年法庭裁定付感化教育，於民國六十八年五月三十一日入臺灣省立桃園少年輔育院接受感化教育。

2. 處遇經過：少年在輔育院期間，初在新生班接受新生訓練，後學習作塑膠及天線技術。表現良好，個性溫和，從不與人爭鬥，且能認眞學習，服從師長教導遵守院規，擔任自治幹部期間，尤爲認眞負責，以身作則。任勞任怨，時時幫助弱小同學。

(六)追踪訪問結果

少年出院後，與家人同住，常換職業，由裝潢學徒轉爲汽車板金學徒，收入不多，故未負擔家庭生計。少年與兄長不和，不聽兄長的話，仍常與附近鄰里不良少年來往，有觸犯法律之可能。

案例五

㈠個案基本資料

　　1. 性別: 男

　　2. 出生年月: 民國五十二年四月

　　3. 本案非行時年齡: 十六歲

　　4. 居住地: 苗栗縣南庄鄉南富村

　　5. 本案非行時之教育程度: 國小畢業

　　6. 本案非行時之身分: 工

㈡非行經過

　　少年曾因吸食強力膠，經臺灣新竹地方法院少年法庭諭知訓誡，又吸食強力膠後，經警查獲移送新竹地方法院少年法庭裁定付感化教育。

㈢個案簡史

　　1. 家庭狀況

　　　(1)家庭組織關係圖

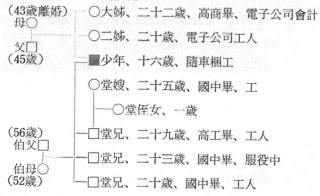

（少年三歲時父母卽離婚）
（43歲離婚）母○──○大姊、二十二歲、高商畢、電子公司會計
　　　　　　　　　　　──○二姊、二十歲、電子公司工人
父□
（45歲）　　　　　　　　──■少年、十六歲、隨車梱工
　　　　　　　　　　　○堂嫂、二十五歲、國中畢、工
　　　　　　　　　　　　　──○堂侄女、一歲
（56歲）
伯父□　　　　　　　──□堂兄、二十九歲、高工畢、工人
　　　　　　　　　──□堂兄、二十三歲、國中畢、服役中
伯母○
（52歲）　　　　　　──□堂兄、二十歲、國中畢、工人

　　　(2)父母管教態度

　　　　少年之父母於少年三歲時離異，姊姊二人由母親撫養，少年由父撫

養，少年之父現年四十五歲，國小畢業，業建築工，經常在外，少
年自幼由其伯父扶養長大，伯父現年五十六歲，國小畢業，在礦場
做礦工，早出晚歸，疏於管教。

(3)手足關係

少年有二位姊姊，隨母離去。大姊二十二歲，高商畢，電子公司當
會計，二姊二十歲，現為電子工廠工人。伯父有三位兒子，皆年長
於少年，大堂兄已婚，生有一子，據少年所云，堂兄們一家對他很
好。

(4)非行後家人態度

少年入院後，其父探視次數並不多，伯父常去看望，其二姊偶爾看
望。其母與伯母從未去探視，可見少年與其母與伯母關係並不好。

2. 社會生活

(1)家居環境

少年居住於伯父之家，在偏僻山上，獨戶住家，距村莊有段距離。

(2)住家附近有年紀稍長，不務正業的朋友，少年常喜與遊蕩。

㈣個案分析

1. 人格特徵：依ＡＢＣ圖形測驗顯示，少年智商中下等。適應環境能力
   稍差。依人格測驗顯示，少年內向，孤獨，神經質，身上有紋身，處
   事態度退縮且浪費，吸煙有癮，不會飲酒與賭博，却經常冶遊，喜愛
   流行歌曲與看電視。

2. 家庭因素：少年自幼父母離婚，其母帶走二位姊姊，其父為建築地工
   人，自幼即住伯父家，伯父為礦工，早出晚歸，見面時間很少，無暇
   管教。

3. 交友情形：少年因係寄居住伯父家，故常與朋友交遊。

4. 學校生活：少年在校成績不佳、逃學、曠課，國小畢業後即未升學。

5. 工作情形：少年於國小畢業後即在機車行任學徒，約半年，改做隨車
   梱工。

㈤處遇經過

1. 入院經過: 少年因連續吸食強力膠與妨害風化, 經臺灣新竹地方法院少年法庭裁定施以感化教育, 於民國六十八年一月卅一日入臺灣桃園少年輔育院接受感化教育。

2. 處遇經過:

初入院時, 少年情緒不穩定, 曾有脫逃企圖, 經發覺後予以開導。於鉗工部習藝, 認眞學習。少年個性溫和, 在院受敎期間能與同學和睦相處, 從未發生過打架吵鬧情事。少年曾擔任自治幹部甚負責, 能維護班級秩序。少年在院期間其家人甚少來院面會。

㈥追踪訪問結果

少年出院後, 無顏回伯父家, 到處遊蕩, 不務正業與不良少年爲伍, 又再吸食強力膠, 且無故携帶兇器, 感化敎育未有效果。

# 第十章 心理治療之一：
## 實踐治療法〈Reality Therapy〉

### 第一節 心理治療（Psychotherapy）簡介

所謂心理治療，顧名思義，卽由專家爲病人治療有關人格、認知、情緒等因素所構成的偏差行爲及心理困擾。心理治療之內涵，包羅萬象，幾乎隨專家之所長及所爲而界定。心理治療之一是病人自我治療（self-therapy），當年佛洛依德曾經應用於己身；荷尼曾爲此而著作；而雷克（Reik）認爲自我治療是所有心理治療中最有效的方法。

心理治療與心理輔導（counseling）的分野是屬於量而非質的差異；大致而言，心理治療聆聽病人傾訴的時間較多，而輔導者則施教的時間較多。其次心理治療作較深度的分析，凡是以言談思想等方式幫助病人恢復心理健康者，是爲心理治療。心理治療不包括藥物治療，也不運用任何器械（例如：電擊）。

柯西尼（Corsini, 1984），以本身行醫的經驗來解釋心理治療。當他在紐約監獄擔任心理治療專家時，一位三十歲左右，面貌端正的犯人，走入他的辦公室。以下是他們兩人的對話：

犯人：下星期四我將假釋出獄。

柯　：恭喜你，那很好。

犯人：在未出獄之前，我特別來向你致謝，多年來你為我的服務。

柯　：但是我並沒有為你作什麼呀？

犯人：兩年前我離開你的辦公室時，我感覺我飄飄欲仙，我感覺到獄中的情境都改變了，我變成了一個新人，從那次以後我遠離了竊盜集團，而加入了正人君子的群體，我修習學業，而領到高中文憑；我也同時學習繪圖，也得到了文憑證書，我再加入教會，再次與久無連絡的家人連繫，而他們也將於我出獄之前來探望我。我認清自己，我現在開始對未來，抱著滿懷希望；從前我以為心理治療醫生，只是作空泛之談，而今乃知昔日之非，我非常感謝你的幫助，你改變了我的人生。

然而根據柯西尼的記錄，他從來沒有與這一位病人交談。柯於是回答。

柯　：你肯定是我嗎？依據你所說的情況，這種人格轉變需要多年，然而我從未與你交談過。

犯人：不錯。是你。你兩年前對我所說的話，我銘記在心。

柯　：我說過什麼呢？

犯人：你說：「我的智力很高。」

由於這簡短的幾個字，竟然改變了這位犯人的一生。在這之前，這位犯人的自我觀念一直都很低落，認為自己愚蠢不可及，而且自以為精神不正常，他的家人以及友人也都如此稱乎他；在學校裡，他成績一直很差，更證實了他的自卑。然而柯西尼為他作智力測驗，而且肯定了他的高智力之後，他突然之間覺悟，他以往並不笨，只是他比他的粗俗朋友們智力高，因此他的朋友們無法理解他而以為他笨。由於這一次的智力測驗，及醫生對他的肯定，而改變了他的自視，改變了他的心態行

爲。這是心理治療的一個好例子。

　　所以柯西尼在無意之間，作了心理治療；在沒有理論，沒有方法，及無意的情況之下，產生了心理治療的效果；然而另外有兩位病人，已經在柯西尼的診所治療十年，却一無進展。

　　有人說心理治療專家就好似一位商人，是否能够成功的推銷他的觀點給病人。從這一觀點來看，心理治療專家的主要功能，在於幫助別人，改變別人的心態。

　　依據柯西尼的統計，目前心理治療共有二百五十多種學派；正好是各種不同性質的宗教信仰，有的心理治療比較流行，有的則否。

　　心理治療源自於十九世紀末葉，最早始自於瑞士醫生杜波爾（Du-Bois）；他以對話的方式治療精神病患。另一位則爲法人皮奈（Pinet），他是在佛洛依德開始行業時，最有名的心理治療專家。

　　一九〇二年，以佛洛依德爲首的心理分析學派成立。其中以佛洛依德、阿德勒、楊格（Jung）三人爲主。心理分析學強調心靈內在之衝突矛盾。克尼斯（Kris, 1950）界定心理分析學爲「以衝突的觀點分析人性，視心靈爲衝突之場所；衝突的力量來自多方，有的是意識所覺察者，有的是潛意識。而心理分析學則強調潛意識在心靈作用中的重要性。」

　　衝突矛盾是人類生命中不可或缺的條件，人類必須周旋於兩大對立的勢力之間；一方面是原始生物的各種需求、慾望，另一方面則爲社會文化所制定的各種限制規範。在短短的數年之內，人類必須學習社會所賦予的各種智識、價值規範、語言文字等等。在生活成長的過程中，個人必然遭遇無盡的各種衝突矛盾及挫折。

　　人類心靈運作的第一項原則，是遵循原始本能的動力，尋求快樂而逃避痛苦（Freud, 1911）。在生命之初，在嬰孩尚未接受社會化以前，

尋樂避苦的原則是決定人類個體運作的主要原則；人類早年愉快與痛苦的經驗，足以深刻影響其人格結構及成長。由於人類童年漫長，必須依賴別人的生活情況之下，受痛苦的經驗也因而延長，可能造成嚴重的後果。

心理分析的重要，在於指示病人認識自我。然而對於病人而言，其精神疾病的根源，以及其痛苦的後果，是無法透過意識去體會的。心理分析專家的目的，在於指示病人其癥候及痛苦，來自內心潛意識的衝突，使得病人不再受潛意識因素的指使。

許多心理治療學派，皆源自於心理分析學派。雖然有許多治療心理疾病的方法，然而只有心理分析學可以透視心理疾病的根源。

心理分析學對於人格之解剖，可以劃分為幾個原則。第一，決定論，認為人類行為思想，皆事出有因；與乎過去之生活經驗密切相關，透過仔細的分析，我們可以了解個人現在的行為心態，與過去事跡之關聯。第二，是層次學觀點（Topographic view-point），認為人類心靈由意識到潛意識可劃分許多不同的層面，心靈之部分內涵無法展現於意識層面者，是為抑止（Repression），抑止是一種意識性的行為，有意忘却過去的某一些經驗，以避免痛苦。心理分析學派發覺潛意識對於個人的行為、心態影響重大，個人許多重要的決定，均出自於潛意識因素。第三，動力原則；人類行為之兩大生理動力，是為性驅力及攻擊驅力之互動及其發展。第四，始源論（Genetic Approach），重視童年往事，對於成人人格個性及心理困擾之影響；心理分析學派強調人類在兒童時期的依賴性。在高等動物中，似乎生命初期的經驗，對於後期影響甚大。

自從佛洛依德一九三九年去逝以後，心理分析學派開始演變分化。自一九四〇年到一九八〇年代，心理分析學逐漸式微，代之而起的是諸

家學說。

在柯西尼（1984）所編寫的現代心理治療一書中，提出十二種基本心理治療理論及方法。這十二種心理治療理論的共同處，是他們都屬於學習理論的範疇，都企圖改變人的思想方式、情緒及行為。心理治療就是學習，病人在治療過程中，學習新的思考方式，放棄錯誤的觀念，學習新的觀念。

許多當代心理治療學派已擺脫了傳統心理分析學的拘束，而走向更具體社會科學化的範疇。以下我們將介紹兩種當代最流行的心理治療學派；即實踐治療學派及以病人為主體的治療學派（Reality Therapy & Person-centered Therapy）。

## 第二節　實踐治療法（Reality Therapy）

實踐治療法是格拉賽（William Glasser 1965），自一九五〇年代所創設的一套精神治療方法。在創設初期，格拉賽並無完整的理論依據，只是強調「病人」，不論是精神病患、吸毒、酗酒者，或是罪犯，應為一己之行為負責。治療者（therapist）應與病人建立適當親切之關係，以促使病人接受實踐治療的觀念，接受指導分析其日常行為心態。如果病人的行為不能滿足其一己之期望，或是不能滿足社會群體的要求時，治療者應協助病人發展有效的行為心態，以期滿足個人及社會群體的要求。

實踐治療法著重病人當前生活心態，適用於各種精神情緒困擾狀況，包括嚴重精神病患，吸毒罪犯、少年罪犯、及同性戀等。實踐治療學派認為所有人之行為，都是以滿足一己之需要為出發點。當他們不能滿足一己之需要時，會感覺痛苦，同時也可能使別人（包括社會群體）

感受痛苦。治療者之功能在於指引病患，使能從事更有效的行為及生活方式。通常每一個人的生活情境中，都具有可行、可用的行為管道，以滿足其需要。一九八一年，格拉賽在他的實踐治療法中，添增一套有關大腦功能運作的理論。

一九七六年，格拉賽出版的《積極生活習慣》一書 (*Positive Addiction*)，其中描述「沈思」(meditation) 之功能及習慣性。一位已經養成沈思習慣者，如果要擺脫沈思的習慣，會感受禁戒症狀。《積極的生活習慣》一書問世之後，世界各地讀者反應極為踴躍。格拉賽更進而分析許多與「沈思」類似的行為，例如慢跑、禪道 (Zen)、騎單車、瑜珈術等等，都具有增進個人精神能力之作用。格拉賽開始苦心研究，以期發現在這些行為中，人類大腦功能運作之特性，以解釋這一類行為增進個人精神能力之原因。格拉賽發覺在鮑爾斯 (Powers, 1973) 之《控制認知之行為》一書 (*Behavior: Control of Perception*)，解釋人類大腦之控制作用，足以解釋其實踐治療法及積極生活習慣之功效。於是在一九八一年，格拉賽出版了《心靈的領域》(*Stations of the Mind*) 一書，運用鮑爾斯的大腦功能理論，解釋實踐治療法之功能及作用。

鮑爾斯之大腦功能理論，認為人類之大腦是一套管制體系 (Control System)。在工業機械力學方面，管制體系之理論已暢行五十餘載。一九四八年時，維勒 (Weiner) 首先創立以大腦為管制體系之理論。一九七三年，鮑爾斯借用維勒之機械動力學理論，更以生物學的觀念解釋之。格拉賽認為鮑爾斯之理論能充分解釋人類行為運作。鮑爾斯認為大腦之功能主要在於針對外界或內在之情況，以滿足人體內在之目的。格拉賽推衍這種學說，認為人類行為的目的，皆在於滿足個人內在心靈之需要。所有生物的生活目的，皆在於滿足個人內在心靈之需要。

所有生物的生活目的，皆在於自周遭的環境中滿足一己之主要需求。格氏的這種理論與現代行為學派理論大相迴異。後者認為所有生物，包括人類，其行為是受外在環境之刺激而影響、決定。

格拉賽認為所有精神情緒困擾的病患，包括罪犯在內，都是由於不能控制其周遭的情況，無法滿足其一己之需求。因此，不論是精神情緒問題、同性戀，或暴力犯罪，都出自於對外界環境缺乏控制，無法滿足一己之需求所致。實踐治療法在於幫助這些病人適應、控制外在環境，以期滿足一己迫切重要之需求。

所有生物，從微生物乃至於人類的行為，均出自於內在需求之壓力所致。愈原始的生物，其需求愈單純，所有生活存在的生物，都是能夠有效的控制外在環境，否則他們就已經消滅了。

為了要了解人類大腦功能運作，首先我們應了解人類的主要需求。所有的生物最基本的需求，是個體及種族的生存延續，較高層次的生物，可能發展出各種不同的需求。以人類為例，除了生存的需求之外，更具有參與社會化、合作及親和的需要。這些需要各自獨立，與原始生物的生存需要並存。格拉賽認為人類演化層次較高，各種社會性的需求，其迫切性並不低於生存的需求，因此有的人因為缺乏愛或其他原因而自殺。由這些自殺的例子可見，人類生存的需要並不足以決定其他的需要；證明人類之諸種需求，是獨立並存，並無先後。

格拉賽認為人類具有「權力」的需要，因而與人競爭，以爭取自我身價及地位。除此之外，人類亦具有追求樂趣、自由的需求。人之心靈結構是建立在五項需求之上，這五項需求分別是：生存、親和、權力、樂趣及自由，當任何一項需求缺匱時，人類之注意力卽集中於此項目。五項需求中雖有先後之分，然而人類心靈結構之生存維續，必須以五項需求滿足為基礎。這好似人類之身體需要各種營養以維續，各種營養的

量多少不等，然而缺乏任何一種，都會造成身體生存運作的障礙。

當人類某些基本需求未能得到滿足時，卽會呈現精神情緒困擾的現象，展現適應不良的行爲。治療者之作用，在於指示病人所缺匱的需求，並指引病人如何適應、控制環境，以滿足其需求。例如當我們體內缺乏水份時，身體缺水的狀況會透過副神經體系，傳達及於大腦，促使大腦尋求解決方法。於是大腦轉而指導生物個體，往周遭環境中尋求水份，如果無法取得水份，個人可能會死亡。

人類控制環境的兩大管道，第一是了解個體解決滿足需求的方法及物質，第二是如何取得這些物質或服務（例如愛）。

實踐治療理論與其他學說之主要區別在於：前者特別重視人類行爲出自於內在需求，而非外在環境之壓力。實踐治療學派之創始人—格拉賽，最初是心理分析學派的弟子，由於對於傳統精神醫學之不滿，乃創立此一新學派。從他行業開始，格拉賽強調個人應對一己之行爲負責，而不能倚賴、期望別人替他解決問題。在他行醫之初，有一位具有神經質及憂鬱症的婦人來求診，這位婦人認爲她的病症是由她已死的祖父導引而起，格拉賽指示這位病人，她的祖父已死，空談無益，指示她討論她目前的行爲以及如何解決她的問題。幾個月以後，這位病人的神經質及憂鬱症狀逐漸消失。

一九五六年，格拉賽在加州少年局凡杜拉的犯罪少女監獄任精神醫生。在過去，傳統精神醫生告訴犯罪少女們，他們有精神情緒問題，因此他們產生犯罪偏差行爲。格拉賽的理論否定精神病之概念，因此在敎導犯罪少女時，强調個人對於己身行爲之責任。格拉賽以實踐治療法冠稱他所運用的醫療方法，各方面的反應熱烈。

目前，實踐治療法受世人重視。至一九八一年爲止，美國軍方二百所戒毒或戒酒中心，90%均運用實踐治療法。一九六八年，格拉賽更創

立實踐治療學院，專門訓練治療人員運用實踐治療法。訓練共分三期，第一期：為期一週，主要是介紹腦部控制功能的學說，並且實習實踐治療方法。一星期之後，學員返回其原有工作崗位，在工作中實習實踐治療法則。實驗六個月之後，乃得以進入第二階段：為期一週；學習腦力控制理論及實習，然後又返回工作崗位實習，再過六個月之後，乃得申請進入實踐治療學習之第三階段。

在實踐治療學院中，又分設教育訓練中心。在教育訓練中心中，由特殊受訓之專人，教導所謂「無失敗」的教育理論，這種理論應用之對象為中小學，訓練對象為中小學教育家。格拉賽在一九六九年出版《不會失敗的教育》(Schools without Failure) 一書，在這本書中，格拉賽強調學校中的問題兒童，出自於在學校中失敗，因而放棄學業，不再努力。在學校中失敗的青少年，並未放棄其需求及慾望，由於學業失意，轉而參與吸毒、酗酒及犯罪行為，以期滿足需求。司莫爾 (Small, 1977) 在加拿大所作的研究證實，學校失敗的經驗較之貧困不良的家庭背景更為嚴重，足以促使青少年走向監獄之途。自格拉賽之教育學院創立以來，先後二十五萬位教師接受訓練，而參與之學校均能增進學童之學習能力。80—90%之學校減低了學童問題，而學生破壞財物的現象幾乎中斷。

自一九八三年，格拉賽更向一般民眾施教實踐治療法，格拉賽強調他的治療法屬於心理衛生技能，有助於個人工作、生活效率。學習之後，一般人得以更有效解決面臨之各種問題，而減低其精神情緒之困擾。格氏強調以個人內在精神控制一己之心意情緒，不受外物干擾。他認為參與競爭的人士，必須學習協商及妥協，而不能以攻擊、破壞性行為，以求取一己之目的。

## 第三節　實踐治療法之運用

### 一、實踐治療法之人格理論

　　首先我們必須再次肯定，人類大腦是一項控制體系，而人類的行爲主要是爲了滿足一己內在之需求。爲求滿足一己之需求，個人乃企圖探索、認知外界情況，而個人對於外界之認識及肯定，卽構成其一己之眞實情境（Reality）。因此個人對於外界之認識，個人所肯定的眞實世界，都是主觀性的，而非客觀者。一般人所謂之客觀境界，亦祇是衆人所肯定之事實。

　　個人對於外界之認知（perception），決定一己之所謂眞實情境（reality）。在實踐治療法中，必須要使得病人了解他們對於外界之認知，他們認爲是事實，別人的看法未必一致。由於每個人的背景、需求不盡相同，因此每人對外界之認知亦不相同。如果我們認清、了解此一事實，則易於促進人與人之間的了解及協調。

　　當我們爲了滿足一己之需求，而企圖控制外在的世界，以及周遭的人、事。然而控制別人却是困難的事，格拉賽的許多病人都是因爲企圖控制別人，而產生困擾。格拉賽建議我們最好設法控制我們自己的行爲，而不是去控制別人。在實踐治療法之中，格拉賽強調我們應力圖幫助別人，滿足其需求願望，而非控制別人。

　　在醫療精神病患時，格拉賽強調病人勿以病痛行爲，例如憂鬱、焦慮、內疚、頭痛、腰痛等等，以圖控制別人。格拉賽強調我們可以更好的方法，滿足別人及一己之需求。

　　當一位婦女置身於痛苦的婚姻生活中，在外有外遇，然而留戀子女

時，本身遭受的矛盾、痛苦和衝突，是無法解除的。她的兩種需求—愛及忠誠，無法同時滿足，無論做何決定，必然將犧牲其一。如果依據常理推斷，這位婦女必須在兩者中選擇其一。然而實踐治療法則指示這位婦女暫不作決定，等待外在情況演變，或是該婦女本身情懷改變時，再作決定。

我有一位世叔，英俊瀟灑，平時以才子自居，而他的太太是父母指配，且庸俗不堪。這位世叔在四十歲時，結交了一位年輕貌美、氣質高雅的尼姑，兩情相悅，而論婚嫁。這時，這位世叔一方面想擺脫其庸俗的妻子，但是又捨不得子女，陷於困境；然而，過了幾年，當他忘卻那位年輕的尼姑時，他也擺脫了內心的困擾，終於又回到了妻子的身邊。這可能是實踐治療法的一個好例子。當個人面臨魚與熊掌兩難的情況時，最好的方法是不作決定，情勢會變化，而個人也會變化，等待兩者之一變化時，魚與熊掌的局面也會發生變化，這時個人所作的決定，不會產生嚴重的困擾。

格拉賽勸告當個人面臨兩難抉擇的情境時，最好將注意力專注在其他生活層面，例如工作。例如以上所說的例子，這位婦女可以出外工作，當個人將能量放在與衝突無關的部門時，衝突的能量自然降低，個人的感受亦因而改善。

同時，當個人處於兩難的困境時，個人的創造力亦因而激發，創造力可以激發許多新的構想，新的解決方法。在人類有生之年，我們是不斷在創造，等待時機，以解決我們的困境。所以在面臨難以抉擇的困境時，最好是不作決定，暫時置身於兩難之境，讓一己之創造力來設法圖謀解決之道。如果勉強在兩難的境界作決定，必然會帶來痛苦的結果、痛苦的心情，如果我們勉強作任何決定，必定是難以愉快的。

## 二、實踐治療法實施步驟

實踐治療法之實施可分爲八個步驟:

### 第一步

實踐治療者與患者接觸的第一步，是與病人建立親切、和善的關係，參與病人的狀況。所有求診的病人都感到寂寞，他們急切盼望能自別人得到親切的照顧及關懷，他們期望參與親和的人際關係。由於寂寞及無奈，這些病人產生抑鬱、內疚、焦慮等等心態。治療者必須說服病人，在治療者幫助之下，病人可以建立更有效的生活方式及心態行爲，以解決他們的問題，滿足他們的需求。

然而，治療者對於病人之關懷及親切，應該是有限度的，是以專家的身份參與，不爲病人病態的心情情緒所左右，不能繼續慫恿病人，維持以往的病態行爲。

在建立親切的人際關係之後，治療者必須幫助病人，探索後者內心中迫切而無法滿足的需求爲何。然而卽使病人能明白表示其內心的迫切需求，這些需求未必是能够滿足的。例如李先生受他太太排斥，太太離他而去李先生迫切的需求是贏得他太太的愛；另外一位失職的工作者，最迫切的需求是找回他的工作，這些需求都是合理的。實踐治療法的第一法則，是告訴病人我們祇能控制改變自己的行爲、生活方式，而不能企圖改變別人。我們的大腦祇能支配我們自己，不能支配別人；因此，在不幸的情況中，我們祇能改變一己之行爲心態，以期給予自己及對方更多的滿足。

因此，治療者詢問病人的問題，不僅是病人心目中迫切的需求，而是在目前情況之下，病人期望能够實現的願望。所以第一位病人與妻子斷絕關係時會說:「我需要愛與關懷」；而第二位病人（失去職位者）會

說：「我需要一個好的工作。」

**第二步**

　　**徵詢病人目前從事的行爲**。實踐治療的第二步是徵詢病人目前的行爲，以及其目前從事的行爲，與追求其迫切需要的相關性。例如前例中的李先生會說：「我現在需要的是愛」，治療者追問：「你現在在做什麼，可以使你得到愛？」於是病人可能體會他目前所從事的行爲，可能與他迫切需要漠不相關，目前從事的行爲不能達到他迫切需求的目標。例如一位神經質的男性，希望得到異性的愛，然而由於自卑、膽小、害羞、無法啓齒、無法直接表達，而陷於單戀的情況；經過治療者解釋之後，乃恍然大悟，改變其行爲，不再沈默躲避。前例中的李先生自與妻子離異之後，情緒低落，因而日日悶悶不樂，怨天尤人，然而這種抑鬱、埋怨的心態行爲，無法滿足其內心迫切愛的需求。

　　治療者更必須指示李先生，他之所以悶悶不樂、情緒低落而足不出戶，是他所設計的心態行爲，以圖挽回他失去的太太。然而這種方法却未達到預期的目的。或許李先生無法了解這一項答案，他以爲他的悶悶不樂是受情況影響所致。實踐治療者在這一階段，必須灌輸病人以大腦功能運作的觀念。人類大腦隨時都在控制我們的心態行爲，以期滿足我們迫切的需求，所以治療者必須說服病人，他們之所以悶悶不樂，之所以裹足不前，都是出自於他們大腦的意願、大腦的控制，他們之所以情緒憂鬱，也是受他們大腦的主宰。

　　以目前病人李先生的生活情況爲例，包括三項行爲要素，第一是裹足不前，第二是悶悶不樂，第三是失敗主義的意念。治療者必須選擇其行爲中最容易改變的一環，以圖改善。在李先生的三項行爲因素中，最容易改變的是他裹足不前的行爲，是他很少參與社交活動的生活習慣，是他缺乏主動精神的心態，治療者也同時企圖改變病人失敗主義的意

念。治療者必須糾正病人的觀念，病人之所以裹足不前，不是由於情況使然，而是出自他個人的意願；病人之失敗主義亦非出自於情境使然，也是出自其意願。治療者更必須指出，坐在家中或是失敗主義，都無法贏得愛或是找到好的工作。

## 第三步

治療者與病人仔細思考討論，病人目前從事的行爲與乎其追求的目的是否相關。例如一位少年罪犯從事吸毒、逃學、打架等等行爲，治療者必須追詢這位少年犯，他眞正的願望、需求是什麼，目前所從事的行爲是否可以達到他的願望。爲什麼要違反法律規定，如果說吸毒是因爲挫折太深、情緒太壞；治療者應繼續追問，就長期目標來看，吸毒是否可以減低病人的挫折，或者改善病人的心情。

## 第四步

訂定一項改善病人行爲心態的計劃，而切實執行。以前例中的李先生爲例，應該告訴他多參與社交活動，結識新人，並且完全忘却過去的妻子。

## 第五步

必須使得病人能够眞正參與、執行他預定的計劃。

## 第六步

無藉口。必須告誡病人，病人亦必須體認，不能以任何藉口，不去執行預定的計劃。治療者可以直接了當告訴病人，不要讓任何理由阻礙他，使他陷溺在舊有的生活習慣中，必須切實實施新的計劃。治療者不去討論病人的過去，病人也不能以過去爲藉口，逃避責任。從實踐治療法的觀點，病人之所以憂鬱、悶悶不樂、裹足不前，都是出自於他自願，出自於他大腦之指令。病人必須改變意願，改變自己，不要推卸責任於過去的情境。

傳統精神分析，強調病人過去的病因，對於病因的分析或有助，而對於病人的治療則有害無益。病人體認過去的環境壓力是應該的，然而在治療復建的過程中，這祇是第一步，分析過去之後，應立即著手於現在及未來的計劃，不要一而再的去回顧過去，而惆悵悲痛。

## 第七步

**無懲罰**。格拉賽強調在實踐治療的過程中，對病人、對問題兒童、或是犯罪少年，不應以懲罰方式來教導病人或青少年。因為施以嚴重懲罰，則病人卽使反悔，亦無機會可以補救，最好是給予短暫的「禁閉」，或暫時的懲罰，逼使病人走向更生之途。例如酗酒者，應告誡之，使之參與戒酒會（AA）的活動。

## 第八步

**永不放棄**。病人要想從長期惡劣的生活習慣中擺脫出來是不容易的，太多的阻力使得他們無法擺脫積習。治療人員應緊追不捨、不放棄病人，直到病人改善為止。

實踐治療法之重點在於告誡病人運用思考，控制一己之心態行為，以圖解決自己的問題。當治療者與病人面對面交談，企圖解決問題時，常會引起不愉快的衝突。實踐治療的主題是面對現實。在試圖解決病人的困惑及問題時，實踐治療者有一定的時限，在一定的時限之內，期望病患能夠反省自救。許多病人知道有一定的治療時限之後，亦會加速反省。過了治療期限之後，仍可以與病人維持連絡。

實踐治療，顧名思義，既然是以實踐力行為主題，必須針對病人之缺點而糾正之。例如一位從未曾工作的少女告訴治療者說：「下星期我將開始找工作。」治療者不能祇是消極的說：「好的，希望在下星期聽到你的好消息。」必須更積極的追問：「下星期什麼時候你會去呢？」

女病人回答：我想我現在還不肯定，不是星期一，就是星期二吧？

治療人員説: 到底是星期一，或是星期二呢？

女病人: 星期二。

醫: 星期二幾點？

女: 早晨吧。

醫: 早晨幾點？

女: 好的，九點半。

醫: 好的，九點半去找工作是很好的，你準備穿什麼樣的衣服呢？

女: 我倒沒想過，你認為我應該穿什麼樣的衣服呢？

醫: （於是討論幾種應徵者應有的穿著。）你準備去找那一類的工作呢？

女: 我想我要在日報的職業欄去找。

醫: （於是提出一些有關找職業的建議，甚至與女病人共同檢查日報的職業欄。）

治療者可以繼續徵詢病人，如果職業機構準備進一步應徵時，將如何處理？治療者可能繼續與病人討論一些應徵對答的注意事項。繼之，治療者可能問：「如果尋職開始幾次都失敗，你將如何處置？」總之，在追詢時，應以病人之計劃、行動爲主題，幫助病人處理挫折、抑鬱的情緒。如果是少年犯，則應幫助病人解除忿恨的心情，以積極的方式而非以發洩情緒的方式，來解決問題。

總之，治療者必須很具體的與病人討論可能遭遇的情況，建議以實際的行動解決問題，則有助於病人之康復。

具有建設性的爭論，亦是實踐治療的一部份。應重視的是，在爭論時，應提出意義的建設性的意見，而非消極、無謂的爭執。

幽默也是實踐治療的一部份，正常心態的人不僅應有開懷大笑的能力，更應有能力透視一己之弱點，而能坦然以視之；以一己之缺陷、弱

點，作爲幽默的對象。當一個人爲情緒所累時，常會喪失幽默的能力，缺乏正視自己缺陷、不能接受自己。「笑」與「幽默」是健康精神生活的一部份，一個正常的人應該保持這一份心理。

在治療的過程中，治療者必須時時正面糾正病人的缺陷，時常與病人發生正面的衝突，不能接受病人的各種推辭、藉口，因爲正是這些推辭、藉口，使得病人陷溺在病況中。有時治療者更必須直接了當的告訴病人，不要再沈溺於自設的陷阱中，不要再找藉口，「醒醒吧！」。

如果病人問：「你認爲我有那一些缺陷？」治療者可能會說：「我認爲你是瘋子。」然後加以解釋：「我所謂之瘋子是說：你做事不負責任，常常會損害及自己和別人。」

有一次，心理分析大師哈靈頓與一位病人在交談，而病人則茫無頭緒，不知所示的胡說八道，哈靈頓則顯示毫不注意，日光注視於窗外。病人於是問：「爲什麼我跟你說話時，你會看窗外？」哈靈頓回答說：「做任何事情也比現在你所說的更爲有趣。」

從事實踐治療者，從不分析夢。首先，夢的分析並無治療的功效；其次，夢的分析給予治療者及病人許多無聊的藉口。治療者不妨聽聽病人的傾訴。

總之，在實踐治療中，治療者的目的在於協助病人，解決現實生活中的問題，探討病人當前的行爲及計劃，病人與治療者共同商討生活計劃，以解決其面臨的問題。

## 三、心理治療的要訣（Mechanisms of Psychotherapy）

心理治療的第一要訣是病人來診療所，見到治療者之後，可以能夠安心暢所欲言，無所顧忌、無所恐懼、無所擔憂。心理分析大師強調心理治療之重點在於「靜心休息」，使病人免於無止盡的掙扎、困擾，這

種效果也可以由宗敎信仰、醫生、律師、沈思打坐中得到。

在實踐治療診所中，治療者（Therapist）協助病人了解其所以產生問題，並非出自於別人控制他，而是他自己未能善於控制環境。使病人能夠逐漸了解，其命運情況操之一己之手。治療者必須避免受病人控制，病人將一而再的以各種方式控制治療者，病人也會卸罪於治療者，而治療者亦無須以自我防禦的方式來抵制，仍能以親和的態度接受病人，最後病人或者能體會有問題的是他自己，未能有效的適應環境，未能有效的處理人際關係。

在治療中，治療者不斷的追問病人，是否有進步、是否能够解決自己的問題，在於啓示病人不能再以往之病態行爲，以圖控制別人，或是以之適應環境。在治療者、病人互動的過程中，治療者一而再的給予病人啓示，是病人以往的行爲導致別人的排斥、冷落、鬥爭。治療者接受病人，了解病人的狀況，不斷要求病人放棄以往的行爲習慣及心態，以圖改善其與周遭之關係，最後行之有年，病人或者能體會他們以往所以有衆多問題，是出自一己錯誤之觀念及行爲，徹底覺悟，以後乃得以逐漸改善。

## 四、實踐治療之應用

實踐治療法可以應用範圍甚廣，可以應用於各種醫治層面。

在實施實踐治療法時，治療者必須檢查病人的三種情況。第一，病人對於一己內心之了解程度。病人是否了解其眞正迫切的需求，病人不能以抽象模糊的觀念，來描述其一己迫切之需求。有時病人很難以面對現實，揭露其眞正的需求，病人愈是不願意面對事實，愈是難以處理，愈是難以解救。

第二項重要的事是檢查病人目前的行爲心態，是否仍有很高功能效

率的成份。即使是身處於精神病院的嚴重精神病患，亦仍然擁有若干有效的行為心態成份，治療者同時探索病人過去所採用的有效適應生存的方法。使病人恢復，比教導病人學習新的適應行為為易，如果病人過去及現在均擁有極少有用的行為心態，則難以協助這位病人康復。

第三，治療者必須探測病人的世界觀。病人的世界觀愈古怪者，愈難以治療。如果一位病人堅持嚴厲的道德觀，認為整個世界都必須遵從這一套嚴格的道德標準，則這一位病人的病況將難以醫治、復原。治療者必須指示病人，由於他們錯誤的世界觀，使得他們陷於困境。

自一九三五年至一九六二年之間，哈靈頓醫師（Harrington）在美國榮民醫院，運用實踐治療法於嚴重精神病患。哈靈頓劃分治療期為三階段，第一階段是病人完全由醫護人員負責料理，而至於第三（最後）階段，病人出院受職為止。促使病人不斷降低發狂的行為、言談，逐漸增進病人負責的行為及有意義的交談。

加拿大阿伯塔省（Alberta）少年感化院亦完全採用實踐治療法，以治療少年犯。劃分治療為四階段，亦倣效哈靈頓的治療方式。在治療嚴重精神病患的過程中，哈靈頓告誡他的病人：「不要再繼續狂言狂語，不要繼續告訴我你的幻聽、幻覺，我希望你告訴我：你真正希望的是什麼？你希望在那一行業中工作？如果你痊癒之後，你準備做些什麼？」當治療者拒絕接受病人之狂言亂語，或者是少年罪犯之胡言亂語，及其錯誤之人生觀與心態行為時，病人的狂言狂語，發狂的心態行為亦隨之減少。治療者必須不斷強調病人之真正需要，病人現階段的行為、生活方式，如何去滿足一己之迫切需要，如此久而久之，病人或者會將注意力集中於現實生活情況、實際生活方式，以及實際之生活需求，而不再是幻聽、幻覺、幻想，不切實際的發狂言行。

實踐治療可以運用於個人治療，或是群體治療方式。群體治療具有

特殊的效果，當一位病人（例如少年罪犯，酗酒狂）在群體中立下誓言，決心改變一己之行為，例如不再說謊、不再偷竊、不再飲酒，簽下誓約時，在衆人目證之下，會加深病人之決心及恆心，為了「面子」、榮譽，必然會更努力，堅持其新的生活計劃。例如不再抽煙，個人的誓約不僅自己簽字，並且由群體中每一位人士簽名。

在家庭婚姻糾紛中，治療人士亦以同樣方式處置夫婦雙方。在婚姻治療之初，治療者首先要澄清問題夫婦的目的為何。夫婦問題之癥結，在於一方面企圖控制另一方，而另一方不欲被控制，如果雙方堅持己見，則勢必離婚。婚姻指導者必須指導夫婦雙方了解：

1. 雙方興趣、生活旨趣之差別及相似處。
2. 雙方如何可以結合為友。
3. 雙方對於另一方之了解，雙方對婚姻之指望為何？雙方在某些問題上，對於另一方缺乏實質的了解。

在治療病人的過程中，治療者常會見病人之家屬，或其最親近人士，以圖了解病人。並且亦希望使病人可以透過其親近人的眼睛，了解他自己。在徵詢這些重要人的意見時，亦必須邀請病人同時出席，其主要目的在於使病人了解其親切人士對於他的看法，以增進病人的自我了解。

**（Ｉ）參與投入（Involvement）**

在實施實踐治療之最初幾次會面交談時，治療人員必須企圖建立彼此的親切、信賴，徵詢病人在追求成就方面，所從事的行為，以何種心態行為達成一己之期望目標。試圖使病人了解，必須為其行為負責；他目前的處境都必須由他自己負責。實踐治療強調病人必須體認，參與其生活目標與其心態行為之關係。以我們參觀臺北戒毒所所見到的實例，吸毒犯都是在被迫的情況下參與戒毒，而不能體認他們的責任，他們的人生目的，無參與、無置身投入的感受（Involvement, Commitment）。

如果毒犯對一己吸毒後果不關懷，又不能體認一己之心態行為與其後果之關係，則企圖戒毒是無效的。雖然勉為其難在戒毒所內可以戒掉毒癮，一旦出獄之後，又恢復常態。

戒毒所與美國戒酒學會之最大區別，是在於後者乃病人自動參與、投入，產生認知及意願，認清一己之錯誤及問題之所在，認清酗酒對於自己未來前途之危害，認清一己之心態行為之後果。在體認個人的情況之後，乃能痛下決心，改變個人心態行為，以期達成人生美好的境界。所以導引病人之參與，介入其病症情況，認識一己之問題所在，承認一己之錯誤，而決心修正，乃解救任何心理病患或罪犯之第一步。

第二，病人必須深切認識一己行為之責任、後果，一己心態行為與一己之疾病間的密切關係。除非個人痛改前非，要希望剷除因一己之非而產生之病，是不可能之事。所以病人必須認清、接受一己行為之責任及後果。

## （II）承諾（Commitment）

治療者與病人面對面而坐，治療者可以具備心理學、社會心理學、心理分析學，或醫學之背景知識。治療者必須與病人事先討論及醫療費用問題。治療人員與病人以每週會面一次為宜，每次通常為四十五分鐘至一小時；第一、二次會談可能時間較久，治療人員必須真正參與、界入病人之問題，在需要的情況之下，不妨應用藥物。對於嚴重罪犯及少年犯，其犯罪根源出自於缺乏教養、良知的缺陷、或反社會人格結構者；對於這些罪犯，施以藥物治療則無效，反而更足以減低其責任感。

在實踐治療的過程中，只有重要的治療法則，而無一定的方法，所以治療者必須具備實踐治療的知識及經驗。在個別治療的過程中，則可以採用不同的方針及技巧。

如果一位病人告訴治療者，他是一位慣於說謊的人，治療者應如何

處置？一位實踐治療者則可以告訴這位病人：「我相信你所說的每一句話，如果我不相信你，而去思索你每一句話的真假，則是浪費我們的時間，而你也不會痊癒。」

在心理治療學說中，有所謂「飛行治療」之說法（Flight into Health），即病人在短期治療之後而痊癒者。事實上這是有可能的。然而基本上，實踐治療不贊成這一種說法，實踐治療相信痊癒是漸次性的，在治療機構中，更有許多病人故意做作、偽裝，以圖早日出院。為求證個人是否有心向善，可以其公德心之程度而衡量之，病人是否有意幫助別人，展現其心理康復之程度。

# 第十一章 心理治療之二：
## 病人主體治療法
### 〈Client-centered Therapy〉

## 第一節 導言

羅吉士（Carl Rogers）一九四〇年代創立以病人爲主體心理治療學派。根據臨床經驗，羅吉士認爲幫助病人恢復正常、建立健全人格，最好的方法是：治療者與病人建立親切、關懷而無批判性的關係。羅吉士的理論是以人性有自求發展、自我實現的願望爲基礎。（Rogers, 1959）

在嬰孩及兒童時期，個人自我實現的願望時時與父母及師長的限制相抵觸。祇有當兒童遵循父母及師長的指示，他們才受父母及師長所愛、所接受。日久之後，兒童吸取這些經驗，構成其自我觀的一部份，於是兒童自我限制其本能欲望。羅吉士認爲心理治療的目的在於輔助病人恢復失去的能力，以實現其自我。在親切眞誠的心理治療者與病人關係中，病人得以逐漸擺脫自我限制的境界，而走向自我實現。

在心理治療過程中，治療者第一步驟是切實投入了解（empathy）病人的情況，接受並且尊重病人。第二，治療者與病人之間的關係必須是眞誠；眞誠是心理治療者的一項必備條件。專家必須能够明白表示其內心之感受，而且使病人也能感受治療者的內心感受。治療者不能作

假，或是僅以專家身份出現，治療者必須言行合一，必須裏外如一，他必須將他自己坦白揭露於病人之前。

當治療者坦誠佈公之後，必須努力以身歷其境的方式，試圖了解病人的情況。由於眞誠、親切的自我經歷，治療者乃能够體會許多病人無法言傳的心靈境界及情況。其次，治療者必須無條件的接受病人獨特的人格特性，是一種非佔有性、非批判性的接受。治療者必須相信病人潛在自我實現的能力，相信病人能够發現方法及資源，以解決其己身之問題。治療者旣不給予指示，也不給予勸告，而是以直接或間接方式，讚揚病人之獨特風格，作非批判性的體會及眞誠反應。

過去許多研究證明，病人之康復主要出自病人感受治療者之關懷、熱誠、同情及了解，及治療者接受病人之獨特人格，讚賞病人的能力。在一所精神分裂症醫院中，研究者發覺病患康復之程度，隨著治療者的熱忱、關懷、了解及對病人的尊重而增長。羅吉士（Rogers, 1967）發覺病人如果能增進其與治療者之溝通，其康復率亦增加。當病人感受治療者之眞誠、關懷及尊重之後，乃得以逐漸康復，逐漸能够體會其一己內心之感受；內在感覺之動力演變增加，而外在行爲與內在思想日趨一致。

羅吉士的理論與國內一所民俗精神治療院——龍發堂內所採用的治療原則、方法相似。龍發堂位於高雄縣路竹鄉，由一位名叫釋開豐的佛敎弟子及二十幾位僧侶所主持，收養近三百名嚴重精神病患。有關龍發堂的詳細報導，請見下則龍發堂記載。

## 中國民俗心理治療的實例——龍發堂

龍發堂是一所中國傳統式的民俗醫療精神病院，其中兩百餘位嚴重精神病患者，在主持僧釋開豐及二十餘位僧侶照應之

下，在沒有藥物治療的自然環境中，能够平靜的工作、生活、念經、拜佛，這眞是一件奇跡。

在龍發堂內，我們見到管理的僧侶與精神病人，在生活作習上打成一片，那一種深切的關懷，投入愛心與佛心的融匯，又怎能是渺小的世俗人所能做得到的呢？記得第二次去參觀龍發堂時，同學中有三分之一的人拒絕進入噪雜骯髒的養雞場，三分之一的人拒絕吃晚餐，我想，他們大概是嫌龍發堂太髒了，精神病患太可怕了。說句老實話，能够與成群的精神病患共起居的人畢竟太少了，龍發堂的這些僧侶，這一份深切的關懷、投入，救人救世的心理，與病人生活在一起，對病人的照顧，是世界上任何醫院都無法見到的。我在美國二十年的時期中，參觀過許多精神病院，大致上，美國精神病院的情況與我國相當，有好的，有壞的。然而對於病患之處理，在原則上是一致的，精神病被視爲無可挽救的疾病，因此精神病院的目的只是照顧病人，使他們與正常人隔離，在治療方面，都是以藥物治療爲主，治標而不是治本。

與一般精神療養院比較，龍發堂內病人的生活環境以及生活方式顯然較爲優越。首先，在龍發堂裡，病人的空間較大，自由較多，其次，病人過着自然的生活方式，與外界的團體生活，例如工廠、軍營，沒有多大的區別。第三，龍發堂僧侶對於病人之關懷、投入，龍發堂內親切、眞誠的人際關係是外界無法比擬的，這一份眞誠親切的人際關係，主持僧侶的關懷愛心是醫治精神病不可或缺的條件。

龍發堂所收容的病人，多是其他醫療機構久醫無效，以及其親屬排斥的病患。在沒有進入龍發堂之前，他們過着非人的

生活，多數被家屬鎖在暗室中，一日三餐之外，無所事事，許多病人身體羸弱，病況嚴重，進入龍發堂之後，他們才開始過正常的生活，工作、運動、與人接觸相處。

在龍發堂二百多位精神病人中，大約有百分之七十從事車衣的工作，百分之二十從事養雞養豬的工作，另外百分之十則從事清掃，閒蕩或屬狀況不明，具有危險性的病患。在車衣場工作的一百多位病人中，根據我的估計，其中大約百分之五十是眞正能工作，其他百分之五十工作效率很低。工作對於精神病是一項有效的治療方法，它給予精神病患以生活意義，製造規律，秩序性的團體生活。

根據個人的觀察，龍發堂的病人中百分之三十至百分之四十情況良好，可以說是正常人。依據社會學對於精神病患之界定，凡是一個人能正常工作，維持和平的人際關係，就是正常人。龍發堂的車衣工場內，每個病人均持有刀、剪、針等等物件，這些物件都可殘害自己或別人的身體，然而依據龍發堂僧侶的報導，這些病人並沒有作出危害別人或自己的行爲。我與幾十位同學進入車衣廠與這些病人交談了很久，也沒有任何問題，可見這些病人的情況已相當穩定，如果有社會機構，或是他們的家人，願意收容、照顧，龍發堂內百分之三十至百分之四十的病人可以回到社會裡，過正常的生活。

依據高雄醫學院的報導，龍發堂的病人中百分之八十～九十屬於精神分裂症，如果龍發堂內的百分之三十至四十左右的病人能够正常工作，與人和睦相處，則我們可以說：龍發堂的治療成效率大約是百分之三十至四十，這是世界上任何大規模精神病院都難以比擬的。

　　另外，龍發堂還有一項重要的特色，是病人的醫療費用低廉，平均每日每人的生活消費大約是三十餘元新臺幣。龍發堂的這一項特色對於社會以及病人的家屬都是一大貢獻，減少政府的負擔，減少病人親屬的負擔，使得沒有錢的病人也可以接受醫療。在這一方面，如果我們以龍發堂和一間現代龐大的私人精神病療養院比較，就可以了解龍發堂的貢獻。這間私人療養院中也有幾百位病人，包括輕度的及嚴重的精神病患。輕度精神病患者的病房生活環境還可以過得去，但是沒有生活自由，沒有空間，沒有工作，沒有正常的人際關係。嚴重精神患者的生活環境則好像監獄、動物園，在藥物的控制下，這些嚴重的病患延續着他們的生命，他們仍舊在呼吸，仍舊在飲食，如此而已。在這間私人療養院中，病人的家屬每月必須負擔一萬多元新臺幣的生活療養費。以民國七十四年臺灣的生活水準而言，對於絕大多數的人，這是一筆龐大的開銷，遺憾的是，這一筆開銷對於精神病人並沒有什麼幫助，祇不過使得他們喘延維續他們的痛苦而已。

　　最後，我們必須回到有關精神醫療的重要問題，究竟精神病是醫學界的問題，還是宗教家及社會科學家的問題。這一項爭論，從佛洛依德開始就沒有肯定的答覆。從後期精神醫學專家對於傳統精神醫學的懷疑及批判，以及現代精神療養院的諸多缺失，使我們深深體會到目前對於精神醫療，政府的政策必須要作慎重徹底的檢討，我們不能用淺薄的科學知識去排斥類似龍發堂的設施，不能因為龍發堂的負責人沒有受過現代醫學的訓練就不准他們開業，我們必須認真的去探討他們的動機以及龍發堂的成效。照顧精神病的工作性質與養育子女有很多相

似的地方，我們不能說一個女人沒有受過現代醫學的訓練就不能生孩子，不能養育孩子。我建議政府一方面開放精神病醫療，使得教會、僧侶和私人都可以參與。另一方面，政府可以嚴格管制其品質，並且給予實際的支助。以龍發堂爲例，我們政府可以比照美國政府的方式，按病人人數計算，每月給予財力上的支援，另外政府可以派遣醫療人員，幫助龍發堂維護病人身體健康，治療一般性的疾病，更而要求龍發堂維護一定的衛生設備。但是政府的要求必須公正。據我所知，目前許多公立精神病院的衛生維護情況比龍發堂差得多了。對於龍發堂如何處理精神病人，政府可以建議，但不應該干預。

精神疾病主要源自於人際關係的失調，社會適應的障礙困擾。治療精神疾病的方法很多，現代醫學祇是其中之一，其他如民俗醫療以及社會科學治療對於精神醫學的貢獻也是不可抹滅的。龍發堂給予我們許多啓示。第一，在理論上，龍發堂開擴了我們的視界，展示精神醫療學術理論的多元性，其次，在實際治療工作方面，龍發堂的僧侶們所表現的偉大愛心是值得我們敬佩學習的，我相信絕大多數的人無法做到龍發堂僧侶的境界。我們應該給予他們以道德及財物的支持。最後我必須說，龍發堂給予我們希望，使我們知道在藥物治療之外，對於精神病人，可以有治本的方法，透過親切的人際關係，透過規律正常的團體生活，精神病人才有眞正康復的可能。

羅吉士的以病人爲主體的治療方法，強調不得使用「指導式治療」(Directive Therapy)。認爲病人有潛在的能力，可以發揮解決自己的問題；治療人員不應該診斷病人，告誡指示病人有關病人的情況及應採

取的行爲等等。

　　羅吉士根據多年臨床實驗的經驗，認爲每個人（包括心理病人在內）都具有潛在的能力，能够進行潛在自我分析，解決自己的困擾。而且認爲心理治療人員干預病人思想行爲，足以阻礙後者康復的能力。羅吉士反對治療人員以專家的治療態度，或是以專門術語、事業化的測量來對待病人，認爲治療人員之主要功能在於幫助病人發掘其一己內在之潛力，以謀自救之道。羅吉士認爲「心理劇」（Psychodrama）、完形治療法（Gestalt Psychotherapy）、或是生物機能治療方法（Bioenergetics）都是以專業人員的姿態治療病人，違反病人自救的原則。羅吉士強調心理治療並非以治療者專家身份來控制被動的病人。

　　羅吉士以人本主義心理學家自居（Humanistic Psychology），強調個人人格尊嚴及個人價值的重要，強調個人尋求自我發展，自救的原則。他認爲他的「以病人爲主體」的治療法與心理分析學基本差別是·

　　「心理分析學派認爲人類的本質是非理性的，而非理性的人性如不加以督導管制，將會導致人類個體及群體的毁滅。羅吉士認爲人是理性的動物，能持續不斷努力，以具有高度結構的方法，追求其人生目的。」（Rogers, 1961）

　　羅吉士認爲人類的自我防衞體系阻礙人類心靈的自由活動，阻礙人類邁向其人生目標，阻礙人類之正常發展。如果沒有自我防禦之障礙，人類可以遵循心靈內在動力的指引，邁向自我實現。羅吉士認爲人類之內在本能，對於人格之成長、自我之實現具有積極的貢獻。

　　心理分析學者強調分析病人的過去，特別是心理病人過去根源，以了解病人當前病態心理行爲。羅吉士則著重病人自我的分析及當前心態行爲；強調個人內在心靈動力，對於病人成長、改進康復之重要性。

　　在心理分析的領域內，治療者爲病人解答其疾病之過去淵源，及目

前病況之間的關係。心理分析家在治療過程中，扮演導師的角色，指導病人如何改進其情況。在羅吉士「以病人為主體」的治療方法中，心理治療者則以一己坦誠關懷、傾聽病人的訴怨。

在「以病人為主體」的治療過程中，雖然治療者也以長者的身份出現，然而對於病人的言行並不加以評議，他不對病人的言行加以詮釋，也不追問病人、不褒揚、不批判，不對病人加以肯定，亦不對病人作任何描述。以「病人為主體」的治療法並不認為「移轉」（transference）是治療的重要條件。

以病人為主體的治療法強調病人心態行為的演變改進來自其內心，源自病人追求自我實現的基本慾望，這與行為主義又有顯著的區別。行為主義強調個人行為來自外來的刺激；此外，行為主義著重去除病人的病癥。而以病人為主體的治療法則強調病人對於其病情之體會。

以病人為主體的治療法淵源於中國的老子思想。同時，禪宗（Zen）強調人之自悟與羅吉士倡導之治療法原則上一致。在近代西方歷史中，羅吉士受杜威哲學影響甚深。羅吉士之立場與完形學派之觀點一致，也與美國立國精神——個人主義一致，強調個人自立自救。

羅吉士出生於一九〇二年，其病人為主體之治療法受蘭克（Rank）之影響頗多。蘭克認為病人之復健源自自我覺悟，而心理治療的目的則在促成病人的自覺。在蘭克的著作中，他強調三項因素決定病人之復健。第一是病人本身，第二是治療者，第三是二者之間的關係。蘭克認為病人具有復原之意志，治療者之功能在於促進病人自識及接受自己。第三項，二者之關係必須是自然的，自動的。在獨特的治療過程中，病人得以逐漸康復。

在《輔導與心理治療》（*Counseling & Psychotherapy, 1942*）一書中，羅吉士表白其以病人為主體的治療方法，強調治療者應以親切的

立場，溫柔的態度對待病人，使後者可以暢所欲言。在這種關係之中，
病人乃得以體認一己之內心，因而建立一己之行為及生活目標。羅吉士之
研究重心不在於心理治療理論之發展，而著重病人在治療中之康復過程。

一九四五年，羅吉士由俄亥俄州立大學移往芝加哥大學任教，並在
後者設立輔導中心，積極從事輔導事業。一九五四年乃出版《心理治療
及人格變遷》一書，一九五一年出版《以病人為主體的心理治療》。一
九五七年移往威斯康辛大學任教，並以其在芝加哥大學對待大學生及正
常人的心理治療方法，應用於精神病院中的精神分裂病患。

在現階段中，以病人為主體的治療方法強調，如果治療人員能真誠
的對待病人，了解體會及尊重病人，則病人情況可能會有好轉。羅吉士
在他一九五八年的著作中，描述病人在治療過程中康復的次序。由於以
病人為主體的治療法著重治療專業人員之內心動力，及其與病人之關
係，因此一切繁複的理論或治療程序均得以免除。如果治療人員能以真
誠相待，關懷了解，尊重病人，則有助於病人之康復。羅吉士的這套理
論改變了自佛洛依德以來的傳統心理治療學說，建立人本主義的心理學
及教育學。他的理論及方法，對於幫助別人，不論是在心理治療、輔
導、教育、社工、佈道等各方面都極有貢獻。其次，在家庭糾紛的處
理、工商人際關係、語言糾正、以及生命線中，都有重大的功能意義。

在以病人為主體的治療理論發展過程中，特別在一九四〇年代、一
九五〇年代曾遭遇甚多嚴格的批評。近年來，羅吉士更擴展其治療方法
及於小團體治療及遭遇團體（Encounter Group）治療法，以幫助一般
人重建心理健康。自一九六〇年以後，羅吉士出版了五本著作，皆以正
常人心理建設為主體，這五本著作依次為：

1960《個人成長過程》(*On Becoming a Person*)

1969《學習自由》(*Freedom to Learn*)

1970《羅吉士的遭遇群體理論》(*Carl Rogers on Encounter Group*)

1972《婚姻及其他選擇》(*Marriage & Its Alternatives*)

1980《生活之道》(*A Way of Being*)

自一九六四年開始，羅吉士在加州拉荷拉 (La Jolla) 的西部行為科學研究所工作，更建立個人研究中心。羅吉士的學理又遭到嚴厲的批評。倫敦大學的彼德士批評羅吉士理論如下：

「羅吉士強調思想開放，然而他在教育心理學方面，却提出一套缺乏理論，無知的整體觀念。羅吉士無視於教育界的許多原則，例如尋求眞理等，這些也是值得重視的。」

另外一位學者帝倫堡 (Tenenbaum, 1969) 對於羅吉士的《自由學習》一書，却極盡褒揚。他說在教育學出版物中，鮮見有如羅吉士的開創啓發性見解者，羅吉士一反傳統教育學之立場，不以教育為傳授知識之管道，更不以專家權威自居；而以教育為個人人格成長之途。在成長過程中，學生及師長均透過自我啓發的方式，以增進學識及生命、生活之道理。

## 第二節　病人主體治療法的理論結構

羅吉士之以病人為主體的治療法，並不重視人格理論，而重視人格變遷的過程。羅吉士認為人類自有生命之始，卽以自我實現為生命目標。嬰孩在其自我發覺的生命境界中，能夠辨識有助成長的生活經驗，以及阻礙個人成長的經驗。在成長的過程中，嬰孩發覺其自我之存在；初期之自我為生物性，與乎人類生物性個體之生存延續密切相關，進而發展尊重自我之情操；久而久之，自愛之情操成為決定個人操守之重要

因素。在自我成長過程中，個人逐漸接納父母及其他重要人之價值規範，以作為一己操守之準繩。在生命初期，嬰孩之操守，行為準繩是以一己之生物慾望為出發點。因此，當嬰孩能夠講話，與父母等人溝通之後，所產生的自我觀念是以社會價值規範為基礎。從此嬰孩之自我包含雙重內涵: 一為生物性本能欲望，一為社會價值規範。在兒童時期，尋求自我發展，自我實現，由於受周遭影響較大，因此社會價值規範決定一己自我實現之方向及目標。在嬰孩發展之後期的兒童時期，個人受社會文化因素的影響逐漸增加，個人接納社會眾人、乃至於其周遭重要人士的價值規範，以衡量決定其生物性需求之取捨。於是個人的自我實現方向，由早期之生物欲望的滿足，而進展為「好」、「壞」的選擇及發展。

值得重視的是，在尋求自我實現時「好」、「壞」之分，好壞的抉擇是後天學習得來的。社會價值的重要超越個人生物性需求欲望，然而後者之存在及迫切性，是不可抹滅之事實。羅吉士認為自我實現之二分法（生物性及社會性之自我之分解）為人類病態心理之根源（Rogers, 1963）。

在生物性需求與社會價值規範的衝突過程中，個人依據一己之自我價值觀念來衡量個人之經驗，與自我價值相符合的,則能夠正確的接受；反之則排斥，或是以錯誤、扭曲的方式接受。羅吉士（Rogers, 1962）說:

「人類精神疾病的根源出自人類二分人的生物性本能欲望與社會性的價值規範。個人在社會化過程中，接受父母及其他重要人士之價值規範，以之為衡量一己價值之準繩。當個人之本能欲望與社會價值規範衝突矛盾時，個人為追求自我實現、自我價值，而放棄本能欲望，視後者為自我實現之障礙，這種觀念當然是在後天社會化過程中學習而得者。人類本能欲望與社會道德規範衝突矛盾，構成精神疾病以及各種心理障

礙的根源。」

羅吉士（Rogers, 1959b）繼續說：

「在日後的生活經驗中，凡是與自我尊重、自我價值、自我實現相符合的經驗，個人能够正確的直接接受；凡是與個人自尊相抵觸者，抵觸的經驗則被曲折扭轉，或是被排斥、拒絕……。當個人拒絕排斥或曲折扭轉事實經驗時，個人之自我與事實經驗之間產生不協調，因而產生心理障礙以及心理危機。如果事實經驗與個人自尊相抵觸，卽被視爲個人尊嚴之威脅，這些事實經驗如果直接的接受，將影響個人心靈之和諧。因此這一類的事實經驗，勾引起個人焦慮，因而引起個人的自我防禦體系之運作，個人自我防禦機能，一則扭曲事實或是排斥事實，以維護個人之自尊自信，爲了防護個人之自尊，個人在這些生活經驗中，認知逐漸僵化。」

在治療的過程中，治療者干預個人因爲生物本能欲望與社會價值規範之間的衝突矛盾而引起的不協調、不和諧。治療者以親切容忍的立場，鼓勵病人接受事實經驗的真象，在親切、關懷的關係中，病人得以再次接納其原有的本能欲望爲其自我的一部份。在治療之中，病人在關懷體諒的人際關係之中，暫時放棄「自尊」，而接受其生物本性。

羅吉士認爲心理治療是生命之重心。以病人爲主體的治療方法强調病人與治療者內在心靈之互動。在這過程中，雙方乃能體會對方的心情、感動對方。羅吉士（Rogers, 1951）强調「心理治療中，病人與治療者精神上、心靈上的溝通。他認爲心理治療既不是在於喚起病人的過去，也不是爲了探索病人的問題，不是徵詢病人的自我內涵，也不是追究其恐懼的潛意識因素；心理治療的進行，是在關懷的人際關係中，病人可以接觸、感受其自我之諸多面目，好的、壞的、完整的、受損傷的、公開的、隱密的。病人或是治療者所發表的語言並無多大意義，這

些語言只是內在心靈溝通、心靈活動，病人自我展現以及接受治療者感召的一些表徵而已。」

　　羅吉士的以病人爲主體的心理治療方法，強調心理治療者必須具備的三項條件：

　　1. 眞實，不虛僞做作。

　　2. 諒解病人，不以嚴厲苛求的態度對待病人。

　　3. 關懷，肯定病人自信及能力。

羅吉士認爲心理治療者不必具備特殊之知識及技巧，以上所強調的三項要素，足以促使病人開放、自救。病人在體認治療者之心態立場後，進而展開一連串自救，自我解危的行動，改變其病態之人格心態。心理治療者必須能表白其立場，使病人體會其關懷、體諒的態度。治療者必須以眞誠說服病人，在眞誠、關懷、體諒的氣氛中，雙方乃能產生心靈上的溝通。以下我們將再詳細討論這三項要素。

## Ｉ、體諒 (Empathy)

　　心理治療者必須能以病人的觀點、立場，透視其生活經驗及困擾。治療者將己身置身於病人的情況中，以體認病人的心情感受，然後以現身說法的方式與病人討論後者（病人）的經驗及困擾，透過體諒的溝通、交換，以促使病人對其一己內在的本能欲望認知，對於其內在心靈作更深一層的了解。治療者之關懷體諒給予病人以動力，推動後者對於自我之認識及反省，使得病人能夠體會、接受其原來之自我。生物性之自我及缺陷並不是很嚴重的事，病人無須焦慮緊張，無須排斥事實眞象。治療者在幫助病人體認其困擾時，並非著重於後者之生活經驗，而是在於後者的感受。治療者在溝通的過程中，傳遞其體會病人的心情及信心給病人，如此可以幫助後者改變、改進、增強。

## Ⅱ、尊重病人

以病人爲主體的心理治療法重點之一是：無條件的尊重病人，不對病人心態行爲加以任何評論，不作無謂的探索，不表示同意或不同意，不作詮釋。治療者必須眞誠的接受病人，相信病人有自我反省、自我治療康復的能力。治療者必須盡量任由病人去思索解決其問題；病人自主的機會愈多，則其康復的可能性愈大。病人內心可能產生以下的自我對話：旣然治療者如此相信我的能力，相信我能夠自救，則我也應該相信我自己的能力。

無條件的尊重病人，加以正確的判斷，足以促成病人康復的機會；病人得以在其自我反省中，逐漸接納他過去所排斥、防禦的部份。在治療對話的過程中，病人逐漸陳述其內心自我的感受，逐漸容納其以往所排斥拒絕的自我經驗；病人感受到治療者能夠了解他的心情，而且接受他的感受而轉變。

## Ⅲ、眞誠

心理治療者必須隨時開放心境與病人溝通，時時以其內心之感受向病人陳述，他以眞誠表白他的態度，尊重病人；其眞誠自然流露於其對話之間。爲了要了解病人心理，治療者假想置身於病人的情況中，透過病人的立場去思考，以了解病人的心態行爲。心理治療者對於病人的了解不僅是學術性的，而是生理性的感受，心理治療者應該能夠以親身經歷的心情去體會病人的經驗，然後再以眞誠態度，體諒的心情向病人轉告他的感受。

同樣道理，心理治療者對於病人的尊重也並非學術性，或是出自人道主義者，而是眞實具體的尊重，如佛家對於所有人的尊重，相信病人自我尋求解決問題的能力。因而在治療過程中，治療者在行爲上表現不干預、不評置、不加以指示的姿態。同時心理治療者強調以病人之感受

為討論之對象，不斷的將對話的重心放在病人當前感受內涵之上。在眞誠關懷的人際關係之中，心理治療者能夠產生生理性的感受反應，直接與病人交往、溝通，如此可使得病人減低疑慮，而可以更自由的流露其內心之思潮，使得病人自我實現的潛能能夠發揮、能夠展現。

## 第三節　病人主體治療法的運用

羅吉士一九六七年所寫的《沈默的年輕人》一書中 (Rogers, 1967)，描述治療一位年輕精神分裂病患的過程，足以透視以病人為主體的治療法過程。

羅吉士認為長篇大論的闡述心理治療過程，常有失實之誤，因此決定以治療一位精神分裂青年（布朗先生）實地過程錄音，作為心理治療之實例。這份錄音存放在美國心理治療學院圖書館檔案中，任何人對於心理治療有興趣者，特別是對以病人為主體的治療法有興趣者，可以直接向美國心理治療學院圖書館借閱。

布朗在接受羅吉士治療時，年二十八歲。他曾經三次入院就醫；第一次入院時二十五歲，入院三個月，他總共在醫院內受醫19個月。布朗是高中畢業，曾受過若干大學教育，智慧頗高，醫院診斷他是單純的精神分裂症。羅吉士拒絕陳述布朗的個案歷史，認為個案歷史與心理治療無關。認為心理治療是心理治療者與病人在溝通過程之中，所產生的變化，而非對於病人個案的分析。

羅吉士每週接見布朗兩次，治療布朗先生約十一個月之久。布朗雖是精神分裂症患，然而由於神智清醒，醫院容許他自由行動。從治療開始，布朗卽對羅吉士有好感，認為二人之間的關係是有意義的，並且對精神病院的醫生說: 羅吉士很了解他。他每次準時參與治療，布朗說話

時欠缺組織，很少講話，祇有在談到憤怒、怨恨的經驗時，講話較多、較爲自然。在治療之前，他遭遇的困難甚多，他受他的繼母強烈的排斥，同時也受其他親戚，包括他的父親所排斥。在這次錄音的治療會談之前，他很少說話，在兩次會談錄音之中，羅吉士探索他沈默的原因；而在第一次錄音會談之中，他一共所說的話不到五十個字。在兩次錄音會談中，羅吉士希望以同情的立場，去了解布朗沈默的原因及其心情；在交談的過程中，羅吉士向布朗陳述其詮釋時，如果是不對的，布朗會搖頭示意；在交談的過程中，羅吉士充份表達其關懷熱忱，希望幫助病人，分擔部份的憂患。以下是兩次會談的實況。

## 星期二，第一次會談

羅吉士：（以後簡稱羅）抽屜內有香煙，外面的天氣很熱，（沈默了25秒鐘）。

羅：我覺得你今天很憤怒，或者是我錯誤的感覺。（病人搖頭）那麼你並不是很憤怒吧！（沈默了一分二十五秒）

羅：你願意與我分享你的感受嗎？（沈默十二分五十二秒）

羅：（很輕聲地說）如果我能够對你有幫助的話，可否告訴我你內心的感覺？如果你不願洩露你內心的感受，也無所謂。不過我們之所以見面，是因為我對於你的問題關懷，希望能有所幫助。我不是來這裏白坐的。（沈默一分十一秒）

羅：我想你的沈默，一則你不願意說出你內心的感受，或是無法說出。我是無所謂的，我並不想麻煩你，然而我希望你知道，我在這裏。（沈默十七分四十一秒）

羅：如果我們再不交談的話，再過幾分鐘，我必須要終止今天的會談。（沈默二十秒）

羅：我無法知道你的感受，我想你是不希望我知道。其實，如果能夠儘情吐露內心的感受，會覺得好得多了。我不知道你的感受，然而我覺得是否最近有許多不幸、不愉快的遭遇。（沈默四十五秒）

羅：或者你今天不希望我參與、打擾你的思索，然而我希望能了解你的感受。（沈默二分二十一秒）（布朗打哈欠）

羅：感到很疲倦是嗎？（沈默了四十秒）

病人：不是的，只是心情很惡劣。

羅：整個心情都很惡劣嗎？（沈默三十九秒）

羅：星期五中午十二點，如往常一樣，再來好嗎？

病人：（打哈欠，同時口中自言自語。）（沈默了四十五秒）

羅：是否心情感到非常惡劣，非常的低沈？

病人：不是的。

羅：不是的？（沈默了二十五秒）

病人：似乎我一無是處，從不受任何人的歡迎接受，以後也永不會受別人歡迎。

羅：你真的是如此感覺嗎？覺得一無是處而又不受歡迎嗎？你真的是認為你是一無可取嗎？這種感受可真不好受。

病人：是的。前幾天，我與別人進城的時候，他這樣的對我說。

羅：那個人真的如此說你嗎？說你是一無可取？一無是處嗎？

病人：是的。

羅：我想這個人士一定跟你關係很深，他告訴你一無是處，對你打擊很大。（病人開始哭泣）這使得你哭泣對嗎？（沈默了二十秒）

病人：但是我並不在意他所說的。

羅：你雖然是說不在意，然而很顯然你感受很深，否則你不會哭泣。（沈默十九秒）

羅：我相信你的感受是：這個人又給我打擊，正如同以往許多人給予我無數的打擊一樣。這個人我以為他對我不錯，然而仍是打擊我。好了，我不在意，然而却忍不住哭泣。

病人：我一直都知道他對我的態度。

羅：真的是如此？

病人：我想我早就知道了。

羅：我想你感到難受，是因為這個人告訴你一無是處，也正是你平時內心的感受。你一直都感到別人看不起你。（沈默了二十三秒）

羅：由於你日常的感受，加以別人一而再的指示，使得你心情惡劣。（沈默了二分一秒）

羅：我現在試圖體會你的感受。這一位對於你比較親近的人，竟然告訴你說一無是處，這對於你的傷害非常深，讓你無法承受。（沈默三十秒）

羅：今天我們必須終止會談。（沈默一分十八秒）

羅：你感到非常難受是嗎？（因為看到病人流淚，而沈默了二十六秒）

羅：如果你讓你的感受直接流露，你會不停的哭。（沈默一分三秒）

羅：用些面紙擦擦臉，你現在回家好嗎？（沈默二十三秒）

羅：我知道你現在不想回去，但是我現在還要見別人。（沈默二十秒）

羅：我相信你現在一定很難受，對嗎？（沈默二十二秒）

羅: 可否告訴我你仍有我的電話及住址,(病人點頭)如果你感到很難受時,不妨立刻打電話給我。我們之所以見面,就是為了幫助你,所以祇要你感到需要,卽刻打電話給我。

病人: 我想我是無藥可救了。

羅: 你感到無藥可救。我了解你的感受,你真的感覺難受極了,感到絕望。但是我對你却並不如此想,我了解你的感受,你感到無助、沒有人可以幫助你,解決你的困擾。(沈默二分一秒)

羅: 我相信你感到極度的抑鬱、沈悶不樂,對嗎?

羅: 今天下午我有事要忙到四點鐘,如果你今天下午還想見我,四點以後,可以再來這裏,否則我們星期五中午見面。如果你不願人見到你哭泣的話,你可以在接待室坐一下,看看雜誌再走。我現在必須接見另一位人士了。

病人: 我不想回去工作。

羅: 你真的不想回去工作?

(這一次會談結束,當天下午羅吉士見到病人在醫院草地上,似乎神色比較輕快。三天後,病人又來羅吉士的診所。)


## 星期五的會談

羅: 我帶了幾本雜誌給你。(沈默了四十七秒)

羅: 三天前見到你,你說你要去城裏,你去了沒有?

病人: 我去了,我搭貨車的便車去的。

羅: 哦!(沈默了二分鐘)(隔壁有聲音,羅站起來關了窗子)(沈默二分二十秒)

羅: 我今天覺得特別好,因為你不再以手遮面,我可以更清楚看見你,使得我覺得你在這裏;你不再隱藏自己。(沈默五十秒)

羅：我覺得你每次來到我這裏，都使得你想起過去的不愉快回憶，
　　有的很糟，有的並不太壞。你來到這裏就使得你想起過去的事
　　情。

病人：我要走了。

羅：你要走了？

病人：我要走了。

羅：你真的要走了？離開診所是嗎？為什麼呢？請你告訴我。我猜
　　猜看，我猜想你不喜歡這裏，還有沒有什麼特別的理由呢？

病人：我想離開而死去。

羅：唔！你離開這裏不是為了別的事，而是想去死在街頭的一個角
　　落。（沈默三十秒）

羅：我現在試圖設身處地了解你的感受。你是否感覺似一隻受傷的
　　動物，希望躲到一個角落去死掉。你真的是想離這兒去死掉，
　　不想活下去了？

病人：昨天整天及今天上午，我都想死，昨晚我並且禱告希望死
　　去。

羅：我想我了解，這兩天你一直要死，並且祈禱希望死去，不想再
　　活下去了。（沈默一分十二秒）

羅：你一直在想死去，不想活了是嗎？（沈默三十秒）

病人：我最主要的願望就是死去，別的都不重要了。

羅：唔！我相信你一定思考到許多事情，而想死的念頭卻是最強。
　　（沈默一分三十秒）

羅：記得幾天前，你提過你的那位朋友罵你的事，是否因為他而使
　　得你感到特別的消沈。

病人：大概是這樣吧！

羅：唔！（沈默四十七秒）

羅：是否因為這位友人罵你一無是處，而勾想起你一連串不愉快的
　　感覺，使得你想死，是否如此？

病人：我感覺我一無是處，對任何人、任何事都無意義，所以還是
　　　死去好了。

羅：你認為你對所有的人都無價值，所以想死是嗎？（沈默二十一
　　秒）

羅：我試圖猜想你的感受，如果我講得不對，請糾正我。你是說：
　　"我努力好好做事，然而總是無法滿足他的要求，這證明我是
　　一無是處。"你是否如此想？

病人：別人也都告訴過我，說我一無是處。

羅：是嗎？我想你的感覺是如果別人都這麼說你，而你就真的一無
　　可取，對別人一無是處，對嗎？（沈默二分四十秒）

羅：我可以告訴你一些我的經驗，不知是否對你有幫助？我以前有
　　一段時間也曾經想過我是一無是處，一無可取的人，我了解那
　　種感受，那種感受真是難受。（沈默十三分鐘）

羅：我們的會談只剩下幾分鐘了。（沈默二分五十一秒）

羅：我想下星期二十二點見，好嗎？（沈默一分三十五秒）

羅：你下星期二來這對嗎？

病人：我現在還不能肯定。

羅：你不肯定？

羅：你現在不能肯定，是因為你感到很難受、很沈悶，無法決定下
　　星期二的事。（沈默一分五秒）

羅：我還是照舊給你約定下星期二見面，我希望到時與你會談。
　　（沈默三十秒）（羅寫下預約單）

羅：如果你感到沈悶、不愉快的時候，打電話給我；如果你決定下
　星期二不來，也先打電話給我，我希望與你見面，我希望你不
　要放棄。

病人：我今天就想走了，我不知道要去那裏。我也不在意。

羅：你已經決定要離開了，而且還未決定去那裏，是嗎？（沈默五
　十三秒）

病人：我覺得無所謂，因為無關緊要，所以我要走了。

羅：哦！你之所以要離開，是因為你對你自己已不再關心，你已對
　於一切事都感到無所謂。但是我很關心你，我對於你的未來卻
　感到有所謂。（沈默三十秒）（病人開始哭泣）

羅：這樣可以使得你輕鬆些。（沈默五十三秒）

羅：你一直哭泣，覺得很難受是嗎？（病人不斷哭泣，而且沈重呼
　吸）

羅：我了解你的心情。（病人哭泣得更厲害）

羅：我想幾日來的積鬱都流露出來了，是嗎？（沈默三十二秒）（病
　人繼續哭泣）

羅：這裏有面紙可以用。你的內心一定難受極了。（沈默一分五十
　六秒）

病人：我真希望死去。（哭泣）

羅：你真的想死？你感到難受而想死。（羅把手放在病人的手臂上，
　病人無特別反應，病人情緒上的暴風雨已逐漸消沈，仍舊沈重
　呼吸）（沈默一分十秒）

羅：你內心的感受一定難過極了，所以才會想死。（沈默三分二十
　九秒）

羅：我想有時生命過於艱難，所以你一直想哭，想死掉。（病人沈

重呼吸）（沈默六分十四秒）

羅： 我不想催你，如果你覺得需要，可以繼續留下來；然而我有另
一個約會，而且已經遲了。

病人： 是的。（沈默了十幾分鐘）

羅： 你一定經歷了許多難過的事，對嗎？（沈默一分十八秒）

羅： 星期二我們見面好嗎？

病人： （輕微一聲的反應）

羅： 好嗎？

病人： 我還未決定。

羅： 你還未決定！記得我所說的話，我對你是真心的關懷，我希望
星期二能與你見面；如果星期二之前你想見面也可以；如果你
覺得有需要，隨時打電話連絡。（沈默一分鐘）

羅： 覺得很難受，是嗎？（沈默二十四秒）

病人： 是的。

羅： 我真替你難過。（病人慢慢起身）（沈默二十九秒）

羅： 要不要拿這張約會單？（病人拿了約會單）（沈默二十秒）

羅： 外面有一間洗手間，可以去洗洗臉。（病人開門出去）（沈默十
八秒）（病人又轉身回到診病室）

病人： 你有沒有香煙？（羅找了一枝）

羅： 我找到了一枝，但是看起來好像很陳舊。

病人： 再見。

羅： 好的，星期二再見。


以下是羅吉士對於兩次會談的詮釋：
這兩次會談的意義何在？我相信每個人的看法都不一樣，見仁見智。

以下是我的看法，由於我置身其間，所以我的看法可能是有偏見的。

這一位年輕病人在醫院內問題重重，他總是覺得受人虐待、歧視，常與醫院職員打架。他自己說：他對人無親切感，祇有怨恨。在這兩次會談中，他清楚的表白他感到自己一無是處，而且想了斷生命；他內心是仇恨、絕望，他從來未曾得到別人的關懷、重視。然而在兩次會談之中，他有了轉變，他是如何轉變呢？又爲什麼轉變呢？依我的估計，我的心理治療發生了作用，我對他的關懷及熱忱是自然的，當他絕望的時候，我對他的關懷更是明顯。我一直不斷的在追尋他內心的感受，雖然他表白得很少。我相信我對他內在感受的猜測，正誤都不是很重要的事，重要的是我對他真誠的關懷；在他絕望的時刻，都一直靜心的陪伴著他，我相信我與他的關係是真誠的。我們之間的地位及其他差別，都無關緊要，主要的是我們是以真誠相見。

在這樣的交往關係中，我認爲產生了真實的效果。布朗一直自以爲是倔強、怨恨、受人虐待，無用、無希望、無人愛憐的，當他感覺到我的關懷，在這一時刻之間，他的自我防禦的外殼開始崩潰，從此開始改變。當他受到別人關懷，而且感受到關懷時，他的原有自我防禦外殼鬆弛，多年來所感受到的怨恨、痛苦，開始以痛哭的方式直接流露。布朗經歷難以言傳的磨折、痛苦，他渴望別人的愛及關懷，而且也只有愛及關懷，乃能使他重新恢復人性。他的改變在這兩節會談的後期，可以看得出來。

羅吉士強調在心理治療過程中之轉變。「轉變」不是偶然的，是由許多特殊的事情導致而成。然而一旦當病人經歷轉變之後，他無法再否定事實，他不能再持續他轉變之前的心態，這就是心理治療的功效。

從以上的兩次心理治療會談過程中，可以見到病人在會談中的表現，未必需要以語言文字來表達，而可以感受心情的轉變。讓我們客觀

的分析布朗在參與會談之初的心情。

「我感到極為難受、痛苦。

我一無是處。

我無可救藥。

我不想回去工作了。

我祇想離開這裏去死掉。

我一無是處，所以何必活下去呢？

我對一切都感到無所謂。

我真希望我能死掉。」

然後我們再看看羅吉士治療方法中的幾個步驟、階段。例如在第三階段中，病人開始陳述其過去的感受。在治療過程中，病人的感受仍是以過去為重心，個人之思想觀念仍是很死板。布朗對他自己的觀感，符合第三階段。

治療的第四階段，個人不斷表白自我內在的感受，有時似乎不太願意表白，不太願意承認內在的矛盾痛苦。這時候，病人在掙扎，希望以真實的自我與治療者接觸。布朗在以前兩節交談中所表現的心情，大約是在這一階段。

第五階段，病人開始更自然的表現其感受，流露其內在的情懷。在這一階段中，病人感到痛苦、恐怖，因為他真正的流露他內心真正的感受，他希望真正與他的自我接觸。

第六階段，病人不再排斥，不再恐懼其內在真正的感受、痛苦。這時個人經歷轉變，不再堅持過去的心態，而逐漸走向新的心態。例如布朗在會談的末期，能夠自發自動地走回羅吉士的辦公室內要一枝香煙，而且答應與羅吉士再見面。依據布朗在前兩節心理治療會談中的表現，他仍是在第五階段，而部份是在第四及第六階段。

在分析心理治療的過程時，許多心理治療專家對羅吉士的忍耐力都感到驚訝不已；何以羅吉士能時時沈默一、二十分鐘。羅吉士認爲他之所以沈默，是等待病人之心靈活動，希望能使他自動產生反應。羅吉士認爲沈默與講話一樣具有意義，羅吉士認爲這樣是他治療方法的特色。

如果每一位心理治療者希望心理治療急功見效，那麼他會失望的。布朗以後又回到診所，然而却一無進展、改變。然而，在以後的數月中，情況逐漸改善，他逐漸的走向改善的途徑，逐漸擺脫舊有的外殼；然而又時時恢復到舊有的防禦體系之中，恢復舊有的自我。數次在他決定離開醫院、返回學校時，每次都因爲他與醫院職員打架，再次被拘留。他也向羅吉士敍述他內心的恐懼；恐怕離開醫院後，不能承受外界的壓力。羅吉士告訴他不論是外出或留院，必須自行決定，羅吉士願意繼續與他保持聯絡。最後，布朗在極其恐怖的心情之下，離開了醫院。最先他是住在醫院內，而同時上學；最後，他搬出了醫院。

當他接受別人關懷時，他也開始對人關懷。他與醫院機構的人士關係改善，不再怨恨、憤怒。他搬出之後，在外自行交朋友，不再受醫院及心理治療者的扶持。兩年以後，羅吉士接到布朗的一封信。當布朗離開醫院之後，羅吉士曾爲他安排了一些心理治療醫生，告訴布朗如有需要，隨時可以去見醫生。布朗來信的內容大致如下：

醫生你好：

　　你或者以爲我已死去了，然而我仍安在。離別以後我常思念你，也常希望寫信給你。時事變動很多，我已經回學校了（告訴羅吉士學校情況，他現在修的課程，以及他的兼工。）

　　暑假我過得很愉快，是多年來最愉快的時光！我真不希望它那麼快的過去。我結識了許多朋友。一個暑假我都沒有去醫院。

回想過去，我現在真是在一條不同的道路上，非常愉快。我也再没會見任何心理治療醫生，我現在感覺不見任何醫生、不去醫院最好，可以免去過去不愉快的回憶，感到自由自在。

我必須回學校去複試，這使得我非常不愉快，因為我以為我考得很好。我很希望與你見面，但是並不是因為我有任何病情。能够不需要去看醫生，是很愉快的感受。

這裏的天氣較冷，我真希望是在南部。我也曾回家，我等待假日再回去，回到我過去熟悉的地方、回到舊有的朋友的地方，回到文明的所在。

我說得够多了，記得不久以前，都是由你說話。回憶過去，使我現在覺得非常愉快滿足。現在如果有事使我煩悶時，我會對自己說：管它的。能够如此說，如此擺脫煩惱，真是最愉快的事。

下次有機會再寫信給你，或者我會等你寫回信之後再說。

布朗敬上

自此以後，布朗不再與醫院醫生接觸，拒絕醫生的出院後訪問調查。從心理醫療的觀點來看，這可能是很好的癥候；一個人恢復心理健康之後，就不願再做無謂的探測。

八年之後，布朗再次與羅吉士通話。他說曾經數次試圖與羅吉士接觸而未果，主要是希望告訴羅吉士他現在情況良好，仍在同一公司工作，由於他的個性，被人指責為喜歡挑釁者。他仍寄居在同一所公寓內，是一位很良好的公民，生活圈子不大，然而自足自滿。

## 第四節　病人主體治療法的評估

羅吉士認爲在心理治療的過程中，病人對於心理治療者的態度事關重大，如果病人認爲治療者是眞誠、關懷，而且尊重別人者，則病人康復之可能率隨之增加（Rogers, 1961b）。

在這一節中，我們將討論在心理治療過程中病人內心之轉變。羅吉士曾針對多次成功的個案作詳盡的分析，探測病人內心轉變、向善的過程。病人之人格由死板而變爲活躍，由靜態而轉變爲動態。羅吉士指示病人心態人格轉變過程如下：

"病人由死板、靜止、無分化、無感覺、非人性的精神狀況，經歷若干階段之後，而進入變動性的、流通的、分化的、差異的反應；能够親切的、迅速的感受內在的情懷，而且體驗一己深度的感覺。"

羅吉士歸劃七項行爲標準，以測量病人心態人格的轉變，這七項標準分別是：

1. 病人的感情及感受。
2. 病人接受經驗的程度及狀況。
3. 病人不協調的程度。
4. 病人自我對話的情況。
5. 對於病人之經驗及意義。
6. 對於問題的態度。
7. 跟別人的關係。

以下我們將分別討論，在治療過程中病人演變的七個階段：

**第一階段—**

交談限於外界事物，病人無意透露一己的情懷，病人無能力認知個

人的情懷（feelings）及其意義。他所運用的概念極其僵化，並且認為親切人際關係是危險的事。

**第二階段——**

開始提及個人情感，然而不承認為一己之物，缺乏個人意義。個人與其情感似乎無關，對於一己之觀念衝突、矛盾。能夠討論「非自我」的個人特性，也自知有困難及衝突，然而不認為是出自其內在之「自我」。

**第三階段——**

逐漸討論過去的情感及過去感受，而且視這些過去的情感、感受為壞的、不可接受的。逐漸開始討論一己之自我，視之為「物」。個人運用之觀念仍是僵化，然而開始懷疑其真實性，逐漸開始了解個人問題並非導因於外在的因素，也許可能是出自於自己的內心。

**第四階段——**

能夠自由的表達個人當前的情感及感受，仍不承認、不接受強烈的情感。逐漸感受到內在隱藏的情感，時時有暴露的可能；而對於隱藏情感之暴露，感到恐懼、驚慌。逐漸感受到內在情感上的衝突矛盾，而且感到關懷。個人之觀點逐漸開放。對於各種問題，個人逐漸感到自己應負之責任，而且逐漸願意與人建立親切關係。

**第五階段——**

能夠自然表白、流露情感，承認接受一己之情感。以往拒絕情感逐漸呈現，而病人對此仍有疑慮。對於內在情感上的衝突矛盾，已經能接受，企圖接受真實之自我。對於自己的問題逐漸承受責任。

**第六階段——**

能夠接受個人過去的感受，不再拒絕、否定、恐懼，或是掙扎。對於內在的感覺感到生動活躍，感到自我的參與融匯；個人為內在的流動

而感到惶恐。坦然與人接觸，建立親切關係，擺脫過去僵化、自我防禦的體系。個人不再以一己爲物，而能接受己身爲一體。

**第七階段——**

個人在活動的情感中，舒爽的生活著。不斷感受新的生活經驗，以指示個人的行爲。情感與行爲之間的矛盾衝突很少，而且是短暫的。個人的自我具有自信，感受內在的經驗，個人的感受經驗不斷與外在事實情況相印證。

以病人爲主體的治療方法運用廣泛，可以運用於多種人際關係之中。當接觸之雙方人士願意了解對方，同時願意指示己身，企圖增進一己之成長。在運用此一治療方法時，需切實注意的是；以眞誠相待、設身處地的爲別人著想，以及尊重對方，這三者有助於增進健康的人際關係。由於這套治療法簡單、易於了解，幾乎任何人均可以運用，而非侷限於受長期專業訓練的人士。雖然這一套治療法很簡單，易於了解，然而要想達到它目的，確非易事。事實上，卽使是受過專業訓練，也不容易運用這一套治療法，而達到治療的目的。

自一九四〇年代開始，羅吉士開始運用錄音，記錄治療者與病人對話，以檢驗病人的演變，治療者之反應與二者間之關係。根據這些記錄之分析，羅吉士乃於一九五四年出版《心理治療與人格變遷》一書，詳細探討「以病人爲主體」治療的過程，並且以二十五位病人之經歷爲印證。

由於實際應用證明，以病人爲主體治療法對於有情緒困擾，或是有心理病的病人具有實效。於是，羅吉士乃決定以之試用於精神分裂症患，在一所州立精神病院施行五年之久。羅吉士根據試用之經驗而編寫《心理治療關係與精神分裂症》（*Therapeutic Relationship and Schizophrenics*）。心理治療者對於精神分裂症患治療時，運用更多己身（治

療者）經驗感受。心理治療者在治療過程中，陳述他個人設身處地的感受，這種陳述感受逐漸浸潤病人的心靈，影響其心態行為。在上一節中討論的一位年輕精神分裂症患，治療過程中已經印證：心理治療者誠懇的態度對於治療的重要性。日後許多研究更證明，治療者具真誠態度，則病人康復的比例較大，而康復的程度亦較深。由於這些實證經驗，使得以病人為主體的心理治療者在日後的治療過程中，更強調真誠的態度，以及更主動、積極、自發自動地自身感受報告。

　　羅吉士更進一層運用以病人為主體治療法於一般正常人士。羅吉士廣泛的推行「遭遇群體」及「小群體」治療法，並且事後訪問五百位曾參與他主持的「遭遇群體」份子。一九七〇年，羅吉士在《遭遇群體》一書中，報告他在這一方面的心得。以後羅吉士更進一步的將以病人為主體的治療法運用及於廣大的機構。


## 第五節　病人主體治療法的例證

　　一九六四年，羅吉士攝製半小時的記錄影片，記載他對一位女病人治療的過程。在《三種不同心理治療法》（1965）一書中，詳細陳述此一過程。由於這一影片可以購買或租借，任何對以病人為主體的心理治療法有興趣者，均可自行採購，以觀察實習。

　　在電視訪問之前，羅吉士從未接觸過這位女性，知道會談的時限是半小時。在會談之前，羅吉士曾自我介紹，解釋他將採取的會談方式。首先他要以真實、真誠的方式，表達一己之內在感受，然而並不希望使對方感受任何的壓力。第二，他會接受這位女士，尊重她，關懷她的問題。第三，他將試圖以設身處地的心情了解這位女士的心情，不僅是她外在的表現，而且是內在真實的感受。羅吉士認為如果他能夠堅持這三

個原則，則病人有改善的可能。根據他以往的經驗及研究，在這三個條件之下，病人可能改善。他希望病人改善的方向將是：

1. 更眞確的感受一己之感覺情緒，而不是視一己之感覺情緒爲遙遠、身外的異物。
2. 從對自我的不滿而至於接受自己。
3. 從畏懼接觸心理治療者，而至於願意接觸。
4. 從對外界事物僵化、黑白二分的觀點，轉變爲具有彈性、伸縮性，而且比較含蓄的觀點。
5. 從過去將責任推卸於外界事物、他人，而轉移至一己內心。

　　訪問的對象是一位名叫葛樂莉，三十歲的離婚婦女。問題的開始是自離婚之後，葛樂莉與男士發生性關係，而一直對她的九歲女兒隱瞞。葛樂莉以往從未向她的女兒隱瞞過任何事，她因爲扯謊而感到衝突矛盾，她希望知道，如果坦誠告訴她的女兒她的性生活，是否會對後者產生不良後果。

　　在會談之始，葛樂莉直接了當的問羅吉士：「請你告訴我一個答案，如果我對我的女兒說實話，是否會對她產生不良的後果。」在會談中，她數次要求羅吉士指示她。很顯然地，這位女士是在徵詢一位權威人士的意見。羅吉士則回答：他了解葛樂莉的問題及困擾，然而希望葛樂莉自行尋求答案。每一次葛樂莉在問答之後，都更進一層的探索她本身的情緒；她懷疑她的女兒是否能接受她的不正當性行爲，她並且懷疑她自己是否能接受她自己不正當的私生活。在焦慮、無可奈何的情況之下，她迫切的追問羅吉士：「難道你就坐在這裏不動，讓我受煎熬？我需要你的幫助。」羅回答：「不！我並不是坐在這裏不動，看你受煎熬。祇是因爲這是一個私人問題，難以代作決定。然而我一定誠意的幫助你尋求答案，我希望你了解。」葛樂莉回答說：「我知道羅吉士的誠意。」

於是更進一步自行探討她的內心有關行為與道德觀念的衝突矛盾。不久，她又要求羅吉士能給予她直接的指引。羅吉士回答：「我想你會覺得我的回答似乎是廻避性的，但是你的問題並非出自於你與你的女兒的關係，而是你本人的衝突矛盾。如果你捫心自問，認為你一己的私生活是合乎道德規範的，則告訴女兒與否都無所謂。」葛樂莉回答：「對了！我終於聽到你的答案。如果我能夠接受我的行為，而不致於感到衝突矛盾，我就不會考慮是否要告訴我的女兒。」

　　葛樂莉的回答，顯示她已經產生自我反省的能力，能夠自反省中追求答案，而無須自權威人士處尋求解答。葛樂莉繼續探索她自己內在的感受，她恐懼她與女兒的關係會發生惡劣的變化。羅吉士的回答：「對了！我相信你現在的問題是你擔心你目前的生活方式，會危害你與你女兒的親切關係。」葛樂莉回答：「我相信我可以承擔更多的冒險，祇要我覺得對，我就去做，不必徵詢專家的意見，我相信我已經解決問題了，已經有了答案。」

　　葛：「雖然你沒有直接告訴我，但是我相信你的指示是一你知道你自己的行徑，照著你自己的意思去做就好了。」羅：「對了！我相信你一直是在告訴我，你知道你自己的行為，照著你的意願去做就好了；我的意思與你的或許有少許的出入。」

　　葛樂莉表現她已解決了她的問題，展示了她內心的經歷，雖然她的問題並未解決，然而她已經放下了內心的重擔。治療已經開始在她內心產生作用，她覺得羅吉士一直在支持她，感覺到羅吉士的體諒及接受她的品性及行為。這也正是以病人為主體治療法的重心。病人感到他內在情懷已為人所了解、體諒而接受；從尋求外在的指導，反求諸己，以一己之判斷，以尋求答案，決定自己的行徑。

　　葛樂莉繼續探索她內心的感受，她說：「當我遵從我內心的感覺而

行為時，感覺非常輕鬆愉快。不論我內心的感覺是好的、是壞的，我都感覺到非常輕快。我喜歡我的這種自我，我內在的情懷。」

葛樂莉所從事的行為，從外在的標準來看，可能是不好的；然而如果她本人感覺到很舒適，覺得是對的、是應該做的，這就是輕快、飄飄然、烏托邦的感覺。羅吉士回答：「在那種情況下，葛樂莉必然是感覺心身合一。」葛樂莉聽到這個話以後，開始流淚，因為那種「心身合一」的感受是難得的。

在哭泣中，葛樂莉又說：「你知道嗎？在與你會談之中，我會想到如果我的父親也能夠像你一樣，能夠接納我的心態行為，就好了。我真希望你是我的父親。」羅吉士說：「我覺得你是一位很好的女兒，很可惜你不能坦誠佈公的與你父親交談。」在這樣的情況下，葛樂莉能夠直接與其內在的感受接觸，當她想到飄飄然的一刻時，也淚流滿面，也直接流露她對羅吉士的尊敬、感覺。於是，她繼續說：「當我說到我父親時，我內心感到沈重，我內心感到非常傷心。」

這時候，葛樂莉已從她原有的問題轉到內心深處的另一個問題。探索她與她父親間之悲傷關係。她說她企圖自類似她父親的人際關係中尋求解脫；假想這些人是她的父親，她對待羅吉士也是如此。

羅：我相信這種關係並不是假想的。

葛：但是你並不是我的父親。

羅：不！我指的是親切的關係。

葛：但是因為你我相知不深。我不能期望你真的親切的對待我。

羅：我覺得我與你很親近。

在此，羅吉士表現他親切的心態，對於葛樂莉真誠的關懷，是葛樂莉自幼無法自她父親處所得到的親切及關懷。

從以上的影片展示，以病人為主體心理治療過程中，治療者之心態

及方法，以及病人的反應。

第一，羅吉士決定以他本人的面目出現，與病人交談。以內在眞實的感受與病人交談。影片也同時展現羅吉士內心的眞誠。其次，羅吉士直接、間接的表達他對於病人的關懷。第三，羅吉士表示不僅希望了解病人外在的表現的心態行爲，更希望了解其內在的意念。

病人在治療過程中的演變發展，亦如羅吉士所預言者；第一，病人更進一步，直接接觸其內在的感受，而且直接表達出來。在會談之中，他能够直接流露內心的感受，並且直截了當的說：她希望羅吉士是她的父親。她能够直接表白她內在的情懷，而不須考慮、懷疑。

羅吉士指示，病人會從自我排斥，而演變爲接受自我。在會談之時，葛樂莉很明顯的表示她不能接受自己；而在後期，她開始試圖接受她自己。

另外，在會談中的重要演變是：二者的關係。從病人的角度來看，葛樂莉從開始時，對羅吉士採懷疑、恐懼的心態，而後期則坦誠佈公。最初，葛樂莉視羅吉士爲一位專家、學者，後期則視羅吉士爲她的父親。其次，在尋求答案時，葛樂莉最初是希望專家能給予答案，她以爲有簡單的解決方法，她把處理問題的方法看得太單純了。而後，在她的思考過程中，她說：她希望能接受更多的考驗，她並且感到，出自她內在情懷的行爲，不論是對、是錯，她都感覺舒適自在，而且也能够接受。這也是符合羅吉士預先的指示，病人不再向外界尋求行爲的標準，而內求諸自己。

整個心理治療會談的過程中，好似建構一隻音樂。從建立第一個音節、樂譜開始，而至於變化多端、複雜的音樂整體。心理治療運用人類的創造力，去尋求答案，正如我們創造音樂、美術是一樣的。

自從這個影片錄製以後，二十年之間，葛樂莉每年都會寫一、二封

信給羅吉士。告訴他一些生活近況，她非常感激、懷念心理治療過程中，與羅吉士的眞誠關係，以及後者的關懷投入，接受病人的感受、情緒。有一次，一位輔導學生問羅吉士：如果你只有三十分鐘的時間，你將如何處置一位病人？羅吉士回答：我將盡三十分鐘的所能給予病人。

## 結　　論

以病人爲主體的心理治療法是建立在以下的基礎之上。每一個人自我實現的欲望都極其强烈，每一個人自我實現的方式及時間、次序亦各不同。心理治療者的工作是幫助病人了解其自我實現的能力及願望，幫助病人自我康復。以病人爲主體的治療法在於建立良好的關係，良好的情況，使病人能够自我實現；以病人的內在自我感受爲基礎，而從事自建。

在治療過程中，病人對心理治療者的信賴，是治療之基石。其他社會制度，例如學校、家庭、教會，對於學生、子女、教徒，通常採取不信任的態度。如果這些社會機構也能採用羅吉士的「以病人爲主體」治療方法，充分、完全的信賴病人自己的能力，則後果將如何？目前，美國有許多教會及學校已經開始採用羅吉士的治療制度，來對待他們的學生及信徒。

以病人爲主體的心理治療方法施行已三十年了，許多的實證及出版都一再揭露這種新的治療方法。這一種理論不僅是心理治療法的一種新的嘗試、新的途徑，也是人際關係、社會制度新的嘗試，新開放的一面。

# 第十二章　少年犯罪預防及矯治

研究少年犯罪者，除了努力探索少年犯罪的成因之外，最主要的工作目標仍在於尋求少年犯罪的預防及矯治方法。在這一方面，許多學者及負責防治少年犯罪的實務機構都先後提出許多有價值的觀念，以及許多具有實效意義的方法。以下我們將分別討論少年犯罪的預防及矯治，及若干社會整體性的建議。

## 第一節　少年犯罪之預防

從心理學或心理分析學的觀點來看，我們是否能預測一個人犯罪的可能性，是值得商榷的。美國有許多州皆採用預測犯罪方法，指名「危險罪犯」、「慣性罪犯」以及「性變態」等等罪犯，一旦經過精神醫學家指認以後，卽予加長監禁。例如最近國內發生的强暴案件。一位新竹的國小老師，時常於夜晚騎機車、帶眼鏡、口罩外出，强暴傷害多名婦女（聯合報，民75年12月16—17日）。卽使是普通人也可以判斷這位人士是一位明顯的性變態心理罪犯。由於他犯案累累，而且罪情嚴重，自然應該加長監禁。

莫里士及霍金（Morris & Hawkin, 1970）認為預測犯罪是無效

的。以美國紐約州爲例，紐約州在一九六六年以前，採取預測犯罪制度，將具有高度犯罪性的犯人加長監禁。在一九六六年時，美國最高法院判決紐約州之做法違反憲法，於是乃將九百六十七名嚴重罪犯由犯罪精神病醫院轉往普通精神療養院。在以後的五年時間之內，這九百六十七位人犯中，只有二十六位重新被遣送回犯罪精神病醫院，九百多人中有一半從精神療養院中釋放，而其中之85％無再犯罪紀錄，這九百多人平均每人被監禁了十三年之久。

　　然而從另一個角度來看，對於犯罪之預測，事實上是無法 100％ 準確的，特別是嚴重的暴力犯罪。我們只能根據犯人以往犯案紀錄，再分析其人格個性，而判斷其以後從事暴力嚴重犯罪的可能率。其次，從監獄或精神病院釋放之罪犯，是否再次犯罪，無法以其再次入獄率來計算。事實上，警察機構破案率甚低，特別是一般性的財物案件，警察並不重視。一則由於財物案件很難以捕捉罪犯；再則從警察的觀點來看，這些犯罪無關緊要。如果根據以上的研究，紐約州精神病院釋放之犯人，其中17％再次入獄的紀錄來看，這是相當高的重犯紀錄。我們有理由相信警察機構的破案率不及全部犯罪案件之20％。如果以破案率爲犯罪率之20％計，而這些釋放的人犯中，17％重回監獄，則似乎是說明多數釋放的人犯都有可能再犯。

　　判斷犯人再次犯罪的可能率相當困難，因爲犯罪行爲牽涉及許多無法掌握的因素，例如個人當時的經濟情況、個人之情緒、個人之友伴，以及當時情境等等。要判斷一位犯人重新從事某一項特殊犯罪則更困難。同時，更須從人道主義的觀點來看。如果醉酒駕車是一項非常危險的事，危害及己身與別人的生命，而其再犯之可能性非常高，其危險性遠超過具有妄想症，或精神分裂者、心理變態、或性變態犯罪的危險性，然而法律從未對醉酒駕車的人予以長期監禁。

對於暴力犯罪預測，最有系統的研究是柯座（Kozol, 1972）等人在美國麻省所作的十年研究。他們運用許多精神分析專家以及社會工作人員，以預測一些具有高度危險性的罪犯，釋放之後再次從事暴力犯罪的可能率（見表一）。十年之期內被指定爲安全的三百八十六名犯人中，經釋放後，犯下暴力犯罪者僅三十一位，佔全數之8%；而被指認爲危險的四十九名犯人中，釋放後再犯暴力罪者爲十七人，佔總數之34.7%。

**表一： 暴力犯罪預測及實際結果**

| 預　　　測 | 總　　　數 | 釋放之後十年之內再次從事暴力犯罪 | |
|---|---|---|---|
| | | 無 | 有 |
| 安全犯人 | 386(100%) | 355(92%) | 31(8%) |
| 危險犯人 | 49(100%) | 32(65.3%) | 17(34.7%) |

資料來源: Kozol, 1972

從上表中可見，柯座等人所做之預測暴力犯罪研究，成效顯著。然而這項研究也有其嚴重瑕疵，卽在他們所認爲的安全人犯中，釋放之後有三十一位從事暴力犯罪，這項人數相當的多。

從俄伏幹（Wolfgang, 1985）的研究中得知，罪犯之犯罪時間愈久，則其日後犯罪之罪行愈嚴重，所以雖然是安全的罪犯，其再次犯罪之類別是難以預料的。我們只能從俄伏幹的研究中，得知他們通常會從事更嚴重的罪行。

莫拿漢（Monahan, 1981）認爲預測暴力犯罪之可能率，必須要考慮以下幾項因素：

1. 犯人出獄後之生活情況，是否與往日相似。
2. 犯人從事暴力犯罪的時期是否很近，如果很近，則其再犯的可

能率較高。

3. 與犯人類似之年齡、性別、種族等等條件的其他人犯，其犯罪
之種類及嚴重性。

例如一位二十歲黑人罪犯，由於犯罪統計資料顯示，二十歲黑人從
事嚴重暴力罪者，比例甚高，所以這位黑人罪犯再次從事暴力犯罪的可
能率很高。總之，莫拿漢強調預測暴力犯罪，必須要以若干特殊情況來
取決。

## 一、少年犯罪預測表

在預測少年犯罪方面，最有貢獻的首推哈佛大學的葛魯克夫婦。在
一九五〇年出版的《少年犯罪的剖解》(*Unraveling Juvenile Delinq-
uency*) 一書中，他們分別以少年之家庭情境、人格、個性特徵，建立
三項少年犯罪預測表。

**第一項預測表是依據父母對子女的管教、督導、親情、以及家庭氣氛
為指針，判斷少年犯罪的可能率**（見表二）。

由表二中可見，父母對於子女之親情、管教、督導以及整個家庭氣
氛，均構成決定子女的人格成長、行為心態發展的重要因素。家庭環境
累積分達三百分者，少年犯罪可能率達86%；家庭環境得分四百分以上
者，則少年犯罪可能率達98.1%。反之，如果家庭環境良好，累積分在
155～199分之間者，少年犯罪率僅15.7%；而家庭環境累積分在一百五
十分以下者，少年犯罪率僅 2.9%。在五項家庭因素中，又以家庭氣氛
為最重要，父母對子女的管教方式及母親對子女的督導次之。

由於這一項預測表之高度可信性，我們可以想像，多數少年罪犯之
生活家庭背景：家庭氣氛惡劣、缺乏道德、缺乏親切的親子關係，家庭
成員之間關係惡劣、冷淡，父母在操守上不足為子女模範等等因素，加

**表二:** 少年犯罪預測表之一: 家庭關係與少年犯罪

| | | |
|---|---|---|
| **1.** | **父親管敎子女方法（discipline）** | **兒子犯錯可能性** |
| | (1)　過份嚴格或不規律 | 72.5 |
| | (2)　寬鬆 | 59.8 |
| | (3)　堅定而溫和 | 9.3 |
| **2.** | **父母對子女督導（supervision）** | |
| | (1)　不適當 | 83.2 |
| | (2)　還可以 | 57.5 |
| | (3)　適當 | 9.9 |
| **3.** | **父親對兒子之感情（affection）** | |
| | (1)　冷落或仇視 | 75.9 |
| | (2)　親切 | 33.8 |
| **4.** | **母親對兒子之感情（affection）** | |
| | (1)　冷落或仇視 | 86.2 |
| | (2)　親切 | 43.1 |
| **5.** | **家庭氣氛（family atmosphere）** | |
| | (1)　疏離 | 96.9 |
| | (2)　還可以 | 61.3 |
| | (3)　很完整 | 20.6 |

**少年之家庭情況累積分與其犯罪可能率**

| 累積分 | 參與犯罪可能率 | 正常發展可能率 |
|---|---|---|
| 150分以下 | 2.9 | 97.1 |
| 150—199 | 15.7 | 84.3 |
| 200—249 | 37.0 | 63.0 |
| 250—299 | 63.5 | 36.5 |
| 300—349 | 86.0 | 14.6 |
| 350—399 | 90.1 | 9.9 |
| 400以上 | 98.1 | 1.9 |

參閱: Sheldon & Eleanor Glueck, *Unraveling Juvenile Delinqu-ency*, 1950. p. 261. 263. 264. 265.

以父母對子女管教不當，或是父母對子女缺乏督導，都構成少年犯罪的主要因素。

**第二項少年犯罪預測表是以少年個性特徵預測少年犯罪的可能率。**

依據心理分析學之界定，「個性」（Character）指個人自我防禦之一些顯著特徵，與癥候（Symptom）或症候群（Syndrome）意義相當。「個性」包含若干相關的行為心態特徵，而呈現某種特殊自我防禦功能者。依據葛魯克之研究，五項個性特徵與少年犯罪關係密切（見表三）。

在表三中，我們可見一些特殊個性與少年犯罪之關係。其中以「反抗性」為最嚴重，其他依次為「破壞性」、「自我中心」、「情緒變化無常」及「懷疑」之個性。如果一位少年在這五項個性中，所得累積分在205分以下，其從事犯罪之可能率僅14.7％。反之，如果一位少年在這五項個性中，所得的累積分在305分之上，其從事犯罪之可能率高達97％。

**第三項少年犯罪預測表是以少年之人格特徵作為基礎。**

葛魯克夫婦測量五百名少年罪犯與五百名正常少年之人格結構，發覺五項人格特性最足以預測少年犯罪（見表四）。

在表四中，我們見到五項人格特性與少年犯罪極其相關，依其重要之次序為：①倔強，②冒險性，③易受別人感染，④外向，⑤情緒不穩定。在這五項人格特性中，如果一位少年所得的累積分在195分以下者，則其從事犯罪行為之可能率僅4.5％。反之，如果這位少年所獲之累積分在295分以上，其從事犯罪之可能率在94％以上。

從以上三項少年犯罪預測表，我們可以獲知少年犯罪與家庭、個性、人格之間的密切關係。由於這三項預測表高度可信，為日後少年犯罪預防帶來了一線希望。

表三: 少年犯罪預測表之二

---

**個性特徵與少年犯罪 (Character Traits as measured by Rorschach Test)**

| 1. 主觀、以自我爲中心 (Social Assertion) | 少年犯罪可能性 |
|---|---|
| (1) 明顯 | 75.9 |
| (2) 若干 | 63.8 |
| (3) 缺乏 | 39.7 |

2. **反抗性 (Defiance)**
   (1) 明顯　91.0
   (2) 若干　76.7
   (3) 缺乏　34.9

3. **懷疑 (Suspicion)**
   (1) 明顯　67.3
   (2) 若干　47.3
   (3) 缺乏　37.5

4. **破壞性 (Destructiveness)**
   (1) 明顯　77.7
   (2) 若干　69.9
   (3) 缺乏　35.7

5. **情緒變化無常 (Emotional Lability)**
   (1) 明顯　75.2
   (2) 若干　65.0
   (3) 缺乏　40.0

---

**少年之個性特徵累積分與其犯罪可能率**

| 累積分 | 參與犯罪可能率 | 正常發展可能率 |
|---|---|---|
| 205分以下 | 14.7 | 85.3 |
| 205—229 | 37.8 | 62.2 |
| 230—254 | 41.2 | 58.8 |
| 255—279 | 64.0 | 36.0 |
| 280—304 | 80.0 | 20.0 |
| 305以上 | 97.0 | 3.0 |

## 表四: 少年犯罪預測表之三

**人格特徵與少年犯罪**

1. **冒險性 (Adventurous)**　　　　　　　　　**少年犯罪可能性**
   - (1) 明顯　　　75.3
   - (2) 不明顯　　35.4
2. **外向 (Extroverted in Action)**
   - (1) 明顯　　　66.5
   - (2) 不明顯　　37.8
3. **感染性 (Suggestible)（易受環境，別人影響）**
   - (1) 明顯　　　69.4
   - (2) 不明顯　　35.5
4. **頑強 (Stubborn)**
   - (1) 明顯　　　83.4
   - (2) 不明顯　　39.0
5. **情緒不穩定 (Emotionally unstable)**
   - (1) 明顯　　　62.0
   - (2) 不明顯　　26.5

**少年人格特性累積分與其犯罪可能率**

| 累積分 | 參與犯罪可能率 | 正常發展可能率 |
|---|---|---|
| 195分以下 | 4.5 | 95.5 |
| 195—219 | 12.6 | 87.4 |
| 220—244 | 43.0 | 57.0 |
| 245—269 | 63.0 | 37.0 |
| 270—294 | 82.4 | 17.6 |
| 295以上 | 94.0 | 6.0 |

少年犯罪的第一、第二項預測表，是葛魯克夫婦三十餘年研究所建立最可靠的預測表。然而這些預測表仍有若干問題，有待解決。例如表一、表二劃分的少年罪犯，在個性上及家庭背景上並不一致。然而僅就預測少年犯罪而言，這一項家庭背景和個性的綜合預測表，是值得嘗試

運用的。

　　依據詹肯士（Jenkins, 1964）及三位日本學者（Kabayashi, Mizushima, Shinohara, 1967）的實驗證明，葛魯克的家庭環境預測表具有高度的可靠性。此外，自從1950年度，多項的實證研究，證明葛魯克的少年犯罪預測表高度可行性及高度可信度。（Glueck, 1970, p. 188）

　　艾克瑞及葛立克（Axelrad and Glick, 1953）應用葛魯克的預測表，於一百位猶太籍的少年罪犯。湯普生（Thompson, 1952, 1957）兩次運用葛魯克預測表於少年罪犯的預測。瑞克福醫生（Rexford, 1956, 1959），葛瑞格及葛立克（Graig & Glick, 1963）運用葛魯克預測表十年之久。自從一九五〇年，葛魯克創立少年犯罪預測表以來，世界各國研究少年犯罪者及防治少年犯罪者，都先後試用其預測表，也都證明其高度的可用性及可靠性。

　　一九七〇年，葛魯克夫婦在《少年罪犯類型》（*Typologies of Juvenile Delinquency*）一書中，又增加若干預測少年犯罪的項目（見表五）。

表五：預測少年犯罪項目（Glueck, 1970）

| 預　測　項　目 | 少年犯罪可能率 |
|---|---|
| 1. 男童在（2 — 3歲）時是否安定<br>　(1)極不安定（hyperactive）<br>　(2)安定 | <br>66.5<br>36.6 |
| 2. 是否聽父母話<br>　(1)聽話<br>　(2)不聽話 | <br>24.8<br>78.8 |
| 3. 對社會權威、父母、師長是否服從<br>　(1)不服從<br>　(2)服從 | <br>78.0<br>24.8 |

　　如果我們將以上項目合併入葛魯克一九五〇年所提出的少年犯罪預測表中，必然可以增加預測的功效及正確性。

　　葛魯克（Glueck, 1956）夫婦，在《體型與少年犯罪》一書中，更進而分析不同體型與少年犯罪的關係，發現少年罪犯大多屬碩健的體型（見表六）。

表六：　體型與少年犯罪

| 體　　型 | 少年犯罪比率 |
|---|---|
| 碩　　健　　型 | 60.4% |
| 瘦　　長　　型 | 14.4% |
| 矮　　胖　　型 | 11.9% |
| 平　　衡　　型 | 13.3% |

參閱：Sheldon and Eleanor Glueck, *Physique and Delinquency*, 1956. pp. 7, 8.

　　根據葛魯克長年追踪研究，從一九三〇到一九六〇年，發現少年犯罪與人格成熟的關係（見表七）。

表七：　人格成熟與少年犯罪

| 人格是否成熟 | 犯罪少年人數 | 少年犯罪可能率 |
|---|---|---|
| 1. 不成熟 | 188 | 44.7% |
| 2. 半成熟 | 115 | 27.3% |
| 3. 成熟 | 118 | 28.0% |
| (N＝411) | | (100%) |

參閱：Glueck, 1970.

　　從表六及表七中可見，體型與少年犯罪的關係密切，少年罪犯中，60%以上屬於碩健的體型。解釋體型與少年犯罪關係之理論，早已在前幾章中討論。至於人格成熟與否與少年犯罪之間的關係，則不甚明顯。

如果將「不成熟」及「半成熟」兩項合併，以之與「成熟型」對比，則較爲明顯。在少年罪犯之中，人格成熟者佔30％。依據常理判斷，在正常少年人口中，人格成熟者也不一定超過30％。由以上的統計數字及揣測，我們相信人格成熟與否不足以預測少年犯罪。

## 二、少年罪犯再次犯罪（Recidivism）之預測

在少年犯罪研究中，我們不僅希望能預測一般少年參與犯罪的可能率；亦希望知道一位少年罪犯再次犯罪的可能率。在這一方面，葛魯克（Glueck），俄伏幹（Wolfgang, 1972）等人所作的少年犯罪長期追踪研究，均有特殊的貢獻。在《一千名少年罪犯》一書中（Glueck, 1960），葛魯克夫婦以少年罪犯的各種特徵，預測其再次犯罪（Recidivism）的可能性。犯罪少年矯治成功的可能率，可以出以下幾點重要因素決定：

1. 犯罪少年的父母親之間的關係是否良好。
2. 父母親對於男性少年的愛護關懷程度。
3. 男性少年犯的父母親對子女管敎的方法。
4. 家庭成員中是否有精神病患。
5. 家庭成員中是否有其他少年犯罪紀錄。
6. 男童本身是否曾受寄養❶或入獄紀錄。
7. 是否曾有長期參與正當娛樂的習慣。

---

❶ 寄養（Foster Home）是美國管制少年制度的一種。當少年的父母去世或是因爲某些原因無法行使父母的職責時，例如父母親參與犯罪、不道德或精神疾病，子女得由政府交由其他公民代爲管理。是爲寄養。寄養的家庭必須具有正當的職業、品格，然而通常寄養的家庭是因爲經濟原因，才決定擔起寄養的責任。根據少年犯罪的研究，寄養的情況不盡良好；常會爲受寄養的少年帶來許多不幸的後果。例如少年犯罪、精神病等等。

8. 是否有逃學、記過的紀錄。

9. 是否有正當的職業。

10. 是否有被捕的紀錄。

11. 過去在行爲上是否有問題。（以學校、家庭的紀錄爲主）

12. 在十五、六歲時，是否有違反校規、法律道德行爲。

13. 第一次參與犯罪偏差行爲及第一次被捕之間的時間長短。❷

14. 初次發生犯罪偏差行爲以及受懲罰的時間。其間的時間愈短，
    則愈利於少年的矯治、康復。

葛魯克夫婦所做的研究，在於肯定少年罪犯的一些人格特性或社會
背景，是否能指示其矯治的成功率。

## 三、少年犯成長以後犯罪可能率

依據葛魯克十一年的追踪研究，探討少年罪犯在成年以後（25歲到
31歲），是否持續犯罪，其研究結果如下（見表八）。

從葛魯克夫婦長年追踪研究中，發覺：(1)人格不成熟與犯罪關係密
切；(2)少年罪犯成長之後，繼續犯罪的比例甚高。近年來許多犯罪追踪
研究都得到類似的結論。當代犯罪學泰斗俄伏幹（Wolfgang）的長年
追踪研究所得到的結論可以作爲本章的結語。第一，罪犯再次犯罪的比
例甚高。第二，罪犯再次犯罪的罪情加重的可能率亦高。這些研究成果
都是對研究犯罪防治者最好的警告，一旦當一個人走上了犯罪偏差的途

---

❷ 第一次參與犯罪偏差行爲以及第一次被捕之間的時間，是一項重要決定少年犯
  罪的因素。其間時間愈短，愈有利於少年罪犯的矯治；時間愈長則愈不利。犯
  罪與被捕之間時間長短，可以用增强理論來解釋。少年初次參與犯罪偏差行爲
  之後，如果能夠卽時給予懲罰，則可以收制約的功效。如果犯罪數次之後而未
  被捕，易養成少年罪犯姑息僥倖的心理，從此以後，少年將習於從事犯罪偏差
  行爲。

**表八**: 少年罪犯成年以後犯罪可能率

| 成年以後犯罪情況 | 犯罪人數 | 佔少年罪犯比率 |
|---|---|---|
| 1. 持續嚴重犯罪及持續犯罪者 | 143人 | 32.6% |
| 2. 偶爾從事輕微犯罪者 | 84人 | 19.6% |
| 3. 無犯罪 | 211人 | 48.2% |
| | (N＝438) | (100%) |

資料來源: Glueck, 1970.

徑之後，要想回頭是非常困難的。太多的社會環境因素，人格結構，性向及生活習慣等等都會促使他繼續犯罪。舉一個例子來說，一位出生自貧困、惡劣家庭的少年，國中未畢業，在校時學業、操行成績都很低劣，已養成飲酒、吸毒、嫖妓、遊蕩的習慣，曾犯偷竊、傷害、妨害風化等罪行。最後因為使用偷竊的機車而入感化院（目前，臺中市少年現行犯中，絕大多數是以偷竊機車罪入觀護所、感化院）。試問這樣的少年，在感化院拘留一年半載之後釋放，其擺脫過去罪惡生活圈子及習慣的可能性有多大？根據常理判斷，我們也可以了解卽使是這位少年有心向善，外在及內在的情勢也不容許他改邪歸正。

## 第二節 少年罪犯之矯治

依據不同犯罪少年類型而劃分矯治方法，也同樣具有精神醫學的意義。格藍特（Grant, 1963）在加州少年局所做的報告中說：「為了要有效的矯治少年罪犯，我們須將少年罪犯分類，以不同的方法治療不同的少年罪犯。」以下我們將首先討論對於一般問題青少年處理的基本原則。

## 一、處理問題少年的基本原則

1. 當遭遇一位具有暴力傾向的少年時，不論是其父母、師長或是司法界人士，應避免採取以暴制暴的方式，因爲以暴制暴的方式會帶來嚴重暴力衝突及嚴重後果。

2. 問題少年有踰越社會規範及法律的傾向時，應立即禁止，並加以規範、限制。然而規範及限制必須是實際可行者。許多父母在面臨反抗性的子女時，所採取的應對策略，一或持之過寬，任由子女爲所欲爲；再而是持之過嚴，禁絕子女所有的言行活動，二者均將導致不良的後果。父母應與子女會談、考慮並尊重子女的看法及意見；如果問題兒童無能力控制自己的行爲，或是無意接納、指導，則應及早加以限制。

3. 不要在問題少年的朋黨或友好之前指責、處罰他。在朋黨或友好之前，會增強少年的抗拒力，所以必須留待單獨會面時再處理。當牽涉及一群問題少年時，避免與一群體爭執討論，必須留待群黨分散之後，再與問題少年個別討論。通常如果問題少年牽涉所及祇是臨時性的偶然事件，他會認錯，改變他的立場及行爲。嚴重的少年犯，則較難改變他的心態行爲。然而在個別的情況之下，較容易處理矯治。

4. 在遭遇問題少年時，成年人必須維持耐心及冷靜。靑年人有尋找衝突的傾向，必須予以化解。成年人必須以緩和的方式，詢問該少年各種問題，拒絕爭執；讓該少年有充分的時間，發表他的意見。

5. 在遭遇靑少年時千萬忌諱以身體作接觸或企圖以手握住該少年，除了在自衛的情況之下，或者是在防止靑少年傷害別人或自己的可能性之時，才能夠以身體接觸。身體接觸是暴力行爲的前癥，成年人在指示少年行爲時，不應加以威脅。

6. 給予靑少年充分的時間反省自述，讓該問題少年有時間冷靜下

來，然後再以冷靜、平和的態度加以勸告。

　　7. 給予少年茶水、食物、香煙等，均爲善意友好的表現，也足以緩和靑少年的疾憤心情。以理性，專業的心態處理一項問題，而不加以道德性的指責，就事論事，多數問題少年，都了解其一己行爲之不當，如果成年人過分道德化，反足以引起其反抗，指責成年人許多不道德的行爲。

　　8. 如果問題少年無須監禁，則必須要求少年提出清楚肯定的承諾，改變其行爲。

　　9. 應該給予少年鼓勵，激勵其自發自動悔過自新的動力。

　　10. 了解靑少年獨立的個性需求，給予其機會，訂立計畫，改善過去的錯誤。

## 二、處遇少年罪犯的原則

　　加州少年局根據少年罪犯的人格特性及行爲，提出管教靑少年犯的不同法則：

　　1. 管制的寬容度。是否容許靑少年犯適度的自由。

　　2. 是否施以愛的教育。是否與少年犯維持親切的關係。

　　3. 懲罰的種類及程度。

　　4. 開放型或封閉型的管制。開放型者容許靑少年適度的出入管訓機構，例如回家探親等，封閉式的管制則禁止靑少年出入。

　　5. 單人房式或多人共居式。

　　6. 職業訓練或是一般性的教育訓練。

　　7. 管教的嚴格程度。

　　8. 在監獄中是否給予職務工作。

　　9. 監禁時間的長短。

10. 是否運用鎮靜劑等藥物。

11. 監禁的少年犯是與年紀較輕者共居或是與年紀較長者共居。

12. 是否給予定期的輔導、心理治療。

當少年犯假釋之後，治療的方法更包括：

1. 安置工作。

2. 娛樂之多少。

3. 假釋官員所負責管理少年犯的人數。

4. 是否應著重外在的管制，由假釋官監視少年犯的行為；或是培養少年犯的自制。

格藍特（Grant, 1963）認爲當前少年犯感化機構對少年犯的治療方法，粗淺而且沒有效果。格藍特認爲如果將少年犯分類而施以不同的敎化，則效果將更爲彰顯。

以下是格藍特對於少年犯的治療處置，所提出的建議：

1. 如果少年犯不識字，則應施以一般性的敎育。

2. 如果是受父母遺棄、排斥的少年犯，則施以愛的敎育。

3. 如果是一位惡性少年，時時期望控制別人者，則應給予諸多的限制、約束。

4. 如果是同性戀的少年犯，則應給予單獨的禁閉。

5. 如果少年犯仇視別人，而且具有攻擊性者，則應給予鎮靜劑。

6. 如果少年犯對事情均不在意、不感興趣，則應給予職業訓練。

7. 如果少年犯有病，則應盡力不干預他的生活。

8. 所有少年犯均應施以群體心理治療。

格藍特復歸劃治療的方式，依據治療的場所、治療者的各種特性，治療方法的不同以及這些因素的綜合運用。格藍特強調在治療少年犯時，至少應劃分治療爲三種類型，分別治療三種不同的少年犯。在治療

缺乏管教的少年犯時，應採取開放、仁慈、和緩、群體式的施教，讓這些青少年能够盡量參與各種社交活動；施以愛及關懷，同時給予警告，希望這些青少年改過自新；並且施以正當的娛樂、體能活動，使其剩餘的精力得以消耗在正當活動中。

對於缺乏良知及具有攻擊性的少年，則必須採取嚴格的管制，軍事管教式生活，不容有任何自由，因為若給予任何自由，則實給予這些惡性少年更多犯罪的機會。

對於過份抑制的神經質少年犯，應給予精神分析治療法，使得過份受壓抑的欲望能够透過合法的管道展現、舒洩；精神分析專家與少年犯建立類似親子關係之後，以「自由聯想」的方式，透過夢的分析，解釋少年受超我所壓抑的本能欲望。當受分析的少年犯接受精神分析家的分析之後，認為自己確實具有如此之本能欲望，而且在揭示之後，不會受到精神醫生的恥笑，因而可以接受因為過去受缺乏安全感而造成的嚴重抑制。當少年的焦慮消失之後，以往的非理性行為也失去了其必要性，少年的焦慮減少之後，從事非理性行為的內在動力也因而消失了，可以避免一而再的犯錯。

詹肯認為對於缺乏良知良能的少年犯，不能施以心理分析法。對於這一類少年，由於他們根本沒有「超我」，所以必須替他們建立一個「超我」。這一類少年犯的犯罪偏差行為並非出自於內在衝突矛盾，而是出自於對外界的仇視、憤恨；不是出自於內疚、焦慮，因為他們根本沒有超我，也無內疚。他們可能因外界之懲罰、報復而恐懼，然而却不是出自內在良心的譴責。為了要替這一類缺乏良知的少年建立起良知良能，必須從外而施以教養、干預，透過管教人員的權威，以嚴格的管理、軍事訓練，以及懲罰，以期這一類缺乏良知的少年對於社會法律，產生強烈的恐懼。正好似訓練一隻猛獸，在嚴格管教之下，以威迫利

誘，特別是運用懲罰，乃能養成其對於馴獸師的服從恐懼，從而建立起其習慣性的馴服態度。缺乏良知良能的惡性少年，正好似一隻猛獸，缺乏人性，只有在嚴厲、長期管教之下才能馴服他。當這位少年未心悅誠服之前，對法律未能產生真正的恐懼之時，絕不能釋放；此時釋放，無異於放虎歸山，從此以後，由於他已飽受經驗之教訓，再想逮捕他，則非常困難。

訓練缺乏良知良能的青少年，雖然在理論上是可行的，而在實際作業上則非常困難。根據筆者與惡性罪犯接觸的經驗，知道惡性青少年罪犯雖經長期的監禁，其惡性未改。在蘭嶼島上，陸軍總部設立管訓團，專門管教行為不良的士兵，這些兵都是社會上不法之徒，由於服兵役之故，而參與軍隊，然而在軍隊中仍舊是為非作歹，被送往管訓。筆者曾於民國七十年前曾數度前往蘭嶼陸訓團講訓，同時帶領了一大群大學生前往。根據筆者接觸的經驗，這些惡性青少年罪犯不能體會管訓的意義，其惡性並未因管訓教導而削減，他們只是在挨時間，等候釋放，以期回到社會以後，繼續其地痞流氓的生活。

對於缺乏教養的少年犯，必須施以正常的教育。這一類型的少年犯由於出自父母缺乏督導管教，缺乏關懷，而流入少年犯罪的集團，故必須開導他們、指示他們走向正當的途徑，告訴他們以往的崇尚武術的觀念過於幼稚。對於這些少年最重要的是將他們與以往的友伴隔離。教導這些少年的輔導員，必須是一位標準的男性，寬大、仁慈、正直、堅定，關懷這些少年以取代這些少年所缺匱的父親形象。

亞皆爾（Argyle, 1961）也針對不同類型的少年犯，提出不同的治療法。依據他的研究，少年犯之人格可以分為四大類型：

1. 缺乏良知良能者。
2. 參與犯罪集團者，向犯罪文化認同參與者。

3. 自我約束力弱者。

4. 缺乏同情心者。

亞皆爾提出證據說明這四種不同類型的少年犯，根源各異，其形成的過程也不同。亞皆爾強調愛、關懷以及嚴格的管敎，三者是培養良知良能不可或缺的要素。最後，在這三者併行實施下，少年乃能透過愛及關懷，以及嚴格的管敎，向強而有力的父親認同，因而產生超我。

對於缺乏良知的少年犯，亞皆爾建議由一位強有力的假釋官，或警員，或是監獄中的輔導人員負責管理。一則是以愛、同情及關懷，同時施以嚴格管敎。對於第二類誤入歧途的少年犯，亞皆爾建議是把他們與同儕隔離，而另建優良的環境，例如換一個學校。根據葛魯克的研究，缺乏良知的少年，如果置之於軍隊中管訓，則成績良好，然而如果置之於監獄，則後果不堪設想（Glueck, 1980）。葛魯克的發現，值得司法界人士深思、體會。如果我們能切實掌握這一項原則，則可以挽救無以數計的迷途羔羊。然而如果不愼重處理，則將犧牲許多誤入歧途的青少年。對於自我約束力弱的青少年，似乎最好的方法是促使其成長，許多學者稱這一類型青少年犯為「不成熟的人格型態」。由於父母的疏於管敎、母親的放縱，因而從未養成克制一己的習慣。對於這一類型的少年，似乎格拉賽（Glasser, 1965）的實踐治療法（Reality Therapy）應該是有效的，以加強其自我的能力。

亞皆爾同時提示不論是以明尼蘇打人格測量表（MMPI）或是以加州人格測量表（CPI），劃分犯罪少年與正常少年，都可以看出犯罪少年在人格個性上與正常少年不同，有顯著的特徵。

針對不同類型的少年犯，筆者綜合諸家學說，提出以下幾項矯治方針。犯罪少年，依據其人格特徵，大約可以劃分為四大類型（類型細節，請見第六章），現分別討論對於每一類型少年犯的處遇方法：

### （I）對於嚴重少年罪犯之處遇

在懲治這型少年犯時，通常我們採用七項原則：

第一、培養他們對社會群體的服從；

第二、使他們確實了解他們行為的後果；

第三、糾正他們的自我觀。獎勵他們的長處，也同時指點他們的缺陷。

第四、改變他們的人生觀，及對人對事的態度；

第五、幫助改善他們與其他青少年的關係，使他們體會人與人之間應具有眞誠善意的用心及行為。

第六、對於他們的惡言惡行，隨時加以改正；

第七、培養他們的生活技能，使得他們出獄以後，有一技之長，可以維生。不必作為社會的寄生蟲，專門為害取利於別人。

在感化院中，對這型少年犯應施以嚴格的管制。使他們遵從感化院的規章，尊重服從感化院的工作人員。不容許他們說謊或操縱騷擾別人，違者一律予以嚴重的處罰。

在合理的範圍及情況之下，我們容許他們發表自己的意見，也給予他們發洩情緒的機會，唯其先決條件是不能侵犯別人或違反社會規範。這種疏導方法，在處理惡性少年犯時，具有特殊的意義及價值。惡性犯罪少年的精神情緒，好似洪水一般，隨時可能泛濫成災，殃及別人福利及社會安全。對於這一股洪流，我們必須採取疏導的態度及方法，使得它們可以暢流而不致於泛濫成災。至於這股洪水的源流，因為是出自於童年的惡劣生活環境中，作為司法輔導者，已無法去根絕這些源流。

除了嚴格管制之外，對於這群惡性少年，我們還必須增長監禁輔導的期限。在長期的督導之下，才有希望將這群脫韁的野馬收斂回來。在監禁期內，除了各種教育技能訓練之外，我們還要規定他們工作。每日

至少工作四小時。工作規定具有多項意義。第一、從治療的觀點來看，工作治療法對於犯罪或精神病二者都有效果。祇有在長期規律的工作過程中，我們才可以期望這些惡性少年轉移默化，使他們的人格轉而向善，走入正途。這是精神治療的「善化轉變」(Benevolent Transformation)。與乎精神分析大師蘇利文 (Sullivan) 所提出的「惡化轉變」(Malevolent Transformation) 正好背道而馳。蘇利文認爲惡性少年犯，在其人格發展的過程中，都曾經過一段惡化的過程。相反地，要改造這些惡性少年，我們必須施諸以善化過程，使他們向善、守法、愛人而樂群。

工作的第二個目的，是對社會人群的補償作用。國家社會花費龐大的經費，以支持感化少年的工作。惡性少年對於這些消費有賠償的義務。所以我們規定他們每天最少工作四小時，嚴格監督，使他們賠償國家人群。除了這兩大目的之外，「工作」還具備其他有價值的意義及目的，對少年罪犯或精神病人的人格發展都有好影響。

在監禁的期限內，我們盡求做到「人性化」。祇要他們遵守規定，不侵害別人，我們應容許他們參與各種活動，諸如運動、音樂、繪畫、攝影等。同時在監督之下，也應容許他們有充分的娛樂社交活動，諸如跳舞、看電影、電視、收聽音樂等等。同時我們也鼓勵他們參與宗教活動。宗教是善化過程一支强有力的組織力量。在處理少年罪犯的過程中，我們也不應忽略這一股傳統有效的人性本能。

在加拿大蒙特里城 (Montreal)，有一所由天主教會主辦的少年感化院，可以說是感化機構的典範模式。不論在設施及技術上，他們都作得非常完善。在財力上，他們受州政府的支持。院中有二百餘少年犯，每十二人組織成一「家庭」。每家有其獨立門戶，由感化院派兩名社會工作人員擔任其家長。在「家庭」裡，除了不要煮飯以外，其他的工作

都由同戶人自行負責。平時除了上課，工作實習之外，少年們自由活動時間甚多，可以交互拜訪不同住戶的朋友。院內有圖書館、體育館、游泳池。週日夜間及週末有宗教活動，週末更有晚會及舞會，參加與否都採取自動自發的方式。院內也有精神治療專家，實施個人及小組治療工作。在嚴格的督導之下，他們過著正常的生活。

然而這種典範的感化院，祇能施諸於輕度的犯罪少年，對於惡性少年犯恐難以施用。再而經費龐大，亦非一般社會都市可以負擔得起。然而這種典範式的感化院可以作為我們司法行政機構工作的目標。我們可以學習許多他們所採用的方法。在財力充裕時，我們也可以照樣實施。

回過頭來，我們再繼續討論對惡性少年犯的處理問題。這一群少年犯不僅對社會人群為害最大，亦為日後留下潛伏危機。當他們成長以後，將繼續為害社會。所以在懲治及輔導方面，我們必須仔細觀察他們的思想行為，是否有真正的改進。祇有在善化作用（Benevolent Transformation）真正發生效果時，也就是說這些惡性少年能內心懺悔，改過自新時，我們才可以釋放他們。如果在善化作用尚未生效之前把他們放出，將會為社會帶來更多的禍患。他們以後仍將繼續參與犯罪的行為，而同時對於司法人員處處提防，變成狡猾老練難以捉摸的兇犯。

### （Ⅱ）對於輕度青少年犯之處遇

在輔導管教方面，由於這一類型的少年犯，其人格組織並無嚴重缺陷，並仍擁有完整的傳統道德價值觀念，既不必施行長期監禁管訓，也不必採取轉移默化的「善化」運動。我們可以採取嚇阻方法（Scared-Straight Method），把他們監禁兩三日，使他們可以親身體會監獄生活的痛苦及可怕，並了解觸犯法律的嚴重後果。所應注意的是，在監禁時期，一方面要使他們觀察體驗監牢生活之可怕，同時也要保護他們，使

他們不致受惡犯的影響侵害。在三日監禁之後，給予嚴厲的警告，然後予以釋放。

這種阻嚇方法，是依據心理學增強原理而建立的處理犯罪少年方法。正如在實驗室中，爲了阻止動物繼續產生某種行爲，我們加諸以強烈禁制刺激。通常在一二次實驗之後，可以生效。同理，對於這一類型少年犯，這種方法也可能發生同樣的效果。

除此之外，對於他們的父母，我們也應施以感化教育，與他們討論其子女的問題，強調督導管教的重要性。並且勸告他們多與其子女接觸。在可能範圍之內，勸告他們仿效「孟母三遷」的金科玉律，給予少年自新的機會。如果不可能遷居，我們也應該設法將少年轉學，這樣也可以減少其與往日友朋接觸的機會。同時，我們應該與犯罪少年作一次懇切的會談，警告他們不要再犯錯誤。

總之，少年成群結黨，崇尚武術是發育時期的正常現象。祇要他們不與社會規範或法律相抵觸，我們一方面容忍他們，一方面加以輔導及警告，希望他們不要觸犯法網。通常，經過幾年之後，這一類型的問題少年都會重新走入生命的正當軌道，成爲一個守法安良的份子。

### （Ⅲ）對於神經質型問題青少年之處遇

對於這一類型少年犯的懲治，我們採取幾套不同的方針。第一，我們可以採取傳統精神分析學的方法，不論是以個人或小組方式，對他們分析其精神上及潛意識中的各種問題及癥結所在，以及其不良行爲的前因後果。第二，我們可以採取新心理分析學派的理論，特別是格拉賽的實踐治療法（reality therapy），來輔導這一群青少年。加強他們「自我」的能力，也就是自我管束控制的能力。在輔導的過程中，時時提醒他們「責任感」及對其行爲後果負責。同時強調傳統道德規範的重要性，輔導他們建立良好的人際關係，培養他們的自信心，減低他們的自

卑感，使他們不僅認淸自己，也同時接納他們自己。

　　總之，這一類神經質型的少年犯，主要是在幼童時期的人格發育過程中，遭受到不良影響或損害，損及其自信自尊以及其「自我」的組織，導引起日後諸多精神情緒上的問題。通常他們所犯的違規行爲，對人群社會無害，無危險性。對於他們，作爲輔導者祇能以循循善誘的方法，使他們納入社會的正軌，脫離偏差不良的組織。對他們懲罰是不必的，除非他們的行爲危害及別人的安全及利益。

### （Ⅳ）對於精神失常靑少年之處遇

　　對於精神不正常少年犯的處理，首先我們把他們劃分爲兩大類型。第一類是具有嚴重精神病現象而且對社會人群有危險性的，我們必須送他們去精神療養院或精神病院，由精神病專家及醫務人員予以治療。第二類是輕微型而且對社會人群無危險性的，我們可以施諸以精神分析及藥物治療。

　　在第二類別中，我們又劃分之爲先天性及後天性。先天性的精神不正常少年犯，通常祇能實施藥物治療，以鎭壓他們的情緒，緩和他們的症狀。對於後天性的輕微精神病患者，我們可以同時施諸以精神分析及藥物治療。精神分析的理論派別很多，有傳統派及新派，二者間不論在理論上或方法上，都有很大的差異。在此我們亦無法作詳細的討論。在採取藥物治療法時，對於後天性的精神病患者，也有兩種不同的方式。有的少年犯必須定期服藥，否則隨時會發作。另外的一些少年犯則是間發性的，他們精神病狀發作的時期不定，而祇有在發作時才會產生偏差犯罪行爲。

　　對於後者，我們祇是在其發作時，才施諸以藥物治療。對於後天性的精神不正常少年犯，最主要的治療法還是定期的精神分析。

　　除了治療之外，不論先天或後天性的精神不正常少年犯，我們都必

須實施工作技術訓練，使得他們能有一技之長。將來出院後可以自立營生，不必依賴別人。

由於精神分析治療耗費甚巨，一般的少年感化院均無法徹底實施。所以對這一類型的少年犯，司法機構通常採用治標的方法，應用藥物，減輕精神病患者的情緒問題，使得他們不致於發作出來，危害及社會人群。

## 第三節　對於防治少年犯罪的幾點建議

在未提出防治少年犯罪建議之前，讓我們先看一看目前國人所最擔心的事：

### 如何解決「未來最值得憂慮的事」？

（民生報 76.7.21）

最近看到吳中立先生「未來最值得憂慮的事」與施壽全先生「也是未來最值得憂慮的事」（先後發表於六月卅日及七月四日），頗有同感。目前我們社會道德風氣，已敗壞到相當嚴重的程度。我們不僅擔心，還必須有解決之道。否則，多年來大家苦心經營的成果——一個繁榮而開放的社會，終將被我們的自私自利所埋葬。解決之道，一是治標，一是治本。

治標之道，在於嚴格執行罰則，對作奸犯科者，無論「州官小民」，一視同仁；對不良傳統習慣，諸如隨地吐痰、吐檳榔汁、亂丟廢棄物、不守公共秩序……不能再如過去那樣，因執法之不嚴，再任其沿襲下去。

治本之道，不外乎教育。但政府一方面每年在道德教育上，透過學校、機關團體，以及大眾傳播媒體，做了不少努力與花費；同時却也因為過分強調經濟成長，引導功利趨向，易於使人罔顧道德之存在，而使德育的效果不彰。因

之，目前可行之道，是趁著受過傳統道德教育的人口，尚未減少到瀕臨不存的地步，以及雖已有人把家形容爲現代人的旅館，而仍有一個「家」的形態存在的今天，應當把握這有限的時機與環境，及時提倡父母對子女的再教育。由於「有其父必有其子」、「有其母必有其女」，父母是人格形成的典範。只要喚醒所有爲人父母者認淸，對下一代道德教化的責任，比功利更要緊。如此，道德教育可自形成社會的基層——家庭開始。相信如此持之以恆，將來我們仍能有一個眞正富足安樂的社會。

父母對子女的再教育，是一粒含有道德生機的種子。至於如何栽種，使之開花結果，應該是政府與專家的事了。

## 社會脫法脫序現象越演越烈

# 立委力促政府莫再姑息養奸

### 冰凍三尺非一日之寒・行政積弊須大力革新

### 維護法律紀律與尊嚴・兪揆强調信心和決心

（聯合報 76.9.26）

〔臺北訊〕近來自力救濟活動頻繁，少數人動輒聚衆滋事，破壞社會秩序，嚴重斲傷法律及公權力的尊嚴，行政首長及立法委員咸表憂慮，多位立委昨天極力促請政府，儘速檢討施政缺失，防範脫序現象於未然，並應依法嚴格處置違法事件。兪院長昨天答詢時也多次强調政府維護法律尊嚴的決心。

立法委員洪文棟質詢表示，社會脫法、脫序現象的形成，其原因包括施政缺失未能卽刻改正，事端肇因無法及時防範，遇事態度軟弱，但求一時妥協等，致脫法行爲越演越烈，徇至發生攻擊治安人員，焚毀警察公署，妨害生產廠場，搗毀報社，以及罷市罷工等憾事，如不能及時糾正，恐將難以收拾。

莫翔興委員感嘆地說，許多海外同胞都有共同的疑惑：目前臺灣怎麼變得這麼沒有秩序？他希望政府對於民間任何不平、不滿的事，應事先洞察，有誤會加以澄清，有紛擾加以疏解，有不合理加以改正，事情發生之初，即依法處理，莫再因循姑息。否則，一時「防堵」，只有冷了善良民衆的信心；「忍辱」，只有傷了基層治安人員的心；「姑息」，只有助長了社會暴戾之氣；「養奸」，只有傷了政府形象。

溫錦蘭委員分析指出，民衆的自力救濟行動，依其性質可分爲單純的自力救濟、社會運動性質、請願性質及少數暴虐、蓄意破壞法律者等四種。檢討問題癥結，往往導源於各級官員和執法者的辦事疏誤和不力，更由於政治積弊，久之結成民怨，法紀的廢弛不張，公權力的萎靡不振，可謂其來有自。政府亟須大力改革行政，整飭法紀，對症下藥。

梁許春菊委員強調，政府執行公權不力，以致妨礙大部份民衆權利行使的不便，這是政府的錯，民衆要追究政府的責任。謝美惠委員也指出，過去在戒嚴體制下，許多中下層政府官員常被批評執行政策時「拿雞毛當令箭」，以致造成許多民怨，現在解嚴以後，有許多官員又往往把「令箭當雞毛」，使許多政策無法推行，或執行起來荒腔走板，毫無標準，這種政府官員不明本身權限，作風軟弱，缺乏果斷的現象，如不速予改正，社會脫序現象將益形惡化。

行政院長俞國華答復立委的質詢指出，少數人利用表達民意或者自力救濟的名義公然聚衆滋事，甚至訴諸暴力，攻擊執法人員，令人痛心，也引起了廣大民衆的關切；政府絕對有責任維護社會秩序，確保社會安寧，政府也有決心和信心，來依法處置違法事件，以維護法律的尊嚴。此外也盼望社會大衆發揮社會正義力量，支持執勤人員採取強硬制裁力量，和政府群策群力，來遏止暴力事件。

針對當前國內嚴重青少年犯罪問題，筆者建議我國教育及司法機構，應從速制定防治青少年犯罪之策略，以五年、十年爲期，及早遏止

青少年犯罪的狂瀾。否則十年之後，我國青少年犯罪問題及社會治安將
面臨不可收拾的境界。以下筆者將分別討論目前國內已經施行的青少年
犯罪防治計畫及筆者揣擬的若干建議。

　　首先，特別值得提出討論的是青年救國團所舉辦的各種青少年活
動。這些龐大的計畫及實際行動，都是防治青少年犯罪的有效策略。唯
一遺憾的是救國團的活動未能廣泛推廣及於知識水準低而貧困的青少
年，而後者是青少年犯罪的泉源及社會治安的隱憂。記得三十年前，救
國團所舉辦的活動都是免費的，不論是海洋戰鬥大隊、橫越中央山脈等
等活動，都極富有創造性；然而目前，由於青少年人數過於龐大，政府
無法提供免費的服務，這是很可惜的。站在防治青少年犯罪、維護社會
治安的立場，筆者希望救國團能夠將各種活動推廣及於貧困而知識低的
青少年。

　　其次，目前國內各種社區青少年活動，例如各種登山協會經常舉辦
之活動，都是極有意義，而且具有防治青少年犯罪的功能。這些活動有
助於青少年身心正常發展，更推廣正當的消閒活動及社會人際互動，都
是特別值得推崇發展的。

　　第三，目前國內青少年犯罪處遇機構，不論是少年監獄，或是感化
院，在職業技術訓練方面，有待加強。這些機構中的青少年都是正常教
育制度下淘汰的。他們之中，絕大多數人對於普通學業缺乏興趣，而且
也可能缺乏求學所需的能力及習慣。此外，根據國內外犯罪學專家之共
識，青少年犯罪處遇機構很少能改善青少年罪犯之人格。這些處遇機構
眞正能夠做到的，第一是培養青少年罪犯守法，尊重法律的心態。第二
是培養青少年罪犯一技之長，使他們出獄之後，能夠自立更生，不再為
害社會，作一個安份的良民。

　　以上三種策略都是實施有年者，然而由於其對象是年歲較長，或已

犯罪的青少年，所以在防治青少年犯罪方面，都祇是治標，而非治本的
策略。以下，筆者將提出幾項更基本的防制青少年犯罪策略，以供有關
機構參考。

**（I）法治精神的推行**

當代德國犯罪學家凱撒（Kaiser, 1985）曾經指出，現代民主政治
必須建立在法治基礎之上。民主政治祇能施用於守法、有教養、有道德
的公民。對於沒有教養，沒有道德的亂民而言，缺乏法治基礎的民主政
治，無異於縱虎歸山，使得他們能展現其獸性、私慾，為害社會人群。

近二、三十年來，我國由於經濟迅速成長，舊有的社會秩序、社會
制度逐日式微，而新的制度並未建立。因此人心蕩漾，個人追求財富、
地位的慾望，隨著澎湃的經濟成長而節節高升。貧困的社會階級由於內
在慾望需求的壓力及外在物質的引誘，許多鋌而走險，從事犯罪行為。
我們可以預期，在未來十餘年中，當我國社會面臨急驟轉型，邁向工業
都市社會的發展過程中，從事犯罪及偏差行為的人數亦會急驟增加。

所以，我國當前之急務是建立「法治精神」。在法治之前、人人平
等。在這一方面，我們可以美國作榜樣。美國是一個完整的法治國家，
在法律之前，不論是總統或是販夫走卒，都具有平等的身份。記得一九
八四年美國總統大選時，總統候選人在電視上辯論，身為總統的雷根因
為講演時間超過限制，立即被主持節目的人切斷其講話，而雷根本人更
謙恭的向觀眾道歉，這種法治的精神是民主政治以及社會安定的基石。
在一個社會中，如果法治的觀念不顯彰，而中上階級享有較多之特權，
從事經濟犯罪或其他白領罪行之人數眾多時，下層社會階級人士易於產
生憤恨不平的心態，認為社會制度、社會立法不公平，因而從事暴力犯
罪的可能性增加。

此外，我國警政機構在處理亂民暴動時所採取之政策值得檢討。記

得在民國七十五年十月中，臺北街頭發生暴民行動，導致九十餘位警員受傷。事後，臺北警政首長宣佈「打不還手、罵不還口」的維護治安原則。這種政策可能會導致社會和諧，然而却違背了基本法治精神。

今年八月，在我國擧辦之中美犯罪防治會議中，美國聯邦政府資深法官麥克布萊德作專題演講，討論美國犯罪防治的趨向，强調美國政府及人民決心重懲犯罪份子。在美國新犯罪防治法案中，有一項規定，凡是直接攻擊政府司法人員的不法份子，至少處以五年以上的有期徒刑。警察代表國家法律，攻擊警察就是攻擊國家法律，我們應該嚴厲的制裁這些不法份子，以維護法治精神。❶

## （Ⅱ）重視公民教育

目前國內由於升學主義的泛濫，而忽視了公民教育，忽略做人的道理。事實上這是本末倒置，如果我們祇重視學業，培養出許多學識深厚而缺乏道德修養的子弟，試問這些人對於人類社會有什麼貢獻？我們應該重視基本公民道德教育，從幼稚園、小學一年級開始，切實推廣公民教育，以培育完整的人格爲當前第一要務。這樣我們相信在一、二十年之後，新生的一代，不論貧富都可以擁有較完整的人格、嚴正的操守，而建立起社會秩序。目前世界上，瑞士及西北歐國家是以公民教育見長，這些國家不僅科技發達，人民生活富庶，而且公民道德也高超，可以作爲我國的借鏡。

民國七十五年十一月，教育部長在東海大學校慶紀念日，發表演講，强調公民道德教育的重要性。不久以前，行政院長也一再强調道德

---

❶ 民國七十五年八月，在我國召開之中美犯罪防治會議。美國聯邦政府資深法官麥克布萊德 (Thomas MacBride, U. S. Senior District Judge) 在臺北圓山大飯店作專題演講，其講題是:「美國政府防治犯罪的新趨向」。其專題論文已由筆者譯成中文，將於最近刊登。

及親職教育的重要。如果我們能夠將政府首長的這些重要訓示，一一付諸實際行動，則我國社會，在不久的將來，就會成為一個名符其實的泛道德主義社會。

為了要切實執行政府首長的這項重要訓示，教育部應該召開公民教育會議，滙集全國學者專家的意見，並且由教育行政人員與學者專家，共同籌組公民道德教育委員會，切實推行公民教育。當前之急務是迅速扭轉國內升學主義狂瀾。升學是年青人共同的願望，教育當局應該滿足青少年升學的需求，然而同時也要完成公民道德教育的目標。事實上，這並不困難。先進國家，不論是歐美或日本，都能夠在教育政策中，兼顧德育及智育二大目標。

**（Ⅲ）身居上位的人士要以身示範**

所謂上樑不正下樑歪，高高在上的中上階級人士，一定要切實遵守法律，不作任何違背法律道德的行為。身居上位的人士一定要摒除私念，以不辜負國家人民付託的重任。唯有如此，我們乃能期望下層階級人士隨而效行，遵守法律道德。

**（Ⅳ）切實改善我國傳統上祇重空談而不能身體力行的壞習慣**

不久以前行政院俞國華院長，在一次行政會議上，也提示身體力行的觀念，期與全國負責實務的官員共勉勵。在返國將近五年的時期中，筆者曾經參與多次有關少年犯罪的研討會，閱讀過許多防治少年犯罪的論文。如果我們能身體力行，將這些理論付諸實施，則我國少年犯罪防治工作，必然會產生顯著的進步。

根據筆者經驗，我們目前已經有許多完整的理論方法，可以防止少年犯罪，比如說在小學階段，如果能夠應用葛魯克夫婦所提出的少年犯罪預測表，預測國小學生將來犯罪的可能率（參閱 Glueck, 1950），而對犯罪機遇率較高之少年予以預防性的管教督導，則我們可以預防許多

少年走上犯罪的途徑。其次我們應該在貧困的社區設立更多有意義的活動及設備，例如網球場、游泳池、籃球場等等。而政府的社會福利機構也可以應用業餘的球員作為教練，推動貧困地區少年的康樂活動。這也是先進國家目前普遍採用的方法，也可以疏導許多貧困青年免於走上犯罪偏差行為的途徑。在管教少年罪犯方面，近年來也有許多切實可行的方法值得採用。例如格拉賽（Glasser, 1965）所提出之實踐治療法（Reality Therapy），不僅可以用於少年犯罪之治療，也可以運用於成年犯罪或是精神病患之治療。

除了實踐治療法之外，最近二、三十年來，西方的專家更提出許多嶄新的防治犯罪觀念及方法，許多都很有價值，值得我們學習試驗。目前我國少年犯罪的管制方法，仍是一本過去傳統之舊方法，未能採納西方先進有效的觀念，在這方面我們要切實的改善。

（V）切實做到實務與學術結合的目標

筆者呼籲從事防治犯罪實務機構之負責人，例如法務部、內政部、警政署等等，必須真正的與學術界合作。我們必須要摒除許多傳統的錯誤，在商討問題時，應該尊重學者專家的意見，切實做到實務與學術結合的目標。

以上是個人提出的幾項簡單防治少年犯罪的淺見。我相信在我之前，許多有識之士都早已提出這些意見，最重要的不僅是這些建議的內容，而是我們是否能切實去做。實踐力行是西方文明的優點，是值得我們傚仿學習的。我建議負責防治犯罪機構的首長們，可以籌劃一個長期性的少年犯罪防治中心，由負責實務的長官及學術界的專家們共同參與，提出具體切實防治犯罪的方法，而一旦決定之後，必須付諸實施。唯有如此，我們才能期望在最近之將來，在防治少年犯罪方面，能夠真正有所進步，產生實效。

# 結　論

　　青少年犯罪問題是現代工業社會的毒瘤，而且情況日益惡化，導致關懷社會秩序的學者，及負責社會治安的機構及實務官員之密切注意。幾十年來國內外青少年犯罪研究，對於青少年犯罪問題之本質已具備充分的了解。然而對於一項問題之了解並不意味解決這一項問題。現代社會之青少年犯罪問題源自工業都市社會組織結構之改變，傳統社區組織，人際關係之破壞，傳統道德，價值規範之式微，以及家庭制度之演變。在演變的過程中，在新的工業都市社會中，出現了嚴重的少年犯罪問題。

　　由於青少年犯罪與現代工業都市社會組織結構的密切關係，要想徹底根絕這一項問題是不容易的。以美國幾十年來的努力而言，雖然提出了許多完美的防治策略及具體的方法，然而青少年犯罪問題却有增無減，日益嚴重。國內在青少年犯罪防治研究方面，也相當的努力。但是以最近一、二年國內犯罪日益嚴重的情況來看，對於未來青少年犯罪之趨勢及展望，不甚樂觀。依據筆者的看法，目前國內青少年犯罪指數之所以較諸世界先進國家偏低者，是由於傳統中國社會之社區，家庭組織，宗敎信仰，及道德，價值規範仍發揮箝制的作用，防止許多青少年走向犯罪偏差的途徑。然而這一道舊有社會文化的堤防已在逐漸的崩解。在西方文化及工業都市化衝擊之下，舊有的社會文化堤防日益崩離，國內青少年犯罪必然會更形嚴重。

　　雖然未來青少年犯罪的情勢不可樂觀，然而從事防治犯罪的學者及實務人員仍應一本「事在人爲」的精神，積極謀求預防，矯治青少年犯罪之策略，從事更多的實證研究，力謀加强都市社區組織，特別是市區

貧民窟及犯罪區域之社區組織。根據過去對靑少年犯罪之研究，現代都
市中心之貧民窟是製造靑少年犯罪的大本營。嚴重的靑少年罪犯，幾乎
都是出自這一根源。

　　對於少年犯罪的防治，我們需要做的事很多，無法在此一一詳細討
論。這一篇防治少年犯罪的文章祇是開場白，眞正靑少年犯罪防治計劃
之實施必須建立在學術及實務機構結合的基礎之上。我們一方面應吸取
西方的學識經驗，一方面身體力行，眞正的去嘗試各種不同防治少年犯
罪的策略及方法。

　　最後，筆者必須再次强調，我國法治機構必須擺脫傳統：「祇談不
做」的積習。在擬定一套計劃之後，必須切實去執行。在未來的歲月
中，靑少年犯罪問題將會日益嚴重。如果我們現在不及早籌劃，實施防
治的策略，則未來的情勢不可樂觀。

# 附錄一・中文參考書目

中央警官學校研究，少年犯罪心理之研究，臺北，前司法行政部犯罪問題研究
　　中心，68年7月出版。

中田修著，李永熾譯，犯罪與精神醫學，臺北，牧童出版社，61年11月初版。

李本華、楊國樞：民國七十一年，青少年心理測驗（臺北：中國青年反共救國
　　團青少年輔導中心「張老師」）。

林榮耀：民國七十四年，中華民國少年犯罪現況（日本東京一亞太少年犯罪會
　　議）。

林秋蘭，臺灣北部地區一般少年與犯罪少年行為困擾之比較研究，中央警官學
　　校學士論文，68年6月。

林正文，暴力少年犯與非暴力少年犯人格特質比較，臺北，師範大學教育研究
　　所碩士論文，69年。

周震歐：民國七十四年，少年犯罪社區防治之研究（臺北：中華民國社區發展
　　研究中心）。

法務部，犯罪狀況及其分析，臺北，法務通訊雜誌社，76年。

法務部犯罪問題研究中心：民國七十一年，少年輔育院學生：生活狀況分析暨
　　個案研究（臺北：法務部）；青少年濫用藥物問題之研究（臺北：法務
　　部）；民國七十二年，少年犯罪種類與其個人家庭、學校、社會生活之比
　　較分析（臺北：法務部）；民國七十二年，竊盜累犯之研究（臺北：法務
　　部）；民國七十三年，少年暴力犯罪之研究（臺北：法務部）；民國七十四
　　年，女性犯罪之研究（臺北：法務部）；民國七十五年，少年竊盜犯罪之
　　研究（臺北：法務部）；民國七十六年，犯罪狀況及其分析「民國七十五
　　年」（臺北：法務部）。

柯永河，青春期犯罪行為的心理成因，社會變遷中的青少年問題研討會論文專
　　集，中央研究院民族學研究所，專刊之24第325至338頁，67年8月。

柯永河，柯氏性格量表手冊增訂本，臺北，中國行為科學社印行，70年10月二
　　版。

姚榮輝，臺北地區犯罪少年與一般少年人格異常傾向之比較研究，桃園，中央
　　警官學校學士論文，67年。

高金桂：民國七十三年，青少年藥物濫用與犯罪之研究（臺北：文景出版社）。

馬傳鎮，臺北地區犯罪少年與國中生智力及適應問題差異之比較研究。臺北：憲兵學校出版，66年。

馬傳鎮，臺灣地區犯罪少年與一般少年之比較研究。臺北：中國行為科學社，67年6月初版。

馬傳鎮，臺灣地區犯罪少年與一般少年人格異常傾向之比較研究，文刊於臺北市警官學校民國67年10月出版之「警學叢刊」九卷一期，第43至5553頁。

馬傳鎮等，當前我國少年暴力犯罪成因及其防制對策之研究，臺北，74年6月。

徐雙喜，少年暴力犯與正常少年之人格特質比較研究，桃園，中央警官學校警政研究所碩士論文，67年。

陳石定，臺灣地區各類型少年竊盜犯與暴力犯心理特質之比較研究，桃園，中央警官學校警政研究所碩士論文，73年。

陳國基，精神病態人格與學習，臺大心理系碩士論文，民國六十九年。

張華葆：民國七十五年，「自精神醫學觀點探討少年犯罪問題」（法學叢刊，122: p. 110-125）；民國七十五年，社會心理學理論：第三章—米德的人際交流理論（臺北：三民書局）。從精神醫學的觀點分析少年的特性，臺中，東海社會科學學報，第一期。

莊耀嘉：民國七十五年，心理病態性格與犯罪行為（臺北：法務部）。

臺灣省社會處：民國七十二年，臺灣省青少年生活狀況調查報告。

廖螺華，臺灣北部地區一般少年與犯罪少年人格特質之比較研究，中央警官學校學士論文，68年6月。

鄭哲民：暴力行為犯罪之防治，刊於「社會變遷中的犯罪問題及其對策研討會」，民71年12月。

蕭世璋，少年暴力犯與一般少年心理特質之比較分析。桃園，中央警官學校碩士論文，72年6月。

賴保禎：犯罪少年的犯罪行為類別與心理特質之關係研究，教育心理學報，六期，民六十二年，七七至八八頁。

少年（國中學生）犯罪原因的探討及其預防措施之研究，教育部訓育委員會，六十六年。

少年犯罪類型與家庭因素之研究，刊於「社會變遷中的犯罪問題及其對策研討會」，七十一年，一一五至一二六頁。

少年犯罪家庭背景之調查研究，心理衛生，二五卷，一至一七頁。

謝文彥：臺灣北部地區各類型犯罪少年與一般少年人格適應問題之比較研究，

警學叢刊，十二卷，二期，七十年，一八四至一九三頁。

蔡勇美：民國六十七年，都市人口高密度與社會病態之關係─都市社會發展研究（臺北：巨流書局）。

蔡德輝：民國七十五年，犯罪學理論在少年犯罪防治上之應用（臺北：五南圖書出版公司）。

蕭世璋：民國七十二年，都市社會人口擁擠與攻擊行為之關係（警政學報第三期）。

# 附錄二・英文參考書目

## A

Aichhorn, A.

    1963 *Wayward Youth*, N. Y. Viking.

    1964 *Delinquency and Child Guidance*. N. Y. International Universities Press.

Allen, R. C. et al.

    1975 *Readings in Law and Psychiatry*, Baltimore, John Hopkins Univ. Press.

Alper, B. S. and I. T. Nichols.

    1981 *Beyond the Courtroom: Programs in Community Justice and Conflict Resolution*, Lexington, Mass: Lexington Books.

American Psychiatric Association. *Diagnostic and Statistical Manual of Mental Disorders* (DSM-III). Washington, D. C.: American Psychiatric Association 1980.

Amos, William E.

    1968 March, "The Future of Juvenile Institutoins'" Federal Probation.

Amos, William E., Raymond L. Manella, and Marilyn Southwell.

    1965 *Action Programs for Delinquency Prevention*. Springfield, Illinois: Charles C. Thomas.

Amos, William E., and Raymond L. Manella (Eds.).

    1966 *Delinquent Children in Juvenile Correctional Institutions*. Springfield, Illinois: Charles C. Thomas.

Amos, William E., and Charles F. Wellford (Eds.).

    1967 *Delinquency Prevention: Theory and Practice*. Englewood Cliffs, New Jersey: Prentice-Hall, Inc.,

Amos, William E., and Jean Dresden Grambs (Eds.).

    1968 *Counseling the Disadvantaged Youth*. Englewood Cliffs, New Jersey: Prentice-Hall, Inc.,

Archer Dane and Rosemary Gartner.

    1984 *Violence and Crime in Cross-National Perspective*, New Haven: Yale University Press.

Argyle, M

    1961 "A New Approach to The Classification of Delinquents with Implications for Theatment," in *Inquires Concerning Kinds of Treatment for Kinds of Delinquents*, Monograph No. 2, Board of Corrections, State of California (Sacramento, July, 1961).

# B

Bailey, Walter C.

    1966 "An Evaluation of 100 Studies of Correctional Outcome," *Journal of Criminal Law, Criminology and Police Science* (June), 153–60.

Ball, J. C.

    1962 *Social Deviance and Adolescent Personality*, Lexington: Univ. of Kentucky Press.

Bandura, Albert and Richard H. Walters

    1959 *Adolescent Aggression*, New York: Ronald Press.

Barker, Gordon H., and Adams, William T.

    1962 "Comparison of the delinquencies of boys and girls." *Journal of Criminal Law, Criminology and Police Science* 53:470–475.

Bartol, C. R.

    1980 *Criminal Behavior: A Psychosocial Approach*, Englewood Cliffs, N. J.: Prentice-Hell.

Berlemain, William C. & Thomas W. Steinburn

    1969 "The Value and Validity of Delinquency Prevention Experiments," *Crime and Delinquency*, National Council on Crime and Delinquency. (October)

Bird, T., and Little, J. W.

    1979 *Delinquency Prevention: Theories and Strategies*, Washington, D. C.: U. S. Department of Justice, LEAA, Office of Juvenile

Justice and Delinquency Prevention.

Blackburn, R.

1973 An empirical classification of psychopathic personality. British Journal of Psychiatry, 127,456–460.

1980 On the relevance of the concept of the psychopath. Paper presented to the London conferrence of the British Psychological Society, London: The British Psychological Society.

Blau, Peter,

1964 *Exchange and Power in Social Life*, New York John Wiley.

Bloch, Herbert A. and Arthur Nieder Hoffer

1958 *The Gang: A Study of Adolescent Behavior*, New York: Philosophical Library.

Blos, Peter

1970 *The Young Adolescent: Clinical Studies*, N. Y.: Free Press.

Bovet, Lucien

1951 *Psychiatric Aspects of Juvenile Delinquency*, Monograph Series No. 1, Geneva; World Health Organization.

Brennan, Joseph

1977 October Attorney General, State of Maine, in a speech given at the University of Maine at Presque Isle, Maine.

Bureau of Prisons, U. S. Department of Justice.

*Differential Treatment ...... A Way to Begin*. Washington, D. C.: Bureau of Prisons, 1970. 120 p.


# C

Cartwright, D.

1957 Annotated bibliography of research and theory construction in client-centered therapy. *Journal of Counseling Psychology*, 4, 82–100.

Cavan, Ruth Shonle & Theodore N. Ferdinand

1975 *Juvenile Delinquency*, Philadelphia; J. B. Lippincott Co., third edition.

Cavan, Ruth Shonle, and Jordan T. Cavan.

1968 *Delinquency and Crime: Cross-Cultural Perspectives.* Philadelphia: J. B. Lippincott Co., 1968. 244 p.

Chaiken, *et al.*

1982 *Varieties of Criminal Behavior.*

Chang, Henry Hwa Bao.

1967 March "Juvenile Delinquency in Hong Kong," *Journal of Sociology.* Chung Chi College, The Chinese University of Hong Kong, pp. 1–15.

1977 November "Psychological Charactersistic of Juvenile Delinquents, "Proceedings of the Annual Meeting of the Mid-South Sociological Associaton, Monroe, Louisiana, U. S. A.

1982 December "Prospects for Prevention and Treatment of Juvenile Delinquents in the Republic of China," Proceedings of National Crime and Delinquency Convention, Taipei, Taiwan, ROC.

1983 November "The Delinquent Boys; A Social Psychiatric Study," *Tunghai Journal of Social Sciences*, pp. 93–114, Tunghai University, Taichung, Taiwan, ROC.

Christiansen, K. O.

1968 "Danish Criminologic Twin Study," in A. V. S. Reuck, and R. Porter, eds. *The Mentally Abnormal Offenders*, Boston: Little, Brown.

Cleckley, H.

1941 *The Mask of Sanity.* St. Louis: Mosby.

Clinard, Marshall B. and Daniel J. Abbott.

1973 *Crime in Developing Countries*, New York: John Wiley and Sons.

Cloward, Richard A. and Lloyd E. Ohlin

1960 *Delinquency and Opportunity.* New York: Free Press.

Cohen, Albert K.

1955 *Delinquent Boys.* Glencor, Ill.: Free Press.

Cohen, J.

1983 "Incapacitation as a Strategy for Crime Control: Possibilities and Pitfalls," in M. Tonry and N. Morris, (eds.) *Crime and Justice*, pp. 1-84.

Corenstein, E. E., and Newman, J. P.

1980 "Disinhibitory psychopathology: A new perspective and a model for research," *Psychological Review*, 87, 301-315.

Cortes, Juan B. 1

1972 *Delinquency and Crime: A Biopsychosocial Approach*. New York: Seminar Press, 468 p.

Craig, M. M.; and S. J. Glick

1963 "Ten-Year Experience with The Glueck Social Prediction Table," *Crime and Delinquency* 9 (1963).

1965 "Application of the Glueck Social Prediction Table on an Ethnic Basic," *Crime and Delinquency* 11 (1965).

Crowe, R.

1972 "The Adopted Offspring of Women Criminal Offenders," *Archives of General Psychiaty*, 27(5) 600-603 (Nov. 1972).

# D

Dahlstrom, W. G,; Welsh, G. S., and Dahlstrom, L.

1972 *An MMPI Hand-book*, Vol. 1: Clinical Interpreatation. Minneapolis: University of Minnesota Press,

Dalgaard, S. O.

1976 "A Norwegian Twin Study of Criminality,", *British J. of Criminology*, 16.

Dollard, J. & Miller

1939 *Frustration and Aggression*, New Haven, Conn; Yale University Press.

Douglas, J. W. B. and J. M. Ross.

1969 "Characteristics of delinquent boys and their homes," in *Genetic and Environmental Influences on Behavior*, ed. J. M. Thoday and A. S. Parkes, New York: Plenum.

Dugdale, Richard.

    1877　The Jukes, *A Study in Crime, Pauperism, & Heredity*. N. Y.: Putnam.

## E

"The Effectiveness of A Boys-Club in Reducing Delinquency," Louisville Red Shield Boys Club, *Annals*, American Academy of Political and Social Science, 322(1959), pp. 47-52.

Elliott, Delbert S.; David Huizinga, and Suzanne S. Ageton.

    1985　*Explaining Delinquency and Drug Use* (Beverly Hills, Cal.: Sage Publications, Inc.,)

Ellis, Lee

    1982　"Genetics and Criminal Behavior," *Criminology* 20, (May).

Empey, LaMar T.

    1982　*American Delinquency*, revised ed. Homewood, Ill.: The Dorsey Press.

Eysenck, H. J.

    *The Biological Basis of Personality*. Springfield, Illinois: Charles C. Thomas.

    1964　*Crime and Personality*, Boston: Houghton Mifflin.

## F

Farrington, D. P.

    1977　"Young adult delinquents are socially deviant, "*Justice of the Peace* 141 (February 1977): 92-95.

Farrington, D. P. and D. J. West

    1971　"A comparison between early delinquents and young aggressives," *British Journal of Criminology* 11 (1971): 341-358.

FBI

    1974　*Crime in the United States*, Washington, D. C.; U. S. Government Printing Office.

Felice, Marianne, and David R. Offord.

1971 "Girl Delinquency ...... A Review," *Corrective Psychiatry and Journal of Social Therapy,* 7, No. 2, 18-33.

Ferdinand, Theodore

1966 *Typologies of Delinquency,* New York: Random House.

Fisher, S. and R. P. Greenberg.

1977 *The Scientific Credibility of Freud's Theories and Therapy,* N. Y.: Basic Books.

Frankenstein, Carl.

1970 *Varieties of Juvenile Delinquency.* London: Gordon and Breach Science Publishers.

Freud, Anna

1936 *The Ego and Mechanisms of Defense,* (Written 1936) New York; International Univ. Press, 1946.

Freud, Sigmund

1930 *Civilization and its Discontents*

1949 *An Outline of Psychoanalysis,* trans., N. Y.: W. W. Norton.

Friedlander, K.

1947 *The Psycho-Analytical Approach to Juvenile Delinquency,* London: Routledge & Kegan.

## G

Galvin, James

1956 "Some Dynamics of Delinquent Girls", *Journal of Nervous and Mental Diseases,* 123, pp. 292-295.

Garofalo, B. R.

1914 *Criminology,* trans. R. W. Miller, Boston: Little, Brown.

Garner, T. G. C. B. E.

1985 "Juvenile Delinquency: Incitable Behavior-A Need for Action", delivered in the 4th Asian-Pacific Conference on Juvenile Delinquency, Tokyo Nov, 10-17.

Giallombardo, Rose

1974 *The Social World of Imprisoned Girls,* New York: Wiley.

Gibbons, Don C.

1965　Changing the Lawbreaker. Englewood Cliffs, N. J.: Prentice-Hall, Inc.

1970　"Differential Treatment of Delinquents and Interpersonal Maturity Levels Theory: A Critique," *Social Service Review*, 44, pp. 22–23.

1970　*Delinquent Behavior in an American City*. Belmont: Brooks/Cole.

1976　*Delinquent Behavior* (2nd eds) Englewood Cliffs, N. J.: Prentice-Hall.

Gibbons, Don C. and M. Griswold

1957　"Sex Differences Among Juvenile Courts Referrals," *Sociology and Social Research*, 42.

Gibbons, Don C. and Marvin B. Krohn.

1986　*Delinquent Behavior*, 4th ed. Englewood Cliffs, N. J.: Prentice-Hall, Inc.,

1986　*Society, Crime, and Criminal Behavior*, 5th ed. (Englewood Cliffs, N. J.: Prentice-Hall, Inc. in production).

Glasser, Daniel, ed.

1974　*Handbook of Criminology*, Chicago, Rand McNally.

Glasser, N. (Ed.).

1980　*What are you doing?* New York: Harper & Row.

Glasser, William.

1961　Glasser, W. *Mental Health or Mental Illness*. New York: Harper & Row, 1961.

1965　*Reality Therapy; A New Approach to Psychiatry*, New York; Harper & Row.

1969　*Schools without Failure*. New York: Harper & Row.

1972　*The Identity Society*. New York: Harper & Row.

1976　*Positive Addiction*. New York: Harper & Row.

1981　*Stations of the Mind*. New York: Harper & Row.

1984　"Reality Therapy," In R. J. Corsini's, *Current Psychotherapies*,

3rd. ed., Ithaca, Ill. Peacock.

Glasser, W., & Karrass, C.

1980 *Both-win Management*. New York: Lippincott and Crowell.

Glover, E.

1949 *Psycho-analysis*, London.

Glueck, Sheldon and Eleanor

1930 *Five Hundred Criminal Careers*. New York: Knopf.

1937 *Later Criminal Careers* (New York: Commonwealth Fund.)

1943 *Juvenile Delinquents Grown Up* (New York: Commonwealth Fund.) *Criminal Careers in Retrospect* (New York: Commonwealth Fund.)

1950 *Unraveling Juvenile Delinquency*, New York: Commonwealth

1956 *Physique and Delinquency*, New York: Harper & Row.

1962 *Family Environment and Delinquency*, Boston; Houghton Mifflin Co.

1968 *Delinquents and Non-delinquents in Perspective*, Cambridge; Harvard University Press.

1970 *Toward a Typology of Juvenile Offenders*, New York; Grune and Stratton.

Glueck, Sheldon. and Elearnor (Eds.)

1972 *Identification of Predelinquents*, New York: Intercontinental Medical Book Corporation, 150 p.

Goddard, Henry H.

1912 *The Kallikak Family: A Study in the Heredity of Feeble-Mindedness*, N. Y.: Moe Millar.

1914 *Feeble-Mindedness, Its Causes and Consequences*, New York; Macmillan Company.

1915 *The Criminal Imbecile*, New York; Macmillan.

1920 *Human Efficiency and Levels of Intelligence*, Princeton, New Jersey. Princeton University Press.

Gordon, R.

1976 The Rare Datum in Delinquency Measurement & Its Implication for Delinquency Theory, in Malcolm Klein, (ed.) *The Juvenile Justic System*, Beverly Hills California: Sage Publications.

Goring, Charles

1913 *The English Convict: A Statistical Study*, London: His Majesty's Stationery Office. (reprinted by Montclair, N. J.: Patterson Smith.)

1919 Abridgel English Edition of the English Convict, His Majesty's stationery Office. London,

Gough. H. G.

1960 "Cross-cultural studies of the socialization continun," *American Psychologist*, 15, 410–411. Manual for the California Psychological Inventory. (Rev. ed.) Palo Alto, California: Consulting Psychologists Press, "Theory and measurement of socialization," *Journal of Consulting Psychology*, 24, 23–30.

Grant, Margerite G.

1961 "Interaction between Kinds of Treatment and Kinds of Delinquents," in *Inquiries Concerning Kinds of Treatment for Kinds of Delinquents*, Monograph No. 2. Board of Porrections, State of California, (Sacramento, July, 1961).

Grant, V. W.

1977 The Menancing Stranger: A Primer on the Psychopath. *Oceanside*, NY: Dabor Science Publications.

Greenacre P.

1945 "Conscience in the psychopath," *American Journal of Orthopsychiatry*, 15, 495–509.

Greenberg, David F.

1977 "The Correctional Effects of Corrections," in Greenberg, ed., *Corrections and Punishment* (Beverly Hills, Cal.: Sage Publications, Inc., 1977), pp. 111–48.

Greenwald, Harold

1958 *The Call Girl: A Social and Psychoanalytic Study*, New York: Ballantine Books.

Grinspoon, L. and Bakalar, J. B.
　1978　"Drug abuse, crime, and the antisocial personality: some conceptual issues." In *W. H. Reid (Eds.), The Psychopath: A Comprehensive Study of Antisocial Disorders and Behaviors*. New York: Brunner/Mazel.

Griffiths, Curt. T.
　1985　"Addressing juvenile delinquency: The role of community based and traditional structures of social control", delivered in the 4th Asian-Pacific Conference on Juvenile Delinquency, Tokyo.

Grosser, C.
　*Helping Youth, A Study of Six Community Organization Programs*, U. S. HEW. Office of Juvenile Delinquency, Youth Development.

Guze, S. B.
　1976　*Criminality and Psychiatric Disorders*. New York: Oxford University Press.

# H

Haapanen, R., and Jesness, C. F.
　1981　*Early Identification of the Chronic Offender*, Sacramento, California Youth Authority.

Hakeem, Michael
　1958　A" Critique of the Psychiatric Approach to Crime and Corrections,; *Law and Contemporary Problems*, Vol. 23, No. 4.

Hamparian, D., et al.
　1978　*The Violent Few: A Study of Dangerous Juvenile Offenders*, Lexington, Mass.: Lexington Books.

Hare, R. D.
　1970　*Psychopathy. Theory and Research*. New York: Wiley.

Hare, R. D. and Jutai, J. W.
　1983　"Criminal history of the male psychopath: some preliminary data", In K. T. Van Dusan, and S. A. Mednick, (Eds), *Prosepe-*

*ctive Studies of Crime and Delinquency*. Netherlands: Kluwer-Nijhoff Publishing.

Hathaway, S. R. and E. D. Monaches

    1963 *Adolescent Personality and Behavior*, Minneapolis: Univ. of Minnesota Press.

Havighurst, R. J. et al.

    1962 *Growing up in River City*, N. Y. John Wiley.

Hayner, N. S.

    1962 "Characteristics of Five Offender Types," *Alabama Correctional Journal* 9 (1962).

Healy, W. and A Bronner

    1931 *New Light on Delinquency and Its Treatment*. New Haven: Yale University Press.

HEW (U. S.) Children Bureau

    1965 Juvenile Delinquency Prevention in the U. S.

Hewitt, Lester & Richard L. Jenkins

    1946 *Fundamental Patterns of Maladjustment; The Dynamics of Their Origin*, Springfield, Ill; State Printer.

Hirschi, Travis

    1969 *Causes of Delinquency*. Berkeley; University of California Press.

Hirschi, Travis & M. J. Hindeland

    1977 August "Intelligence and Delinquency; A Revisionist," *American Sociological Review*. Vol. 42 Review.

Hindelang, M. J., Hirschi, T. and Weis, J. G.

    1981 *Measuring Delinquency*. Beverly Hills: Sage.

Holdstock, T. L., & Rogers, C. R.

    1983 Person—centered theory. In R. J. Corsini & A. J. Marsella (Eds.), *Personality Theories, Research, and Assessment*. Itasca, Ill.: F. E. Peacock Publishers, Inc.

Holmes, D. J.

    1964 *The Adolescent in Psychotherapy*, Boston: Little, Brown.

Hooton, E. A.

1939 *The American Criminal: An Anthropolgical Study*, Cambridge. Mass: Harvard Univ. Press.

Horney, Karen

1937 *Neurotic Personality of Our Time*, New York: Norton

1939 *New Ways in Psychoanalysis*, New York: Norton

Horton, Ernest

1939 *Crime and the Man*, Cambridge, Mass: Harvard Univ. Press.

Hunter, H.

1966 "XYY Chromosomes and Klinefelter Syndrome," *The Lancet*, (Apr. 1966).

Hutchings, B. and S. A. Mednick

1977 "Criminality in adoptees and their adoptive and biological parents," in *Mednick and Christiansen*, pp. 127–141.

## J

Jacobs, P. A. et al.

1965 "Aggressive Behavior, Mental Subnormality, and the XYY Male," *Nature* 208. (Dec. 1965).

Jenkins, Richard S.

1985 *No Single Cause.* College Park, Md.: American Correctional Association.

Jenkins, R. L. M. D.

1973 *Behavior Disorders of Childhood and Adolescence*, Springfield, Ill. Charles C. Thomas.

Jensen, A. R.

1969 "How much can we boost IQ and scholastic achievement?" *Harvard Education Review*, 39, 1–123.

Jensen, Gary F. and Raymond Eve

1976 "Sex Differences in Delinquency: An Examination of Popular Sociological Explanations." *Criminology* 13 (February): 427–48.

Johnson, R. E.

1979 *Juvenile Delinquency and its Origins; An Integrated Theoret-*

*ical Approach*, Cambridge: Cambridge Univ. Press.

Jones, J. D.
1984 "Principles of hospital treatment of the aggressive adolescent," In C. R. Keith (Ed.), *The Aggressive Adolescent: Clinical Perspectives*. New York: The Free Press.

Jurjevich, R.
1968 No Water in My Cup: Experiences and A Controlled Study of Psychotherapy of Delinquent Girls, N. Y.: Libra Publishers.

# K

Kaiser, G.
1985 "Youth Protest and Criminal Violence of Young Persons," delivered in 4th Asian-Pacific Conference on Juvenile Delinquency, Tokyo.

Kaufman, Irving
1962 "Psychiatric Implications of Physical Abuse of Children", in *Protecting The Battered Child*. Denver: Children's Division. America Humane Association.

Kaufman, Irving, Makkay, Elizabeth S. and Zilback, Joan
1959 "The impact of adolescence on girls with delinquent character formation." *American Journal of Orthopsychiatry* 29: 130-143.

Kinch, John W.
1962 "Continuities in The Study of Delinquent Types," J. of Criminal Law, Criminology, *Police Science*. 53. (1962).

Khanna, J. L. (Ed.).
1975 *New Treatment Approaches to Juvenile Delinquency*. Springfield, Illinois: Charles C. Thomas.

Klein, D.
1979 "The Etiology of Female Crime, A Review of Literature," in *the Criminology of Deviant Women*, ed. F. Adler and R. Simon, Boston: Houghton Mifflin.

Kline, Paul

1981 *Fact and Fantacy in Freudian Theory.* N. Y. Methuen.

Konopka, G.

1966 *The Adolescent Girl in Conflict*, Englewood Cliffs, N. J. Pren-tice-Hall.

Korn, Richard R. (Ed.).

1968 *Juvenile Delinquency.* New York: Thomas Y. Crowell Co.

Kozol, H. L.

1972 "The Diagnosis and Treatment of Dangerousness." *Crime and Delinquency* 18.

Kraepelin, E.

1909-1915 *Psychiatrie: Ein Lehrbuch* (8th ed). Leipzig: Barth.

Kretschmer, Ernest

1921 Körperbau and Charakter. Berlin, Springer Verlag, English translation of 2nd, ed. by W. J. H. Sprott, under title *Physique* and *Character*, London: Kegan Paul, 1925.

Kvaraceus, William C. and William E. Ulrich

1959 *Delinquent Behavior: Principles and Practices.* Washington, D. C.: National Education Association.

## L

Lange, J.

1930 *Crime and Destiny*, transl by C. Haldane N. Y. Charles Boni.

Lerman, Paul (Ed.)

1970 *Delinquency and Social Policy.* New York: Praeger Publishers.

Lewis, D. and D. Balla

1976 *Delinquency and Psychopathology*, New York: Grune and Stratton. Lindzey Gardner; and E. Aronson, (eds.)

Liebman, S. (ed.)

1958 *Emotional Problems of Childhood*, N. Y. Lippincott

Lindesmith, Alfred. and Yale Levin

1937 "The Lombrosian Myth in Criminology", *AJS* 42:653-71

Lindzey and Aronson,

1968　*The Hand Book of Social Psychology.* Reading, Mass: Addison-Wesley.

Lombroso, Cesare

1876　*The Criminal Man*

1912　*Crime: Its Causes and Remedies,* reprinted by Patterson Smith. Montclair. N. J. 1968.

1920　*The Female Offender,* trans. N. Y. Appleton

Love, Leonore R. and Jaques W. Kaswan

1974　*Troubled Children: Their Families, Schools and Treatments.* New York: Wiley.

Lundman, Richard J.

1984　*Prevention and Control of Juvenile Delinquency* New York: Oxford University Press.

Lykken, D.

1957　"A study of anxiety in the sociopathic personality," *Journal of Abnormal and Social Psychology.*

# M

Mahler, Margaret S.

1943　"Les 'Enfants Terribles'" in K. R., Eissler, (ed). pp. 77–89.

Mannheim, Hermann. ed.

1972　*Pioneers in Criminology,* 2nd. ed. Montclair, N. J.: Patterson Smith.

Martin S., et al.

1981　*New Directions in the Rehabilitation of Criminal Offenders,* Washington, D. C., The National Academy Press.

Matza, David

1964　*Delinquency and Drift.* New York: Wiley.

1969　*Becoming Deviant.* Englewood Cliffs, N. J.: Prentice-Hall.

McCord, William and Joan McCord,

1959　*Origins of Crime.* New York: Columbia University Press.

Mead, George H.

1956 *On Social Psychology*, ed. by Anselm Strauss, Chicago: University of Chicago Press.

Mednick, Sarnoff A. and Karl O. Christiansen, eds.

1977 *Biosocial Bases of Criminal Behavior*. New York: Gardner.

Mednick, S. A.

1977 "A Biosocial Theory of the Learning of Law-abiding behavir," in *Mednick and Christiansen*, 1977, pp. 1–8.

Mednick, S. A., Gabrielli, W. F., and Hutchings, B.

1983 "Genetic influences in criminal behavior: evidence from an adoption cohort," In Van Dusen, K. T. and Mednick, S. A. (Eds). *Prospective Studies of Crime and Delinquency*. Netherland: Kluwer-Nijhoff Publishing, 1983.

Menard, Scott and B. J. Morse

1984 "A Structuralist Critique of the IQ-Delinquency Hypothesis, Theory and Evidence", *AJS*, 89.

Mercer, Jane

1972 "IQ: The Lethal Label," *Psychology Today*, (Sept.) 1972.

Merton, Robert K.

1938 "Social Structure and Anomie." *American Sociological Review* 3 (October): 672–82.

Merton, R. K.

1957 *Social Theory and Social Structure*, rev. and enl., ed" Glencoe, Ill.: Free Press.

Meyer, A.

1908 "The problem of mental reaction-types and diseases," *Psychological Bulletin*, 5, 245–261.

Miller, Walter B.

1958 "Lower Class Culture as a Generating Milieu of Gang Delinquency." *Journal of Social Issues* 14 (no. 3): 5–19.

Million, T.

1981 *Disorders of Personality*. New York: John Wiley & Sons.

Mizushima, K. and Devos, G.

1967 "An application of the California Psychological Inventory in a study of Japanese delinquency," The Journal of Social Psychology, 1967, 71, 45–51.

Mizushima, K. and M. Shinohara
1967 "Clinical Groupings of Problem Children based on Symptoms and Behavior," *International J. of Social Psychiatry* XIII.

Moles, Oliver, et al.
1959 *A Selective Review of Research and Theory on Delinquency,* (Ann Arbor 1959) University of Michigan, Institute for Social Research.

Monahan, T. P.
1960 "On The Incidence of Delinquency," *Social Forces* 39 (Oct. 66).

Monahan, J.
1981 *Predicting Violent Behavior,* Beverly Hills, Califf.: Sage.

Morris, L. M.
1979 *Extraversion and Introversion: An Interactional Perspective.* New York: Halsted Press.

Morris, N.
1974 *The Future of Imprisonment,* Chicago: Univ. of Chicago Press.

Morris, Ruth R.
1964 "Female delinquency and relational problems." *Social Forces* 43: 82–89.

Murchinson, Carl
1926 *Criminal Intelligence,* Worcester, Mass: Clark Univ. Press.

Murray, Charles A.
1976 *The Link between Learning Disability and Juvenile Delinquency,* Washington, D. C. U. S. Government Printing Office.

Murray, Charles and Louis A. Cox, Jr.
1979 *Beyond Probation.* Beverly Hills, Cal.: Sage Publications, Inc.

# N

National Council on Crime and Delinquency

1969　*Citizen Action to Control Crime and Delinquency.* New York: National Council on Crime and Delinquency, p. 63.

1969　"The Neighborhood Youths Corps.: Hope & Help for Youth," U. S. HEW, Manpower Administration.

Newman, et al.

1937　*Twins: A Study of Heredity and Environment.* Chicago: University of Chicago Press.

Nikelly, A. G.

1971　"Basic Processes in Psychotherapy," *Techniquee for Behavioral Change,* Springfield; Ill: Charles C. Thomas.

Nye, F. Ivan

1958　*Family Relationships and Delinquent Behavior.* New York: Wiley.

## O

Overholser, W.

1975　"An Historical Sketch of Psychiatry," in R. C. Allen, et al. (eds).

## P

Painting, D. H.

1961　"The performance of psychopathic individuals under conditions of positive and negative reinforcement." *Journal of Abnormal and Social Psychology,* 62, 352–355.

Pao, P. N.

1979　*Schizophrenic Disorders,* New York: International Univ. Press.

Passingham, R. E.

1972　"Crime and personality: A review of Eysenck's theory." In V. D. Nebylitsyn and J. A Gray (Eds.), *Biological Bases of Individual Behavior.* New York: Academic Press.

Petersilia, J., *et al,*

1978　*Criminal Careers of Habitual Felons,* Santa Monica: Rand Corp.

Peterson, D. K., Quay, H. C., and Tiffany, T. L.

　　1961 "Personality factors related to juvenile delinquency," *Child Development*, 32, 355–373.

Pearson, Karl

　　1919 Introduction to the Abridges Edition of Charles Goring's English Convict.

Peterson, M. A. and Braiker, H. B.

　　1981 *Who commits crimes: a survey of prison inmates.* California Rand.

Pinel, A.

　　1806 *A Treatise on Insanity* (Translated by D. Davis). New York: Hafner.

Pollack, Otto.

　　1961 *The Criminality of Women.* New York: A. S. Barnes.

Pond, Esther M.

　　1970 The Los Angeles Community Delinquency Control Project: An Experiment in the Rehabilitation of Delinquents in an Urban Community. Research Report No. 60. Sacramento: California Youth Authority, p. 51

Porterfield, Austin L. and Stanley C. Clifton.

　　1946 *Youth in Trouble.* Fort Worth: Leo Potishmen Foundation.

Powers, W. T.

　　1973 *Behavior: The Control of Perception.* Chicago: Aldine.

Praeplin, E.

　　1909–1915 *Psychiatrie: Ein Lehrbuch* (8th ed.) Leipzig: Barth.

President's Commission on Law Enforcement and Administration of Justice.

　　1967 *The Challenge of Crime in a Free Society.* Washington, D. C.: U. S. Government Printing Office.

## Q

Quay, H. C.

1964 "Dimensions of personality in delinquent boys as inferred from the factor analysis of case history data," *Child Development*, 35, 479–484.

1965 "Psychopathic personality as pathological stimulation seeking," *American Journal of Psychiatry*, 122, 180–183.

1974 *The differential behavior classification of the adult male offender*. Unpublished manuscript, Temple University.

1975 "Classification in the Treatment of Delinquency and Antisocial Behavior," in Hobbsin ed. *Issue on the Classification of Children*, Vol. I, Bass; S. F. Jossey.

Quay, H. and Parsons, L.

1971 *The Differential Behavioral Classificatoin of the Juvenile Offender*, Washington, D. C.: Bureau of Prisons.

# R

Redl, F. and David Wineman.

1951 *Children who Hate*, N. Y. Free Press.

1952 *Controls from Within*, N. Y.: Free Press.

Reiss, A. J.

1952 "Social Correlates of Psychological Types Delinquency," *ASR* 17. 710–718.

Robey, A. et al.

1964 "The Runaway Girl: A Reaction to Family Stress," *Am. J. of Orthopsychiatry* 34.

Robins, L. N.

1966 *Deviant Children Grown Up: a Sociological and Psychiatric Study of Sociopathic Personality*, Baltimore: Williams and Wilkins.

1978 "Aetiological implications in studies of childhood histories relating to antisocial personality." In R. D. Hare & D. Schalling (Eds.), *Psychopathic Behavior: Approaches to Research*. New York: Wiley.

Robinson, James and Gerald Smith.

    1971 "The Effectiveness of Correctional Programs," *Crime and Delinquency*, Vol. 17, No. 1. January.

Roebuck, J.

    1966 "Criminal Typology," in *Crime, Law and Corrections*, ed. R. Slovenko (Springfield, Ill. Charles Thomas).

Rogers, C. R.

    1939 *The Clinical Treatment of the Problem Child.* Boston: Houghton Mifflin.

    1942 *Counseling and Psychotherapy.* Boston: Houghton Mifflin.

    1951 *Client-centered Therapy.* Boston: Houghton Mifflin.

    1954 *Psychotherapy and Personality Change.* Chicago: University of Chicago Press.

    1958 "A process conception of psychotherapy." *American Psychologist*, 13, 142–149.

    1959 "Client-centered therapy," In Silvano Arieti (Ed.), *American Handbook of Psychiatry*, Vol. 3. New York: Basic Books, (a) (Vol. 3, a *Supplement to the handbook*, published by Basic Books, 1966, pp. 183–200.)

    1965 Client-centered Therapy, Film No. 1. In Everett Shostrom (Ed.), *Three Approaches to Psychotherapy.* (Three 16 mm. color motion pictures.) Santa Ana, Calif.: Psychological Films.

    1980 *A Way of Being.* Boston: Houghton Mifflin.

Rogers, C. R. (Ed.)

    1967 (Ed.) *The Therapeutic Relationship and its Impact: A Study of Psychotherapy with Schizophrenics.* With E. T. Gendlin, D. J. Kiesler, and C. Louax. Madison, Wisc.: University of Wisconsin Press, 1967. (b)

# S

Sarbin, T. R.

    1967 "The Dangerous Individual," *British J of Criminology* 22.

Sarbin, T. R. and J. E. Miller.

1970 "Demonism Revisited: The XYY Chromosomal Abnormaly," *Issues in Criminology* 5.

Schalling, D.

1975 Psychopathy and the psychophysiology of socialization. Paper presented to NATO Advanced Study Institute on Psychopathic Behavior, Les Arcs, France, September

1978 "Psychopathy-related personality variables and the psychophysiology of socialization." In R. D. Hare & D. Schalling (Eds.), *Psychopathic Behavior: Approaches to Research.* New York: Wiley.

Schiering, G. D.

"A Proposal for the More Effective Treatment of the Unruly Child in Ohio," in *Diverting the Youth from the Correction System,* U. S. HEW. Youth Service Bureau.

Schlapp, Max G. and E. H. Smith,

Schulsinger, F.

1972 "Psychopathy, heredity, and environment," *International Journal*

1950 "Personality Characteristics of Criminals," *AJS.*

1928 *The New Criminology,* N. Y.: Boni and Liveright.

Schlossman, Steven; Gail Zellman, Richard Shavelson, Michael Sedlak, and Jane Cobb,

1984 *Delinquency Prevention in Chicago: A Fifty-year Assessment of the Chicago Area Project.* Santa Monica: The Rand Corporation.

Schmauk, F. J.

1970 "Punishment, arousal, and avoidance learning in sociopaths," *Journal of Abnormal Psychology,* 76, 325–335.

Schneider, K.

1950 *Psychopathic Personalities* (9th ed., English translation). London: Cassell.

Schuessler, Karl, F. and D. R. Cressey

of *Mental Health*, 1, 190–206.

Sellin, Thorsten and Marvin E. Wolfgang,

    1964 *The Measurement of Delinquency*. New York: Wiley.

    1969 *Delinquency: Selected Studies*. New York: John Wiley and Sons, p. 161

L. Sechrest; S. O. White, and E. D. Brown, eds.,

    1979 *The Rehabilitation of Criminal Offenders* Washington, D. C.: National Academy of Sciences.

Shannon, L.

    1982 *Assessing the relationship of adult criminal careers and juvenile careers*, Iowa City, Iowa Community Research Center.

Shaw, Clifford and Henry D. McKay,

    1942 *Juvenile Delinquency in Urban Areas*. Chicago: University of Chicago Press.

Sheldon, W.

    1940 *The Varieties of Human Physique;* New York: Harper and Row.

    1942 *The Varieties of Temperament*, New York: Harper and Row.

    1949 Varieties of Delinquent Youth, N. Y.: Harper and Row.

Shockley, W.

    1967 "A Try Simplest Cases: Approach to the Heredity, Poverty-Crime Problem," Proceedings of the National Academy of Science, 57 (6), June 15, 1967.)

Siddle, D. A. T.

    1977 "Electrodermal activity and psychopathy," in *Mednick and Christiansen*, 1977. pp 206–207.

Simmons, R. L.

    1978 The Meaning of the IQ-Delinquency Relationship, *ASR*, 43.

Slovenko, R. (ed.)

    1966 *Crime, Law and Corrections*, Springfield, Ill: Charles C. Thomas.

Smith, R. J.

—

364— 少年犯罪心理學

1978 *The Psychopath in Society*, New York: Academic Press.

1985 "The concept and measurement of social psychopathy," *Journal of Research in Personality*, 19, 219-231.

Sullivan, C. E. et al.

1957 "The Development of Interpersonal Maturity: Application to Delinquency," *Psychiatry*, 20.

Sullivan, Harry Stack

1953 *Tne Interpersonal Theory of Psychiatry*. ed dy Helen. Sperry and M. L. Cawel, New York: Norton.

Sullivan C. and C. Bash

1965 "Current Program for Delinquency Prevention," in Amos and Wellford, (eds).

Sutherland, Edwin H.

1947 *Principles of Criminology*, Philadelphia: J. B. Lippincott.

Sutherland, E. A.

1959 "Critique of Sheldon's Varieties of Delinquent Youth," *ASR*, 18: 142-148.

Sutherland, Edwin H. and Donald Cressey,

1974 *Criminology* (9th edn). Philadelphia: Lippincott.

Sykes, Gresham M. and David Matza,

1957 "Techniques of Neutralization: A Theory of Delinquency." *American Journal of Sociology* 22 (December): 664-70.

Szurek, S. A. and I. N. Berlin (eds.)

1969 *Antisocial Child: His Family and His Community*. Palo Alto. California: Science and Behavioral Books.

# T

Thomas, W. I.

1923 *The Unadjusted Girl*, N. Y.: Harper Row.

Toby, Jackson

1983 "Crime in the Schools," in James Q. Wilson, ed., *Crime and Public Policy*, San Francisco: Institute for Contemporary Problems, pp. 69–88.

Toch, Hans

　1969 *Violent Men: An Inqurry into The Psychology of Violence*, Chicago, Aldine.

　1979 (ed.) *Psychology of Crime and Criminal Justice*, N. Y.: Holt, Rinehart and Winston.

Tomaino, Louis.

　1969 *Changing the Delinquent.* Austin: University of Texas.

Tomlinson, T. M.

　1962 *Three Approaches to the Study of Psychotherapy: Process, Outcome, and Change.* Doctoral dissertation, University of Wisconsin

Trevvett, N. B.

　1965 "Identifying Delinquency-Prone Children," *Crime ans Delinquency*

Trojanowicz, Robert. C.

　1979 *Juvenile Delinquency*, 2nd. ed. Englewood Cliffs, N. J.: Prentice-Hall.

Tulchin, S. H.

　1939 *Intelligence and Crime*, Chicago: Univ. of Chicago Press.

# U

Unikel, I. P. and Banchard, E. B,

　1973 "Psychopathy, race, and delay of gratification by adolescent delinquents," *Journal of Nervous and Mental Disease*, 56, 57–60.

United States, Department of Justice, FBI

　1982 *Crime in the United States—1981*, Washington, D. C.: U S. Government Printing Office.

# V

Van Dine, S. *et al.*

1979 *Restraining the Wicked: the Incapacitation of the Dangerous Criminal*, Lexington, Mass.: Lexington Books.

Varley, W. H.

1984 "Behavior modification approaches to the aggressive adolescent," In C. R. Keith (Ed.), *The Aggressive Adolescent: Clinical Perspectives*, New York: The Free Press.

Vedder, C. B.

1962 "Theory of Criminal Types," *Alabama Correctional Journal*, 9.

Vedder, C. and D. Somerville

1970 *The Delinquent Girl*, Springfield, Ill, Charles C. Thomas.

"The Vocational Rehabilitation of the Youthful Offender," Springfield, Massachusetts: Springfield Good Will Industries, Inc., 1967.

Vold, George B. and T. J. Bernard.

1986 *Theoretical Criminology*, 3rd ed. Oxford N. Y.: Oxford University Press.

## W

Waldo, G. P.; and S. Dinitz

1967 "Personality attributes of The Criminal: An analysis of Research Studies, 1950–1965," *J. of Research in Crime and Delinquency* 4 (2) (July, 1967)

Warren, Margurite Q.

1969 "The Case For Differential Treatment of Delinquents," Ann. Am. Assoc. Pol. Sci.

1971 "Classification of Offenders as An Aid to Efficient Management and Effective Treatment," *Journal of Criminal Law, Criminology, and Police Science*.

1976 "Intervention with Juvenile Delinquents," in Margaret K. Rosenheim, ed., *Pursuing Justice for the Child* Chicago: University of Chicago Press.

Wattenberg, W. W., and Saunders, F.

1954 "Sex differences among juvenile offenders." *Sociology and Social*

*Research* 39:24-31.

Webb, Mary L.

1943 "Delinquency in the making: Patterns in the development of girl sex delinquency in the city of Seattle." *Journal of Social Hygiene* (November): 502-510.

Weeks, H. Ashley

1940 "Male and female broken home rates by types of delinquency." *American Sociological Review* 5 (August): 601-609.

Weis, J. G., *et al.*

1981 *The prevention of serious delinquency: what to do?* Washington, D. C., U. S. Department of Justice, National Institute for Juvenile Justice and Delinquency Prevention, Reporta of the National Juvenile Justice Assessment Centers, December.

West, D. J. and Farrington, D. P.

1977 *The Dilinquent Way of Life.* London: Heinemann.

Widom, C. S.

1978 "A methodology for studying noninstitutionalized psychopaths," In R. O. Hare and D. Schalling (Eds.), *Psychopathic Behavior: Approaches to Research.* New York: Wiley.

Wilkins, L. J.

1969 *Evaluation of Penal Measures*, N. Y.: Random Honse.

Wilson, James; and R. T. Herrnstein,

1985 *Crime and Human Nature.* N. Y.: Simon and Schuster

Wilkinson, Karen

1974 "The broken family and juvenile delinquency: scientific explanation or ideology?" *Social Problems* 21:726-739.

Wise, Nancy B.

1967 "Juvenile delinquency among middle-class girls." In Edmund W. Vas (ed.), *Middle-Class Juvenile Delinquency*, pp. 179-188. New York: Harper and Row.

Wishnie, H.

1977 The Impulsive Personality: Understanding People with Destructive Character Disorders. New York. Plenum press.

Witkin, H. A. et al.

1977 "XYY and XXY Men: Criminality and Aggression," in *Mednick and Christiansen*, 1977 pp. 165–187.

Wolberg, Lewis R.

1967 *The Techniques of Psychotherapy*, N. Y.: Grune and Stratton.

Wolfgang, M. E, et al.

1972 *Delinquency in a Birth Cohort*, Chicago: University of Chicago Press.

Wolfgang, Marvin

1985 *The Longitudinal Study of Delinquency and Crime*. delivered in The 4th Asian-Pacific Conference on Juvenile Delinquency, Tokyo.

Wolfgang, Marvin E.; and N. A. Weiner, eds

1982 *Criminal Violence*, Beverly Hills, Cal: Sage

Wood, Arthur

1969 "Ideal and Empirical Typologies for Research in Deviancy and Control," *Sociology and Social Research*, 53.

Wrong, D.

1961 "The oversocialized conception of man in modern sociology," *American Sociological Review*. 183–193.

## Y・Z

Yates, A. J.

1970 *Behavior Therapy*, New York: Wiley.

Yerkes, R. M., ed.

1921 "Psychopathy Examining in the U. S. Army," Memoirs of the National Academy of Serene, Washington, D. C.: U. S. Government Printing Office.

Youth and Delinquency

1956 N. Y. Temporary State Commission on Youth and Delinquency.

Zuckerman, M.

1979  Sensation seeking: beyond the optimal level of arousal. Hillsa-
      dale, N. J.: Lawrence Erlbaum Associates.
Zuckerman, Z.
1984  "Sensation seeking: A comparative approach to a human trait,"
      *The Behavior and Brain Sciences*, 7, 413-471.

# 附錄三・中英名詞對照—中文索引

（依筆劃順序排列）

## 四　劃

## 五　劃

| | |
|---|---|
| 希波克拉底 | Hippocrates |
| 希爾 | Hill |
| 完形治療法 | Gestalt psychotherapy |
| 沙尼文 | Sullivan |
| 沙克萊 | Shockley |
| 沙賓 | Sarbin |
| 投射 | Projection |
| 投入了解，體諒 | empathy |
| 貝拉 | Balla |
| 貝爾曼 | Berman |
| 克勞渥 | Cloward |
| 克里遜生 | Christiansen |
| 克勞 | Crowe |
| 克里塞 | Cressey |
| 克萊克勒 | Cleckley |
| 克乃斯麥 | Krelschmer |
| 克瓦拉 | Kvaraceus |
| 克里倫 | Kringlen |
| 克拉菲德症候群 | Klinefelter Syndrome |
| 克萊因曼 | Klineman |
| 克拉因 | Klein |
| 克瑞普尼 | Kraeplin |
| 克尼斯 | Kris |

## 八　劃

| | |
|---|---|
| 艾許洪 | Aichhorn |
| 艾克瑞 | Axelrad |
| 社會交易理論 | social exchange theory |
| 社會病態性格 | Sociopath |
| 拉荷拉 | La Jolla |
| 廸尼玆 | Dinitz |
| 亞皆爾 | Argyle |

| | |
|---|---|
| 承諾 | Commitment |
| 依利沙 | Eliasoph |
| 肯吉 | Kinch |
| 波拉克 | Pollak |
| 屈佛斯 | Trivers |
| 非適應癥候群 | Maladjustment Syndrome |
| 邵 | Shaw |

## 九　　劃

| | |
|---|---|
| 柏金生症 | Parkinson Disease |
| 帝倫堡 | Tenenbaum |
| 指標犯罪 | Index Crime |
| 指導式治療 | directive therapy |
| 郎布索 | Lombroso, Cesare |
| 胡頓 | Hooton |
| 哈爾 | Hare |
| 哈靈頓 | Harrington |
| 柯亨 | Cohen |
| 柯西尼 | Corsini |
| 俄倫 | Warren |
| 俄伏幹 | Wolfgang |
| 泰伯 | Tappar |
| 派克 | Park, R. E. |
| 威爾遜 | Wilson, James Q. |

## 十　　劃

| | |
|---|---|
| 缺乏良知 | Sociopath |
| 缺陷感 | feeling of inadequacy |
| 病癥分類學 | Symptomatic typology |
| 脆弱X染色體症候群 | Fragile-X Syndrome |
| 桑德士 | Saunders |
| 席格納 | Signer |

| | |
|---|---|
| 紐門 | Newman |
| 韋金 | Witken |
| 韋史尼 | Wishnie |
| 韋恩伯 | Weinberg |
| 韋史納 | Wechsler |
| 個性 | character |
| 高德 | Cortés |
| 高登 | Gordon |
| 高夫曼 | Kaufman |
| 格蘭特 | Grant |
| 格拉賽 | Glasser, W. |
| 格蘭德 | Grinder |

## 十 一 劃

| | |
|---|---|
| 移轉 | transference |
| 累犯，再次犯罪 | recidivism |
| 參與投入 | involvement |
| 寄養家庭 | foster home |
| 郭諾克 | Konopka |
| 情緒不穩 | unstable |
| 動機的次要根源 | Secondary Sources of Motivation |
| 基本心理變態 | Primary psychopathy |
| 雪爾頓 | Sheldon |
| 許利 | Healy |
| 紹克萊 | Shockley |
| 曼吉爾 | Mengele |
| 麥德尼 | Mednick |
| 麥克里恩 | McClearn |
| 麥爾頓 | Merton, R. K. |
| 麥加基 | Megargee |
| 麥凱 | McKay |

## 十 二 劃

| | |
|---|---|
| 提堡 | Thibaut |
| 賀門 | Homans |
| 舒斯勒 | Schuessler |
| 舒新格 | Schulsinger |
| 普林士 | Prins |
| 湯普生 | Thompson |
| 貴 | Quay |
| 惡化轉變 | malevolent transformation |
| 善化轉變 | benevolent transformation |
| 無法克制量表 | Disinhibition Scale |
| 强制性行爲 | Compulsive behavior |
| 凱利 | Kelley |
| 凱撒 | Kaiser |

## 十 三 劃

| | |
|---|---|
| 電化測量器 | EGG |
| 過分壓抑的人格型態 | over-inhibited personality |
| 路徑分析 | Path analysis |
| 路易士 | Lewis |
| 瑞德 | Redl |
| 瑞克福 | Rexford |
| 費力士 | Felice |
| 荷尼 | Horney |
| 愛森克 | Eysenck |
| 莫爾 | Moles |
| 莫里士 | Morris |
| 塞克 | Sykes |
| 賈介維 | Jurjevich |
| 楊格 | Jung |

| | |
|---|---|
| 矮胖型 | pyknic type |
| 嗜眠症 | Narcolepsy |
| 道金斯 | Dawkins |
| 道格德爾 | Dugdal |
| 詹肯 | Jenkins |
| 詹生 | Jensen |
| 歇斯底里亞 | hysteria |
| 雷比多夫 | Lebedoff |

十 四 劃

| | |
|---|---|
| 赫許 | Hirschi |
| 碩健體型 | atheletic |
| 赫金士 | Hutchings |
| 管制理論 | Control theory |
| 認知 | Perception |
| 精神醫學 | Psychiatry |
| 維德 | Vedder |
| 維勒 | Weiner |
| 華爾杜 | Waldo |
| 華因曼 | Wineman |

十 五 劃

| | |
|---|---|
| 瘦長體型 | leptosome |
| 適應症候群 | adjustment reaction syndrome |
| 遭遇團體 | encounter group |
| 藥物濫用 | drug abuse |
| 衝動 | impulsive |
| 德加 | Delgaard |
| 實踐治療法 | reality therapy |
| 歐林 | Ohlin |
| 葛瑞格 | Graig |
| 葛魯克 | Glueck |

| 葛林 | Goring, Charles |
| 葛斯 | Guze |
| 葛立克 | Glick |
| 葉布朗斯基 | Yablonsky |

### 十 六 劃

| 蒙特里城 | Montreal |
| 霍金 | Hawkin |
| 蓋爾文 | Galvin |
| 錫德 | Siddle |
| 賴 | Nye |
| 鮑爾斯 | Powers |

### 十 七 劃

| 禪道 | Zen |
| 謝林 | Schalling |
| 嚇阻方法（防止青少年犯罪方法之一） | scared straight method |

### 十 八 劃

| 轉移 | displacement |
| 韓德遜 | Henderson |

### 十 九 劃

| 羅吉士 | Rogers, Carl |
| 羅伯克 | Roebuck |
| 懷特 | Whyte, W. |

### 二十～二十二劃

| 薩莫維 | Somerville |
| 顧德 | Gold |
| 顧達 | Goddard |

| 藍格 | Lange |
| 蘭克 | Rank |
| 蘇德蘭 | Sutherland |

# 附錄四・英中名詞對照—英文索引

## A

| | |
|---|---|
| adjustment reaction syndrome | 適應症候群 |
| Aichhorn | 艾許洪 |
| anti-social | 反社會 |
| anti-social personality | 反社會人格 |
| Argyle | 亞皆爾 |
| atavism | 生物演化滯留理論 |
| atheletic | 碩健體型 |
| autonomous nervous system | 自律神經體系 |
| Axelrad | 艾克瑞 |

## B

| | |
|---|---|
| Balla | 貝拉 |
| Baltimore | 巴爾的摩 |
| Bartol | 巴托 |
| benevolent transformation | 善化轉變 |
| Berman | 貝爾曼 |
| Binet | 比奈 |
| Blackburn | 布萊克本 |
| Blau | 布勞 |
| Blos | 布羅士 |
| Bohn | 包恩 |
| Bovet | 包維 |
| Bronner | 布朗勒 |
| Burgess | 布吉士 |

## C

| | |
|---|---|
| character | 個性 |

| | |
|---|---|
| Christiansen | 克里遜生 |
| Cleckley | 克萊克勒 |
| Cloward | 克勞渥 |
| Cohen | 柯亨 |
| commitment | 承諾 |
| compulsive behavior | 强制性行爲 |
| control theory | 管制理論 |
| Corsini | 柯西尼 |
| Cortés | 高德 |
| counseling | 心理輔導 |
| Cressey | 克里塞 |
| Crowe | 克勞 |

## D

| | |
|---|---|
| Dawkins | 道金斯 |
| Delgaard | 德加 |
| Dinitz | 廸尼玆 |
| directive therapy | 指導式治療 |
| Disinhibition Scale | 無法克制量表 |
| displacemont | 轉移 |
| dopamine | 杜柏明（內分泌） |
| drug abuse | 藥物濫用 |
| DuBois | 杜波爾 |
| Dugdal | 道格德爾 |

## E

| | |
|---|---|
| Eliasoph | 依利沙 |
| EGG | 電化測量器 |
| empathy | 投入了解，體諒 |
| Empedocles | 安皮道克里斯 |
| encounter group | 遭遇團體 |
| Eysenck | 愛森克 |

# F

| | |
|---|---|
| feelng of inadequacy | 缺陷感 |
| Felice | 費力士 |
| foster home | 寄養家庭 |
| Fragile-X Syndrome | 脆弱X染色體症候群 |

# G

| | |
|---|---|
| Galvin | 蓋爾文 |
| Garofale | 加洛法 |
| gestalt psychotherapy | 完形治療法 |
| Gibbons | 吉朋 |
| Glasser, W. | 格拉賽 |
| Glick | 葛立克 |
| Glueck | 葛魯克 |
| Goddard | 顧達 |
| Gold | 顧德 |
| Gordon | 高登 |
| Goring, Charles | 葛林 |
| Gough | 古 |
| Gould | 古德 |
| Graig | 葛瑞格 |
| Grant | 格蘭特 |
| Grinder | 格蘭德 |
| Guze | 葛斯 |

# H

| | |
|---|---|
| Hare | 哈爾 |
| Harrington | 哈靈頓 |
| Hawkin | 霍金 |
| Healy | 許利 |
| Henderson | 韓德遜 |

| | |
|---|---|
| Hewitt | 希維 |
| Hinderland | 辛德蘭 |
| Hinton | 辛頓 |
| Hill | 希爾 |
| Hippocrates | 希波克拉底 |
| Hirschi | 赫許 |
| Homans | 賀門 |
| Hooton | 胡頓 |
| Horney | 荷尼 |
| Hutchings | 赫金士 |
| hysteria | 歇斯底里亞 |

## I

| | |
|---|---|
| impulsive | 衝動 |
| Index Crime | 指標犯罪 |
| inferiority | 自卑感 |
| involvement | 參與投入 |

## J

| | |
|---|---|
| Jacobs | 吉可布 |
| Jenkins | 詹肯 |
| Jensen | 詹生 |
| Jung | 楊格 |
| Jurjevich | 賈介維 |

## K

| | |
|---|---|
| Kabayashi | 卡巴亞士 |
| Kaiser | 凱撒 |
| Kaufman | 高夫曼 |
| Kelley | 凱利 |
| Kinch | 肯吉 |
| Klein | 克拉因 |

# N

| | |
|---|---|
| narcolepsy | 嗜眠症 |
| neurotic reaction syndrome | 心理病症候群 |
| Newman | 紐門 |
| Nye | 賴 |

# O

| | |
|---|---|
| Ohlin | 歐林 |
| over-inhibited personality | 過份壓抑的人格型態 |

# P

| | |
|---|---|
| Park, R. E. | 派克 |
| Parkinson Disease | 柏金生症 |
| Passingham | 白鑫漢 |
| path analysis | 路徑分析 |
| Pearson, Karl | 皮爾遜 |
| Peele | 皮爾 |
| perception | 認知 |
| Pinet | 皮奈 |
| Pollak | 波拉克 |
| Powers | 鮑爾斯 |
| pre-delinquency | 少年犯預癥 |
| primary psychopathy | 基本心理變態 |
| Prins | 普林士 |
| projection | 投射 |
| psychiatry | 精神醫學 |
| psychodrama | 心理劇 |
| psychopath | 心理變態 |
| psychotherapy | 心理治療 |
| pyknic type | 矮胖型 |
| Pythagoras | 皮達哥拉斯 |

# Q

| | |
|---|---|
| Quay | 貴 |

# R

| | |
|---|---|
| Rank | 蘭克 |
| reaction formation | 反向作用 |
| reality therapy | 實踐治療法 |
| rebel syndrome | 反叛症候群 |
| recidivism | 累犯，再次犯罪 |
| Redl | 瑞德 |
| Rexford | 瑞克福 |
| Roebuck | 羅伯克 |
| Rogers, Carl. | 羅吉士 |

# S

| | |
|---|---|
| Sarbin | 沙賓 |
| Saunders | 桑德士 |
| scared straight method | 嚇阻方法（防止青少年犯罪方法之一） |
| Scarr | 史卡爾 |
| Schalling | 謝林 |
| Schlagg | 史拉格 |
| Schlapp | 史拉普 |
| Schneider | 史耐德 |
| Schuessler | 舒斯勒 |
| Schulsinger | 舒新格 |
| secondary psychopathy | 次級心理變態 |
| secondary Sources of Motivation | 動機的次要根源 |
| self-centered | 自我本位主義 |
| self-therapy | 自我治療 |
| Shaw | 邵 |

| | |
|---|---|
| Wechsler | 韋史納 |
| Weiner | 維勒 |
| Weinberg | 韋恩伯 |
| Whyte, W. | 懷特 |
| Wilson, James Q. | 威爾遜 |
| Wineman | 華因曼 |
| Wishnie | 韋史尼 |
| Witken | 韋金 |
| Wolfgang | 俄伏幹 |

## Y ~ Z

| | |
|---|---|
| Yablonsky | 葉布朗斯基 |
| Zen | 禪道 |

| | | | |
|---|---|---|---|
| 強制執行法 | 陳 榮 宗 著 | 臺 灣 大 學 |
| 法院組織法論 | 管 歐 著 | 東 吳 大 學 |

## 政治・外交

| | | | |
|---|---|---|---|
| 政治學 | 薩 孟 武 著 | 前臺灣大學 |
| 政治學 | 鄒 文 海 著 | 前政治大學 |
| 政治學 | 曹 伯 森 著 | 陸 軍 官 校 |
| 政治學 | 呂 亞 力 著 | 臺 灣 大 學 |
| 政治學概要 | 張 金 鑑 著 | 政 治 大 學 |
| 政治學方法論 | 呂 亞 力 著 | 臺 灣 大 學 |
| 政治理論與研究方法 | 易 君 博 著 | 政 治 大 學 |
| 公共政策概論 | 朱 志 宏 著 | 臺 灣 大 學 |
| 公共政策 | 曹 俊 漢 著 | 臺 灣 大 學 |
| 公共政策 | 朱 志 宏 著 | 臺 灣 大 學 |
| 公共關係 | 王 德 馨 等著 | 交 通 大 學 |
| 中國社會政治史(一)～(四) | 薩 孟 武 著 | 前臺灣大學 |
| 中國政治思想史 | 薩 孟 武 著 | 前臺灣大學 |
| 中國政治思想史（上）（中）（下） | 張 金 鑑 著 | 政 治 大 學 |
| 西洋政治思想史 | 張 金 鑑 著 | 政 治 大 學 |
| 西洋政治思想史 | 薩 孟 武 著 | 前臺灣大學 |
| 中國政治制度史 | 張 金 鑑 著 | 政 治 大 學 |
| 比較主義 | 張 亞 澐 著 | 政 治 大 學 |
| 比較監察制度 | 陶 百 川 著 | 國 策 顧 問 |
| 歐洲各國政府 | 張 金 鑑 著 | 政 治 大 學 |
| 美國政府 | 張 金 鑑 著 | 政 治 大 學 |
| 地方自治概要 | 管 歐 著 | 東 吳 大 學 |
| 國際關係——理論與實踐 | 朱張碧珠 著 | 臺 灣 大 學 |
| 中美早期外交史 | 李 定 一 著 | 政 治 大 學 |
| 現代西洋外交史 | 楊 逢 泰 著 | 政 治 大 學 |

## 行政・管理

| | | | |
|---|---|---|---|
| 行政學（增訂版） | 張 潤 書 著 | 政 治 大 學 |
| 行政學 | 左 潞 生 著 | 中 興 大 學 |
| 行政學新論 | 張 金 鑑 著 | 政 治 大 學 |

| 書名 | 作者 | | 學校 |
|---|---|---|---|
| 行政管理學 | 傅良賢 | 著 | 中興大學 |
| 行政生態學 | 彭文賢 | 著 | 中興大學 |
| 各國人事制度 | 傅肅良 | 著 | 中興大學 |
| 考詮制度 | 傅肅良 | 著 | 中興大學 |
| 交通行政 | 劉承漢 | 著 | 成功大學 |
| 組織行為管理 | 龔平邦 | 著 | 前逢甲大學 |
| 行為科學概論 | 龔平邦 | 著 | 前逢甲大學 |
| 行為科學與管理 | 徐木蘭 | 著 | 臺灣大學 |
| 組織行為學 | 高尚仁 | 等著 | 香港大學 |
| 組織原理 | 彭文賢 | 著 | 中興大學 |
| 實用企業管理學 | 解宏賓 | 著 | 中興大學 |
| 企業管理 | 蔣靜一 | 著 | 逢甲大學 |
| 企業管理 | 陳定國 | 著 | 臺灣大學 |
| 國際企業論 | 李蘭甫 | 著 | 中文大學 |
| 企業政策 | 陳光華 | 著 | 交通大學 |
| 企業概論 | 陳定國 | 著 | 臺灣大學 |
| 管理新論 | 謝長宏 | 著 | 交通大學 |
| 管理概論 | 郭崑謨 | 著 | 中興大學 |
| 管理個案分析 | 郭崑謨 | 著 | 中興大學 |
| 企業組織與管理 | 郭崑謨 | 著 | 中興大學 |
| 企業組織與管理（工商管理） | 盧宗漢 | 著 | 中興大學 |
| 現代企業管理 | 龔平邦 | 著 | 前逢甲大學 |
| 現代管理學 | 龔平邦 | 著 | 前逢甲大學 |
| 事務管理手冊 | 新聞局 | 編 | |
| 生產管理 | 劉漢容 | 著 | 成功大學 |
| 管理心理學 | 湯淑貞 | 著 | 成功大學 |
| 管理數學 | 謝志雄 | 著 | 東吳大學 |
| 品質管理 | 戴久永 | 著 | 交通大學 |
| 可靠度導論 | 戴久永 | 著 | 交通大學 |
| 人事管理（修訂版） | 傅肅良 | 著 | 中興大學 |
| 作業研究 | 林照雄 | 著 | 輔仁大學 |
| 作業研究 | 楊超然 | 著 | 臺灣大學 |
| 作業研究 | 劉一忠 | | 美國舊金山州立大學 |

| 書名 | 著者 | 服務機關 |
|---|---|---|
| 系統分析 | 陳　進　著 | 前聖瑪麗大 |

## 社　會

| 書名 | 著者 | 服務機關 |
|---|---|---|
| 社會學 | 蔡文輝　著 | 印第安那大學 |
| 社會學 | 龍冠海　著 | 前臺灣大學 |
| 社會學 | 張華葆　主編 | 東海大學／印第安那大學 |
| 社會學理論 | 蔡文輝　著 | 印第安那大學 |
| 社會學理論 | 陳秉璋　著 | 政治大學 |
| 社會心理學 | 劉安彥　著 | 傑克遜州立大學 |
| 社會心理學 | 張華葆　著 | 東海大學 |
| 社會心理學 | 趙淑賢　著 | 安柏拉校區 |
| 社會心理學理論 | 張華葆　著 | 東海大學 |
| 政治社會學 | 陳秉璋　著 | 政治大學 |
| 醫療社會學 | 廖榮利　等著 | 臺灣大學 |
| 組織社會學 | 張苙雲　著 | 臺灣大學 |
| 人口遷移 | 廖正宏　著 | 臺灣大學 |
| 社區原理 | 蔡宏進　著 | 臺灣大學 |
| 人口教育 | 孫得雄　編著 | 東海大學 |
| 社會階層化與社會流動 | 許嘉猷　著 | 臺灣大學 |
| 社會階層 | 張華葆　著 | 東海大學 |
| 西洋社會思想史 | 張承漢　等著 | 臺灣大學 |
| 中國社會思想史（上）（下） | 張承漢　著 | 臺灣大學 |
| 社會變遷 | 蔡文輝　著 | 印第安那大學 |
| 社會政策與社會行政 | 陳國鈞　著 | 中興大學 |
| 社會福利行政（修訂版） | 白秀雄　著 | 臺灣大學 |
| 社會工作 | 白秀雄　著 | 臺灣大學 |
| 社會工作管理 | 廖榮利　著 | 臺灣大學 |
| 團體工作：理論與技術 | 林萬億　著 | 臺灣大學 |
| 都市社會學理論與應用 | 龍冠海　著 | 前臺灣大學 |
| 社會科學概論 | 薩孟武　著 | 前臺灣大學 |
| 文化人類學 | 陳國鈞　著 | 中興大學 |

| 書名 | 著者 | | 服務機關 |
|---|---|---|---|
| 勞工問題 | 陳國鈞 | 著 | 中興大學 |
| 少年犯罪心理學 | 張華葆 | 著 | 東海大學 |
| 少年犯罪預防及矯治 | 張華葆 | 著 | 東海大學 |

## 教  育

| 書名 | 著者 | | 服務機關 |
|---|---|---|---|
| 教育哲學 | 賈馥茗 | 著 | 臺灣師大 |
| 教育哲學 | 葉學志 | 著 | 彰化師大 |
| 普通教學法 | 方炳林 | 著 | 前臺灣師大 |
| 各國教育制度 | 雷國鼎 | 著 | 臺灣師大 |
| 教育心理學 | 溫世頌 | 著 | 傑克遜州立大學 |
| 教育心理學 | 胡秉正 | 著 | 政治大學 |
| 教育社會學 | 陳奎熹 | 著 | 臺灣師大 |
| 教育行政學 | 林文達 | 著 | 政治大學 |
| 教育行政原理 | 黃文輝 | 主譯 | 臺灣師大 |
| 教育經濟學 | 蓋浙生 | 著 | 臺灣師大 |
| 教育經濟學 | 林文達 | 著 | 政治大學 |
| 工業教育學 | 袁立錕 | 著 | 彰化師大 |
| 技術職業教育行政與視導 | 張天津 | 著 | 臺灣師大 |
| 技職教育測量與評鑑 | 李大偉 | 著 | 臺灣師大 |
| 高科技與技職教育 | 楊啟棟 | 著 | 臺灣師大 |
| 工業職業技術教育 | 陳昭雄 | 著 | 臺灣師大 |
| 技術職業教育教學法 | 陳昭雄 | 著 | 臺灣師大 |
| 技術職業教育辭典 | 楊朝祥 | 編著 | 臺灣師大 |
| 技術職業教育理論與實務 | 楊朝祥 | 著 | 臺灣師大 |
| 工業安全衛生 | 羅文基 | 著 | 臺灣師大 |
| 人力發展理論與實施 | 彭台臨 | 著 | 臺灣師大 |
| 職業教育師資培育 | 周談輝 | 著 | 臺灣師大 |
| 家庭教育 | 張振宇 | 著 | 淡江大學 |
| 教育與人生 | 李建興 | 著 | 臺灣師大 |
| 當代教育思潮 | 徐南號 | 著 | 臺灣師大 |
| 比較國民教育 | 雷國鼎 | 著 | 臺灣師大 |
| 中等教育 | 司琦 | 著 | 政治大學 |
| 中國教育史 | 胡美琦 | 著 | 文化大學 |

| 中國現代教育史 | 鄭世興 著 | 臺灣師大 |
| 中國大學教育發展史 | 伍振鷟 著 | 臺灣師大 |
| 中國職業教育發展史 | 周談輝 著 | 臺灣師大 |
| 社會教育新論 | 李建興 著 | 臺灣師大 |
| 中國社會教育發展史 | 李建興 著 | 臺灣師大 |
| 中國國民教育發展史 | 司琦 著 | 政治大學 |
| 中國體育發展史 | 吳文忠 著 | 臺灣師大 |
| 如何寫學術論文 | 宋楚瑜 著 | 臺灣大學 |
| 論文寫作研究 | 段家鋒 等著 | 政戰學校等 |

## 心理學

| 心理學 | 劉安彥 著 | 傑克遜州立大學 |
| 心理學 | 張春興 等著 | 臺灣師大等 |
| 人事心理學 | 黃天中 著 | 淡江大學 |
| 人事心理學 | 傅肅良 著 | 中興大學 |

## 經濟・財政

| 西洋經濟思想史 | 林鐘雄 著 | 臺灣大學 |
| 歐洲經濟發展史 | 林鐘雄 著 | 臺灣大學 |
| 比較經濟制度 | 孫殿柏 著 | 政治大學 |
| 經濟學原理（增訂新版） | 歐陽勛 著 | 政治大學 |
| 經濟學導論 | 徐育珠 著 | 南康涅狄克州立大學 |
| 經濟學概要 | 歐陽勛 等著 | 政治大學 |
| 通俗經濟講話 | 邢慕寰 著 | 前香港大學 |
| 經濟學（增訂版） | 陸民仁 著 | 政治大學 |
| 經濟學概論 | 陸民仁 著 | 政治大學 |
| 國際經濟學 | 白俊男 著 | 東吳大學 |
| 國際經濟學 | 黃智輝 著 | 東吳大學 |
| 個體經濟學 | 劉盛男 著 | 臺北商專 |
| 總體經濟分析 | 趙鳳培 著 | 政治大學 |
| 總體經濟學 | 鐘甦生 著 | 西雅圖銀行 |
| 總體經濟學 | 張慶輝 著 | 政治大學 |
| 總體經濟理論 | 孫震 著 | 臺灣大學 |

| 書名 | 著者 | | 服務機構 |
|---|---|---|---|
| 數理經濟分析 | 林大侯 | 著 | 臺灣大學 |
| 計量經濟學導論 | 林華德 | 著 | 臺灣大學 |
| 計量經濟學 | 陳正澄 | 著 | 臺灣大學 |
| 經濟政策 | 湯俊湘 | 著 | 臺中中興大學 |
| 合作經濟概論 | 尹樹生 | 著 | 臺中中興大學 |
| 農業經濟學 | 尹樹生 | 著 | 中興大學 |
| 工程經濟 | 陳寬仁 | 著 | 中正理工學院 |
| 銀行法 | 金桐林 | 著 | 中華銀行管理學院 |
| 銀行法釋義 | 楊承厚 | 著 | 銘傳管理學院 |
| 商業銀行實務 | 解宏賓 | 編著 | 中興大學 |
| 貨幣銀行學 | 何偉成 | 著 | 中正理工學院 |
| 貨幣銀行學 | 白俊男 | 著 | 東吳大學 |
| 貨幣銀行學 | 楊樹森 | 著 | 文化大學 |
| 貨幣銀行學 | 李穎吾 | 著 | 臺灣大學 |
| 貨幣銀行學 | 趙鳳培 | 著 | 政治大學 |
| 現代貨幣銀行學 | 柳復起 | 著 | 新南威爾斯大學 |
| 現代國際金融 | 柳復起 | 著 | 新南威爾斯大學 |
| 國際金融理論與制度（修訂版） | 歐陽勛等 | 編著 | 政治大學 |
| 金融交換實務 | 李麗 | 著 | 中央銀行 |
| 財政學 | 李厚高 | 著 | 逢甲大學 |
| 財政學（修訂版） | 林華德 | 著 | 臺灣大學 |
| 財政學原理 | 魏萼等 | 著 | 臺灣大學 |
| 商用英文 | 張錦源 | 著 | 政治大學 |
| 商用英文 | 程振粵 | 著 | 臺灣大學 |
| 貿易契約理論與實務 | 張錦源 | 著 | 政治大學 |
| 貿易英文實務 | 張錦源 | 著 | 政治大學 |
| 信用狀理論與實務 | 蕭啟賢 | 著 | 輔仁大學 |
| 信用狀理論與實務 | 張錦源 | 著 | 政治大學 |
| 國際貿易 | 李穎吾 | 著 | 臺灣大學 |
| 國際貿易實務詳論 | 張錦源 | 著 | 政治大學 |
| 國際貿易實務 | 羅慶龍 | 著 | 逢甲大學 |

| | | |
|---|---|---|
| 國際貿易理論與政策（修訂版） | 歐陽勛等編著 | 政 治 大 學 |
| 國際貿易政策概論 | 余 德 培 著 | 東 吳 大 學 |
| 國際貿易論 | 李 厚 高 著 | 逢 甲 大 學 |
| 國際商品買賣契約法 | 鄧越今 編著 | 外 貿 協 會 |
| 國際貿易法概要 | 于 政 長 著 | 東 吳 大 學 |
| 國際貿易法 | 張 錦 源 著 | 政 治 大 學 |
| 外匯投資理財與風險 | 李 麗 著 | 中 央 銀 行 |
| 外匯、貿易辭典 | 于政長 編著<br>張錦源 校訂 | 東 吳 大 學<br>政 治 大 學 |
| 貿易實務辭典 | 張錦源 編著 | 政 治 大 學 |
| 貿易貨物保險（修訂版） | 周 詠 崇 著 | 中央信託局 |
| 貿易慣例 | 張 錦 源 著 | 政 治 大 學 |
| 國際匯兌 | 林 邦 充 著 | 政 治 大 學 |
| 國際行銷管理 | 許 士 軍 著 | 新加坡大學 |
| 國際行銷 | 郭 崑 謨 著 | 中 興 大 學 |
| 行銷管理 | 郭 崑 謨 著 | 中 興 大 學 |
| 海關實務（修訂版） | 張 俊 雄 著 | 淡 江 大 學 |
| 美國之外匯市場 | 于 政 長 譯 | 東 吳 大 學 |
| 保險學（增訂版） | 湯 俊 湘 著 | 中 興 大 學 |
| 人壽保險學（增訂版） | 宋 明 哲 著 | 德 明 商 專 |
| 人壽保險的理論與實務 | 陳 雲 中 編著 | 臺 灣 大 學 |
| 火災保險及海上保險 | 吳 榮 清 著 | 文 化 大 學 |
| 市場學 | 王 德 馨 等著 | 中 興 大 學 |
| 行銷學 | 江 顯 新 著 | 中 興 大 學 |
| 投資學 | 龔 平 邦 著 | 前逢甲大學 |
| 投資學 | 白 俊 男 等著 | 東 吳 大 學 |
| 海外投資的知識 | 葉 雲 鎮 等譯 | |
| 國際投資之技術移轉 | 鍾 瑞 江 著 | 東 吳 大 學 |

## 會計·統計·審計

| | | |
|---|---|---|
| 銀行會計（上）（下） | 李 兆 萱 等著 | 臺 灣 大 學 等 |
| 初級會計學（上）（下） | 洪 國 賜 著 | 淡 水 工 商 |
| 中級會計學（上）（下） | 洪 國 賜 著 | 淡 水 工 商 |
| 中等會計（上）（下） | 薛 光 圻 等著 | 西 東 大 學 等 |

| 書名 | 作者 | | 學校 |
|---|---|---|---|
| 會計辭典 | 龍毓珊 | 譯 | |
| 會計學（上）（下） | 幸世間 | 著 | 臺灣大學 |
| 會計學題解 | 幸世間 | 著 | 臺灣大學 |
| 成本會計（上）（下） | 洪國賜 | 著 | 淡水工商 |
| 成本會計 | 盛禮約 | 著 | 淡水工商 |
| 政府會計 | 李增榮 | 著 | 政治大學 |
| 政府會計 | 張鴻春 | 著 | 臺灣大學 |
| 稅務會計 | 卓敏枝 | 等著 | 臺灣大學等 |
| 財務報表分析 | 洪國賜 | 等著 | 淡水工商等 |
| 財務報表分析 | 李祖培 | 著 | 中興大學 |
| 財務管理 | 張春雄 | 著 | 政治大學 |
| 財務管理（增訂新版） | 黃柱權 | 著 | 政治大學 |
| 商用統計學（修訂版） | 顏月珠 | 著 | 臺灣大學 |
| 商用統計學 | 劉一忠 | 著 | 舊金山州立大學 |
| 統計學（修訂版） | 柴松林 | 著 | 政治大學 |
| 統計學 | 劉南溟 | 著 | 前臺灣大學 |
| 統計學 | 張浩鈞 | 著 | 臺灣大學 |
| 統計學 | 楊維哲 | 著 | 臺灣大學 |
| 統計學 | 顏月珠 | 著 | 臺灣大學 |
| 統計學題解 | 顏月珠 | 著 | 臺灣大學 |
| 推理統計學 | 張碧波 | 著 | 銘傳管理學院 |
| 應用數理統計學 | 顏月珠 | 著 | 臺灣大學 |
| 統計製圖學 | 宋汝濬 | 著 | 臺中商專 |
| 統計概念與方法 | 戴久永 | 著 | 交通大學 |
| 審計學 | 殷文俊 | 等著 | 政治大學 |
| 商用數學 | 薛昭雄 | 著 | 政治大學 |
| 商用數學（含商用微積分） | 楊維哲 | 著 | 臺灣大學 |
| 線性代數（修訂版） | 謝志雄 | 著 | 東吳大學 |
| 商用微積分 | 何典恭 | 著 | 淡水工商 |
| 微積分 | 楊維哲 | 著 | 臺灣大學 |
| 微積分（上）（下） | 楊維哲 | 著 | 臺灣大學 |
| 大二微積分 | 楊維哲 | 著 | 臺灣大學 |

機率導論　　　　　　　戴久永　著　交通大學

## 新　聞

傳播研究方法總論　　　楊孝濚　著　東吳大學
傳播研究調查法　　　　蘇蘅　　著　輔仁大學
傳播原理　　　　　　　方蘭生　著　文化大學
行銷傳播學　　　　　　羅文坤　著　政治大學
國際傳播　　　　　　　李瞻　　著　政治大學
國際傳播與科技　　　　彭芸　　著　政治大學
廣播與電視　　　　　　何貽謀　著　輔仁大學
廣播原理與製作　　　　于洪海　著　中廣
電影原理與製作　　　　梅長齡　著　前文化大學
新聞學與大眾傳播學　　鄭貞銘　著　文化大學
新聞採訪與編輯　　　　鄭貞銘　著　文化大學
新聞編輯學　　　　　　徐旭　　著　新生報
採訪寫作　　　　　　　歐陽醇　著　臺灣師大
評論寫作　　　　　　　程之行　著　紐約日報
新聞英文寫作　　　　　朱龍　　著　前政治大學
小型報刊實務　　　　　彭家發　著　政治大學
廣告學　　　　　　　　顏伯勤　著　輔仁大學
媒介實務　　　　　　　趙俊邁　著　東吳大學
中國新聞傳播史　　　　賴光臨　著　政治大學
中國新聞史　　　　　　曾虛白　主編
世界新聞史　　　　　　李瞻　　著　政治大學
新聞學　　　　　　　　李瞻　　著　政治大學
新聞採訪學　　　　　　李瞻　　著　政治大學
新聞道德　　　　　　　李瞻　　著　政治大學
電視制度　　　　　　　李瞻　　著　政治大學　中視
電視新聞　　　　　　　張勤　　著　中視　公視
電視與觀眾　　　　　　曠湘霞　著　政治大學　西
大眾傳播理論　　　　　李金銓　著　明尼大
大眾傳播新論　　　　　李茂政　著　政治大學

— 11 —

| 書名 | 作者 | | 學校 |
|---|---|---|---|
| 大眾傳播與社會變遷 | 陳世敏 | 著 | 政治大學 |
| 組織傳播 | 鄭瑞城 | 著 | 政治大學 |
| 政治傳播學 | 祝基瀅 | 著 | |
| 文化與傳播 | 汪琪 | 著 | 政治大學 |

## 歷史·地理

| 書名 | 作者 | | 學校 |
|---|---|---|---|
| 中國通史（上）（下） | 林瑞翰 | 著 | 臺灣大學 |
| 中國現代史 | 李守孔 | 著 | 臺灣大學 |
| 中國近代史 | 李守孔 | 著 | 臺灣大學 |
| 中國近代史 | 李雲漢 | 著 | 政治大學 |
| 中國近代史（簡史） | 李雲漢 | 著 | 政治大學 |
| 中國近代史 | 古鴻廷 | 著 | 東海大學 |
| 隋唐史 | 王壽南 | 著 | 政治大學 |
| 明清史 | 陳捷先 | 著 | 臺灣大學 |
| 黃河文明之光 | 姚大中 | 著 | 東吳大學 |
| 古代北西中國 | 姚大中 | 著 | 東吳大學 |
| 南方的奮起 | 姚大中 | 著 | 東吳大學 |
| 中國世界的全盛 | 姚大中 | 著 | 東吳大學 |
| 近代中國的成立 | 姚大中 | 著 | 東吳大學 |
| 西洋現代史 | 李邁先 | 著 | 臺灣大學 |
| 東歐諸國史 | 李邁先 | 著 | 臺灣大學 |
| 英國史綱 | 許介鱗 | 著 | 臺灣大學 |
| 印度史 | 吳俊才 | 著 | 政治大學 |
| 日本史 | 林明德 | 著 | 臺灣師大 |
| 日本現代史 | 許介鱗 | 著 | 臺灣師大 |
| 近代中日關係史 | 林明德 | 著 | 臺灣師大 |
| 美洲地理 | 林鈞祥 | 著 | 臺灣師大 |
| 非洲地理 | 劉鴻喜 | 著 | 臺灣師大 |
| 自然地理學 | 劉鴻喜 | 著 | 臺灣師大 |
| 地形學綱要 | 劉鴻喜 | 著 | 臺灣師大 |
| 聚落地理學 | 胡振洲 | 著 | 中興大學 |
| 海事地理學 | 胡振洲 | 著 | 中興大學 |
| 經濟地理 | 陳伯中 | 著 | 前臺灣大學 |
| 都市地理學 | 陳伯中 | 著 | 前臺灣大學 |